AF470378

LA VENERIE DE IAQVES DV FOVILLOVX

SEIGNEVR DVDIT LIEV, GENTIL-
HOMME DV PAYS DE GASTINE EN
Poictou, par luy jadis dedice

AV TRES-CHRESTIEN ROY CHARLES NEVFIESME,

Et de nouueau reueuë, & augmentee, outre les precedentes impreſsions.

A PARIS,

Chez Abel l'Angelier au premier pillier de la grand.
Salle du Palais.

M. DCI.

Auec Priuilege du Roy.

A TRES-HAVT, TRES-
PVISSANT, TRES-EXCELLENT,
ET TRES-MAGNANIME, CHARLES
tres-Chreſtien Roy de France, neufieſme du nom.

*L eſt certain & notoire à chacun, Sire,
que de tout temps les hommes ſe ſont adō-
nez à pluſieurs hautes & occultes ſciences, les vns à la philoſophie, pour conten-
ter leurs eſprits, les autres aux arts me-
chaniques, pour acquerir des richeſſes: Les inuentions
deſquels ont en tāt de manieres eſté eſparſes, que de les deſ-
duire & nombrer par le menu, ſeroit quaſi choſe impoſſible. De façon qu'apres auoir le tout bien examiné & con-
ſideré, en fin ie me ſuis arreſté, à ce qu'a djt ce grand &
ſage Roy Salomon: que toutes choſes qui ſont ſouz le Soleil, ne ſont que friuole vanité: d'autant qu'il n'y a ſcien-
ce, ny art, qui puiſſe allonger la vie, plus que ne permet le
cours de nature. Pour ce m'a il ſēblé, Sire, que la meilleure
ſciēce que nous pouuōs apprēdre (apres la crainte de Dieu)
eſt de nous tenir & entrenir ioyeux, en vſant d'hōneſtes exercices: entre leſquels ie n'ay trouué aucun plus noble &
plus recommandable, que l'art de la Venerie. Et d'au-*

ã ij

tant qu'en iceluy dés ma ieunesse ie me suis incessament exercé; en celà selon ma petite puissance, suyuant, le trac de mes predecesseurs : ie n'ay voulu estre accusé à bon droit de negligenge & paresse, à faute de rediger par escrit ce que l'experience a peu iusques à present m'en auoir appris. Et combiē que ie n'ignore, que plusieurs bons & vertueux Gentils-hommes suyuent vostre court, qui mieux que moy s'en pourroient acquiter: toutesfois i'ay eu tant de confiance en l'humanité & clemence de vostre souueraine Majesté; que ie n'ay eu ne honte ne crainte de vous presenter ce mien tel quel labeur : esperant que le verriez de bon œil, & receuriez de bon cœur comme partant de la main de

Celuy qui est vostre tres-humble esclaue,
& tres-obeissant seruiteur & subiect,

IAQVES DV FOVILLOVX.

TABLE DES SOMMAIRES DES CHA-
PITRES, ET CHOSES PLVS REMARQVABLES
de la Venerie de Iaques du Fouilloux.

TABLES DES CHAPITRES.

FIN.

DE LA RACE ET ANTIQVITE DES
Chiens courans, & qui premierement les amena en France.
Chapitre I.

'AY volu diligemment regarder tant au dire des anciens que modernes, d'où est venue la premiere race des Chiens courans en France, & n'ay trouué Chronique ou histoire qui en parle de plus long temps qu'vne que i'ay veue en Bretagne, faite par vn nommé *Ioannes Monumetensis* : laquelle traicte, qu'apres la piteuse & espouuentable destruction de Troye la grande, Æneas arriua en Italie auec son fils Ascanius, lequel fut Roy des Latins, & engendra vn fils nommé Siluius, duquel descendit Brutus, qui aymoit fort la chasse.

Or aduint que son pere & luy estans vn iour en vne forest courant

A

vn Cerf, furent furprins de la nuict : & voyans le Cerf deuant eux forcé des Chiens, allerēt à luy pour le tuer. La fortune aduint telle à Brutus (comme Dieu le voulut) qu'ainfi qu'il penfoit aller tuer le Cerf, il
tua fon pere Syluius, qui caufa le peuple à f'efleuer & mutiner contre
luy, penfant qu'il l'euft faict par vne malice & cupidité de regner, &
pour auoir le gouuernemēt du Royaume : tellemēt que pour euader
leur grande fureur & indignation, Brutus fut contraint f'en aller du
pays, & entreprint le voyage de Grece, pour aller deliurer quelque
nombre de Troyens fes compagnons & alliez qui eftoient encores
detenus captifs du temps de la deftruction de Troye : laquelle chofe il
fit à force d'armes. Or apres les auoir deliurez, il affembla grād nombre d'hommes d'icelle nation Troyenne : aufquels il fit faire ferment
de ne retourner iamais en leurs pays, tant pour le defhonneur qu'ils y
auoient receu, que pour la perte irrecuperable de leurs biens, & pour
les regrets de leurs parens & amis qui eftoient morts és cruelles batailles. Alors il fit apareiller grand nombre de Nauires, efquelles il
s'embarqua luy & tous fes hommes, & amena auec luy grande quantité de Chiens courans & Leuriers. Puis nauigea tant qu'il paffa le de-
ftroit de Gilbathar, entrant en la mer Oceane, & vint defcendre aux
Ifles Armoriques, que pour le iourd'huy nous nommons Bretaigne, à
caufe de fon nom Brutus, laquelle il conquit fans refiftance, & en fut
paifible l'efpace de quatre ans. Auquel temps vn de fes Capitaines,
nommé Corineus, edifia là ville de Cornouaille. Bien toft apres que
ils fe furent accōmodez & habituez audit pais, Brutus & fon fils Turnus, qui auoient, cōme dit eft, amené grand nombre de Chiens courans, s'en allerent chaffer en de grandes Forefts, qui contenoient de
longueur depuis Tiffauge iufques au pres de Poictiers, dont vne partie du pais fe nomme pour le iourd'huy la Gaftine.

Or en celuy temps regnoit en Poictou & Acquitaine, vn Roy nōm-
mé Groffarius Pictus, qui faifoit fa cōtinuelle refidēce à Poictiers, lequel vn iour entre les autres fut aduerty que les Troyens faifoient
grand exercice en l'eftat de Venerie, & qu'ils chaffoient ordinairement en fes forefts auec telle race de chiens, que depuis qu'ils auoiēt
trouué vn Cerf, ils ne l'abandonnoient iamais qu'il ne fut mort. Ce
Roy Groffarius, ayant ouy telles nouuelles fut çourroucé & faché,
tellement qu'il delibera de leur faire la guerre, & affembla toutes fes forces. Les Troyens aduertis de telle affemblee, marcherent
le long de la riuiere de Loire, auecq' toute leur puiffance, & fe ren-

contrererent au lieu où pour le iourd'huy eſt ſituee la ville de Tours, &
là ils ſe donnerent la bataille, en laquelle fut tué Turnus fils aiſné de
Brutus, & en memoire de luy fut edifiée la ville , & du nom de Turnus fut nommée Tours.

I'ay bien voulu raconter ceſte hiſtoire , pour donner à entendre
qu'il y a long temps que les Chiens courans ſont en vſage en la Bretaigne, & croy certenement qu'iceux Troyens ont eſté les premiers qui
en ont amené la race en ce païs: car ie ne trouue point hiſtoire qui en
face mētion de plus haute cognoiſſance que celle là. Et eſt vne choſe
aſſeurée que la plus grand'part des races des Chiens courans qui ſont
en Frāce, & autres païs circōuoyſins, eſt ſortie du pays de Bretaigne,
exceptez les Chiens blācs: la race deſquels ie pēſe eſtre venüe de Barbarie, pour m'en eſtre enquis (moy eſtant quelquesfois à la Rochelle)
à pluſieurs Pilotes de Mer , & entre autres à vn vieil homme nommé
Alfonce , qui auoit eſté par pluſieursfois à la Cour d'vn Roy de Barbarie nommé le Domcherib, lequel faiſoit grand meſtier de chaſſe,
& principalement de prendre le Rangier à force: & me comptoit que
tous les Chiens de ſa Venerie eſtoyent blancs, & que tous les Chiens
de ce païs là l'eſtoyent auſſi. Et certes ie croy qu'à la verité les Chiens
blancs ſont venuz des regions chaudes , d'autant qu'ils ne laiſſent à
courir pour quelque chaleur qu'il face: ce que les autres Chiēs ne fōt
pas. Phebus s'accorde à ceſte opinion , diſant qu'il a eſté en Mauri-
tanie, autrement dicte Barbarie, où il a veu prendre le Rangier à force
par des Chiens qu'ils nomment Baux : leſquels ne laiſſent à courir
pour chaleur qui puiſſe faire. Dont mon opinion eſt, que la race des
Chiens blancs eſt ſortie de ces Chiens Baux de Barbarie, dont Phebus entend parler. Ie ne mettray autre choſe des antiquitez, mais ie
vous eſcriray cy apres du naturel & complexion tant des Chiens
blancs, chauues, gris, que noirs: leſquels ſont les plus commodes pour
les Princes & Gentils-hommes.

A ij

DV NATVREL ET COMPLEXION DES
Chiens blancs, dicts Baux, & surnommez Greffiers.

Chapitre II.

ES Chiens blancs ont esté mis en auant en France par defunct Monsieur le grand Seneschal de Normandie: & au parauant estoient en peu d'estime, principallement entre les Gentils-hommes: d'autant qu'ils ne sont pas communs à courir toutes bestes, mais seulement le Cerf. Le premier de la race auoit nom Souillard, lequel fut donné par vn pauure Gentil-homme au feu Roy Loys: qui n'en fit pas grand

compte, d'autant qu'il aymoit sur tout les Chiens gris, desquels estoit toute sa meute, & ne faisoit cas d'autres Chiés, si ce n'estoit pour faire

Limiers. Le Seneſchal Gaſton, eſtant preſent auec le Gentil-homme
qui auoit offert le Chien, cognoiſſant bien que le Roy n'aymoit point
ce Chien, le ſupplia de luy dõner, *pour en faire preſent à la plus ſage Dame*
de ſon Royaume, & le Roy luy demanda qui elle eſtoit : c'eſt, dit-il, Anne de
Bourbon, voſtre fille. Ie vous reprens, reſpond le Roy, ſur-ce point de l'auoir
nommee la plus ſage : mais dittes, moins folle que les autres, car de ſaoe femme n'y
a point au monde. Lors le Roy donna ce Chien au Seneſchal Gaſton, qui
ne le mena gueres loin qu'il ne luy fuſt demandé : car Monſieur le
grand Seneſchal de Normandie l'importuna tant : qu'il fut contraint
de luy donner. Puis Monſieur le grand Seneſchal le bailla en garde à
vn Veneur, nommé Iaques de Breſé : & deſlors on cõmança à luy faire couurir des Lyces, & en faire race. L'annee apres Madame Anne
de Bourbon, laquelle aymoit fort la Venerie, ayant entendu de la
bonté & beauté de ce Chien, enuoya vne Lyce, nommée Baude, qui
fut couuerte & emplie de ce Chien par deux ou trois fois, dont en
ſortit quinze ou ſeize Chiẽs, & en autres ſix d'excellẽce, ainſi nõmez,
Cleraut, Ioubar, Miraud, Meigret, Marteau, & Hoiſe la bonne Lyce. Depuis
la race s'eſt touſiours augmentee, comme elle eſt à preſent : combien
qu'au commencement les Chiens de ceſte race n'eſtoyent pas ſi forts
comme ils ſont pour le iourd'huy : car le grand Roy François les a rẽ-
forcez par vn Chien nõmmé *Miraud*, qui eſtoit fauue, lequel Monſieur l'Admiral d'Annebauld luy auoit donné. Et encores depuis la
Royne d'Ecoſſe donna au Roy vn Chien blanc, nommé *Barraud*, duquel Marconnoy, Lieutenant de la Venerie, a tiré de la race : dont les
Chiens ſont bons par excellence : & beaucoup plus forts que n'ont
eſté tous les autres. Et à la verité, tels Chiens ſont dediez pour les
Roys, deſquels ils ſe doyuent ſeruir, d'autant qu'ils ſont beaux chaſſeurs, requerans, forcenãs, & de haut nez : qui ne laiſſent pour chaleurs
qui puiſſent eſtre, à chaſſer, ſans ſe rompre à la foule des piquers, ny
au bruit & cry des hommes qui ſont continuellement auec les Princes : & gardent mieux le chãge que nulle des autres eſpeces de Chiens,
& ſont de meilleure creançe : toutesfois ils veulent eſtre accõpagnez
de piqueurs, & craignẽt vn peu l'eau, principallement en hyuer, quãd
le temps ſe porte froid.

Ie ne veux oublier a donner à entendre leſquels Chiens de ceſte race ſe trouuent les meilleurs, par ce qu'en vne laictee, il ne s'en trouue
pas la moytié de bons. Il faut ſçauoir que ceux qui ſont naiſſans tous
d'vne piece, comme ceux qui ſont tous blancs, ſont les meilleurs : &

pareillement ceux qui sont marquetez de rouge : les autres qui sont
marquetez de noir, & de gris salle, tirant sur le bureau , sont de peu de
valeur:dont en y a aucuns subiets à auoir les pieds gras & tendres. Aucunesfois nature besongne de telle sorte, qu'elle en fait sortir de tous
noirs: ce qui ne se fait pas souuent, mais quand il aduient, ils se trouuent fort bons. Et faut noter que les Chiens de ceste race, ne sont en
leur bonté qu'ils n'ayent enuiron trois ans, & sont subiects à courir au
bestail priué.

DES CHIENS FAVVES ET DE LEVR
naturel.   *Chap. III.*

IE n'ay leu autre chose de l'antiquité des Chien fauues,
sinon que i'ay trouué dans vn vieil liure escrit à la main, fait
par vn Veneur, qui faisoit mention d'vn seigneur Breton,
nommé Huet de Nantes, que l'Autheur d'iceluy liure estimoit fort

l'eſtat de Venerie : lequel donnoit entre autres tel blaſon aux Chiens
de la meute dudit Seigneur.

 „ *Tes Chiens fauues, Huet, par les Foreſts*
 „ *Prennent à force Cheureux, Biches & Cerfs:*
 „ *Toy par Fuſlaies emporte ſur tous pris*
 „ *De bien parler aux Chiens en plaiſans cris.*

Auſſi i'ay veu dans vne Chronique, en la ville de Lambale, vn chapitre, qui fait mention qu'vn Seigneur dudit lieu, auec vne meute de
chiens fauues & rouges, lança vn Cerf en vne Foreſt en la comté de
Poinctieure, & le chaſſa & pourchaſſa l'eſpace de quatre iours : tellement que le dernier iour il l'alla prendre prés la ville de Paris. Et eſt à
preſumer que les chiens fauues ſont les anciens chiens des Ducs &
Seigneurs de Bretaigne : deſquels Monſieur l'Admiral d'Annebauld,
& ſes predeceſſeurs ont touſiours gardé de la race : laquelle fut pre-
mieremēt commune au temps du grand Roy François, pere des Veneurs. Ces chiens fauues ſont de grand cueur, d'entreprinſe, & de
haut nez, gardans bien le change : & ſont preſque de la complexion
des blancs, excepté qu'ils n'endurēt pas ſi bien les chaleurs, ne la foule des piqueurs : mais ils ſont plus viſtes, communs, & plus ardants.
Et ſi d'auenture il aduient qu'vne beſte ſe forpaiſe par les campagnes,
ils ne la cuident pas abandonner. Leur complexion eſt forte, car ils
ne craignent ne les eaux, ne le froid, & courent ſeuremēt, & de grā-
de hardieſſe. Ils ſont beaux chaſſeurs, aymans communement le cerf
ſur toutes autres beſtes, & ſont plus opiniaſtres & mal aiſez à dreſſer
que les blancs, & de plus grand peine & trauail. Les meilleurs qui ſortent de la race de ces chiens fauues, ſont ceux qui ont le poil plus vif,
tirant ſur le rouge, & qui ont vne tache blanche au front, ou au col,
pareillement ceux qui ſont tous fauues : mais ceux qui tirēt ſur le iaune, eſtans marquetez de gris ou de noir, ne valent gueres. Ceux qui
ſont retrouſſez, & herigottez, ſont bons à faire des Limiers. Et y en
a quelques vns ayans la queuë eſpiee, qui ſe trouuent bons & viſtes. Et
parçe qu'auiourd'huy les Princes ont fait meſler les races des chiens
fauues enſemble, ils en ſont beaucoup plus forts, & meilleurs à courir
le cerf, qui eſt le vray moyen pour donner plaiſir aux Roys, & aux
Princes : mais pour les Gentils-hommes, tels chiens ne ſont pas communs, par ce qu'ils ne veulent faire qu'vn meſtier, & qu'ils ne font cas
des Lieures, ne d'autres menues beſtes : & auſſi qu'ils ſont ſuiets à courir au beſtail priué.

DE LA COMPLEXION ET NATVRE
des Chiens gris.   Chap. IIII.

Oz Chiens, gris sont ceux desquels se seruoient anciennement les Roys de France, & les Ducs d'A-
lençon. Ils sont Chiens communs, parce que ils
sçauent faire plusieurs mestiers, à ceste cause ils sont
accommodés pour Gentils-hommes: car leur naturel & complexion est telle, qu'ils courent toutes
les bestes qu'on leur voudra faire chasser. Les meil-
leurs de toute la race, sont ceux qui sont gris sur l'eschine, estans qua-
trouillez de rouge, & les iambes de mesme poil, comme de la couleur
de la iambe d'vn Liéure. Il en sort aucunes-fois quelques-vns, qui
ont le poil au dessus de l'eschine d'vn gris tirant sur le noir, & les iâbes
canelees & ondees de rouge & de noir: lesquels se trouuent bons
par

par excellence. Et combien que des Chiens gris il n'en soit gueres de
mauuais, si est-ce que les trop gris argentez, ayans les iambes fauues,
tirãs sur le blanc, ne sont pas si vistes ne si vigoreux que les autres. Les
Princes n'en peuuët tirer du plaisir pour beaucoup de raisons, dõt l'v-
ne est parce qu'ils craignët grãdemët la foule des piqueurs, & le bruit:
d'autant qu'ils sont Chiés ardans & de grand cueur, qui se mettët hors
d'haleine au cry & bruit des hommes: aussi qu'ils craignent les chaleurs
& n'ayment pas vne beste qui ruze & tornoye: mais si elle tire pays, il
est impossible de voir courir de plus vistes & meilleurs Chiens: cõm-
bien qu'ils soyent opiniastres, de mauuaise creance, & subiects à prendre le chãge, à cause de l'ardeur & folie qu'ils ont, & des grands cernes
qu'ils prënent en leur defaut. Et sur tout veulent cognoistre leur maistre & principalément sa voix, & sa trompe, & feront pour luy quelque chose plus que pour tous les autres. Ils ont vne malice entr'eux,
qu'ils cognoissent bien à la vois de leurs compagnons s'ils sont seurs
ou non, car s'ils sont menteurs ils n'iront pas volontiers à eux. Ils sont
Chiens de grand'peine, ne craignãs le froid, ne les eaux: & s'ils sentent
vne beste mal menee, & qu'elle se laisse approcher vne fois, ils ne l'abã-
dõnerõt iamais qu'elle ne soit morte. Ceux qui en veulët tirer du plaisir, il faut qu'ils facent en ceste sorte.

Au partir du descoulple, ils les doibuent piquer le plus froidement
qu'ils pourront, auec peu de bruit, à cause qu'ils sont ardans, & outre-
passent les routes ou voyes de la beste qu'ils courent: à ceste cause, les
pi ueurs ne doiuent approcher d'eux qu'ils ne les voyent tirer pays,
ny au defaut pareillement: & se faut donner garde de les croiser, de
peur qu'ils retournent sur eux, & ainsi s'en tirera du plaisir.

Es Chiens que nous appellons de sainct Hubert, doiuent estre communement tous noirs: toutesfois on en a
tant meslé leur race, qu'il sen vient auiourd'huy de tous
poils. Ce sont les Chiens dont les Abbez de sainct Hubert ont tousiours gardé de la race, en l'honneur & memoire du sainct qui estoit veneur auec sainct Eustache, dont est à coni-
iecturer que les bons Veneurs les ensuyueront n Paradis auec la grace de Dieu. Pour reuenir au premier propos, ceste race de Chiens

a eſté ſemée par le pays de Haynault Lorraine, Flandres, & Bourgongne. Ils ſont puiſſans de corſage : toutesfois ils ont les iambes baſſes

& courtes : auſſi ne ſont ils pas viſtes, combien qu'ils ſoient de haut nez, chaſſans de forlonge, ne craignans les eaux ne les froidures, & deſirent plus les beſtes puantes, comme Sangliers, Regnards, & leurs ſemblables, ou autres : parce qu'ils ne ſe ſentent pas le cœur ne la viteſſe pour courir, & prendre les beſtes legieres. Les Limiers en ſortent bons, principallement pour le noir : mais pour en faire race pour couurir, ie n'en fais pas grand cas : toutesfais i'ay trouué vn liure qu'vn Veneur adreſſoit à vn Prinçe de Lorraine qui aymoit fort la chaſſe, où il y auoit vn Blaſon qu'iceluy Veneur donnoit à ſon Limier nommé Souillard, qui eſtoit blanc :

,, De ſainct Hubert ſortit mon premier nom,
,, Fils de Souillard, Chien de tres-grand renom.

Dont eſt à preſumer qu'il en ſort quelques vns blancs, mais ils ne ſont
de la race des Greffiers que nous auons pour le iourd'huy.

LES SIGNES PAR LESQVELS ON PEVT
cognoiſtre vn bon & beau Chien. Chap. VI.

L faut qu'vn Chien pour eſtre beau & bon, ait les ſignes
qui ſ'enſuiuent. Premierement ie commenceray à la teſte, laquelle doit eſtre de moyenne groſſeur, & eſt plus à
eſtimer quand elle eſt longue que camuſe. Les nazeaux
doiuent eſtre gros & ouuerts, les oreilles larges & de
moyenne eſpeſſeur, les reins courbez, le rable gros, les hanches auſſi groſſes & larges: la cuiſſe trouſſee, & le iarret droit bien herpé, la
queuë groſſe pres des reins, & le reſte greſle iuſques au bout: le poil
de deſſous le ventre rude, la iambe groſſe, la partie du pied ſeche, &
en forme de celle d'vn Regnard, les ongles gros. Et deuez entendre
qu'on ne voit gueres de chiens retrouſſez, ayans le derriere plus haut
que le deuant, eſtre viſtes, le maſle doit eſtre court & courbé, & la
Lyce longue. Or pour vous declarer la ſignification des ſignes, il eſt à
ſçauoir, que les nazeaux ouuerts ſignifient le chien de haut nez. Les
reins courbez, & le iarret droiсt, ſignifient la viſteſſe. La queuë groſſe pres des reins, longue & deſliee au bout, ſignifie bonne force aux
reins, & que le chien eſt de longue haleine. Le poil rude au deſſous
du ventre denote qu'il eſt penible, ne craignant point les eaux ne le
froid. La iambe groſſe, le pied de Regnard & les ongles gros, demon-
ſtrent qu'il n'a point le pied gras, & qu'il eſt fort ſur les membres pour
courir longuement ſans s'agrauer.

COMME ON DOIT ESLIRE VNE BELLE LYCE
pour porter Chiens, & le moien de la faire entrer en chaleur. Auſſi les ſignes ſous
leſquels elle doit eſtre couuerte pour porter Chiens maſles, qui ne ſoient ſubieсts à
maladie. Chapitre VII.

I vous voulez auoir de beaux chiens, il faut auoir vne belle Lyce, qui ſoit de bonne race, forte & proportionnee de ſes mé-
bres, ayans les coſtez & les flancs grãs & larges, laquelle pourrez faire venir en chaleur en ceſte maniere. Prenez deux teſtes d'aulx, & vn demy couillon d'vne beſte qui ſe nomme *Caſtor*, auec

du ius de cresson alenois, & vne douzaine de mouches cantharides,&
faites bouillir le tout ensemble en vn pot tenant vne pinte, auec de la

chair de mouton &en faites boire par deux ou trois fois en potage à la
Lyce, elle ne faudra iamais de venir en chaleur. Et autant en peut-on
faire au Chien pour le rechauffer. Puis quãd vous verrez que la Lyce
sera chaude, attĕdez le plein decours de la Lune à passer, pour la faire
couurir:& la faites emplir souz les signes de *Gemini* & *Aquarius*, car les
Chiens qui naistront en ce tĕps ne serõt si suiets à la rage,& en viĕdra
plus de masles que de femelles Aussi on dit qu'il y a vne Estoille nommee *Arĉture*,& que si les chiens naissent soubz le regne d'icelle, qu'ils
seront fort subiects à la rage. Pareillement faut entendre plusieurs
secrets : dont le premier est : Que de quelque chien qu'vne Lyce
sera couuerte, la premiere fois qu'elle sera en chaleur,& de sa premiere portee, soit de Mastin, Leurier ou Chien courant, en toutes les autres portees qu'elle aura apres, il s'ĕ trouuera tousiours quelqu'vn qui

reſemblera le premierChiē qui l'aura couuerte:qui eſt la cauſe qu'on doit bien regarder à la premiere fois qu'elle viendra en chaleur, de la faire couurir à quelque beau Chien de bonne race : car en toutes les autres laiĉtees qu'elle portera,il y en aura touſiours quelques-vns qui tiendront de la premiere. Et par ce qu'auiourd'huy on ne fait cas des premieres laiĉtees des Chiennes, veu qu'on penſe que les Chiens qui en ſortent ſont ſubieĉts à la rage & viēnent volontiers foibles & me-nuz,ſi eſt-ce qu'il ne faut pas laiſſer à faire couurir la Lyce à quelque beau Chien courant & de bonne race : car ſi elles eſtoit maſtinee, les autres laiĉtees en tiendroient: autrement ſi la laiſſez refroidir ſans la faire couurir,elle deuiendra ethique & à grād peine ſe pourra remet-tre ny engraiſſer.L'autre ſecret eſt ,Que ſi voullez auoir des Chiēs le-giers & ardans,il faut faire couurir à la lyce à vn ieune Chien : parce que ſi ceſtoit d'vn vieilChien,ils deuiendroient plus peſans, & moins rebaudiz. Et deuez entendre qu'il ne faut iamais faire refroidir vne Lyce en l'eau, car elle luy glace le ſang dedans les venes & arteres,qui eſt cauſe qu'elle deuient gouteuſe , ou bien qu'elle a des tranchees dedans le ventre, & autres infinies maladies qui s'en enſuyuent.

Quand les Lyces ſont pleines , & qu'elles commancent à aualler leur ventre, on ne les doibt pas mener à la chaſſe pour beaucoup de raiſons,dont l'vne eſt par ce que les efforts qu'elles font,corrompent & gardent de profiter les petits chiens qui ſont dedans leur ventre: auſſi qu'en ſautant les hayes, & paſſant par les bois,il ne faut qu'vn heurt pour les faire aduorter, dont s'en enſuiuroient pluſieurs autres fortunes qui me ſeroient prolixes à reciter. Donques on les doit ſeu-lement laiſſer aller par la court & maiſon ſans eſtre renfermees de-dans le Chenin, d'autant qu'elles ſont ennuyeuſes & degouſtees, & leur faut faire du potage vne fois le iour pour le moins .

Plus ſi voulez faire chaſtrer ou ſener vne Lyce , ſe doit eſtre au par-auant qu'elle ait iamais portē chiens : en la ſenant, il ne luy faut oſter toutes les racines , car il eſt bien difficile qu'en les arrachant on ne luy face tort aux reins,& qu'on ne luy acourſiſſe ſa viſteſſe : mais quād les racines demeurent, elle en eſt plus vigoureuſe & hardie, & en en-dure mieux la peine. Auſſi on ſe doit bien donner garde de la faire ſe-ner quand elle eſt en chaleur, car alors elle ſeroit en grand danger d'en mourir : mais quinze iours apres qu'elle ſera hors de chaleur , & lors que les petits chiens ſe commanceront à former dans ſon corps, elle eſt bonne à ſener.

B iij

DES SAISONS ESQVELLES LES PETIS
Chiens doiuent naiftre, & comme on les doibt
gouuerner. Chap. VIII.

A certaine faifons efquellesles petis Chiens font mal-aifez à fauuer & efchapper, principalement quand ils naiffent fur la fin d'Octobre, à caufe de l'hyuer & froidures qui commancent à regner, & que les laictages & autres chofes pour les nourrir font defailliz : & par tant il eft bien difficile quand ils naiffent en telle faifon, de les pouuoir efchapper, d'autant que l'hyuer les a furprins, autant qu'ils ayent force de refifter au froid : & encores qu'ils efchappent, ils demoureront petis & foibles. L'autre faifon facheufe pour les efchapper & auier, eft en Iuillet & Aouft, à caufe des vehementes chaleurs & des Moufches, puces, & autres vermetz qui le tourmentent. Et pource, la droicte faifon en laquelle doibuent naiftre, eft en Mars, Auril & May, que le temps eft temperé, & que les chaleurs ne font trop vehemétes auffi que c'eft la droicte naiffáce que nature a dónee à tous animaux, comme à Vaches, Chieures, Brebis, & leurs femblables : parce qu'on trouue en ce temps leur nouriture. Et veu que les Chiens naiffent en toutes faifons, & que plufieurs fe delectent à en tirer de la race, & les nourrir en quelque faifon qu'ils viennent, i'ay bien voulu felon ma fantaifie donner intelligéce & moyen de les pouuoir efchapper. Premierement, s'ils naiffent en hyuer il faut prendre vn muy ou vne pippe bien feiche, & la desfoncer par vn bout, puis mettre de la paille dedás, & coucher le muy ou pipe en quelque lieu où on face ordinairement bon feu : puis mettre le bout desfoncé deuers la cheminee, à fin qu'ils ayent la chaleur du feu. Et faut bien nourrir la mere de bons potages faits de chair de Bœuf ou Mouton. Or quand les petis Chiens commanceront vn peu à manger, il leur faudra accouftumer le potage fás le faller, à caufe que le fel les deffeche & fait venir galeux, à quoy ils font fubiects quand ils naiffent l'hyuer. Il faut mettre en leur potage force fauge, & autres herbes chauldes. Et fi d'auenture on voyoit que le poil leur tombaft, il les faudroit frotter d'huille de noix, & de miel meflez enfemble, en les tenant dedans leur pippe ou muy le plus nettement qu'on pourra, & changeant leur paille tous les iours. Et quand on verra qu'ils commanceront à aller, faut auoir vn ret faict de gros filet, laffé à maille de preffe, & enfoncer auec vn cercle le bout de la pippe ou muy, ainſi qu'on fonce vn tabourin de Suyſſe,à fin de les garder de ſortir, par ce-que les autres Chiens les mordroyent,ou ſeroyent marchez ou rompuz des hommes : & faut faire la pippe ou muy en ſorte qu'on l'ouure quand on voudra. Quant aux autres Chiens qui naiſſent l'eſté,ils doibuẽt eſtre mis en quelque lieu frais où les autres Chiens n'aillent point, & doibt on mettre deſſoubz eux quelques claïes ou ais, auec de la paille par deſſus qu'il faut changer ſouuẽt,de peurque la fraiſcheur ou humidité de la terre leur face nuyſance.Ils doibuent eſtre en lieu obſcur, pour euiter que les mouches ne les tourmentent : & faut auſſi qu'ils ſoyent frottez deux fois la ſepmaine pour le moins,d'huile de noix, meſlee & batuë auec du ſaffran en poudre:car ceſt oingt fait mourir toute eſpece de vers , & reconforte le cuyr & les nerfs des Chiens, & garde que les mouches & punaiſes ne les tormentent.Aucunes-fois il en faut frotter la Lyce, & meſler parmy du ius de Berne,ou Creſſon ſauuage,de peur qu'elle porte des puces à ſes petis, ſans oublier à la faire nourir de bons potages comme dit eſt. Quand les petis Chiens auront quinze iours, il les faut eſuerer, & huit iours apres leur coupper vn nud de la queüe, en la forme & maniere que ie declaireray cy apres au traitté des receptes. Puis quand ils commanceront à voir & à manger,il leur faut donner de bon laict pur tout chaud,ſoit de Vache, de Chieure,ou de Brebis.Et notez qu'il ne les faut mettre au village qu'ils n'ayent deux mois, pour beaucoup de raiſons : dont l'vne eſt, qu'ils ont touſiours la tetine de la mere , & que d'autant qu'ils la tettent longuement, ils tiennent plus de ſa complexion & nature : ce qu'on peut veoir par experience:car quand vne Lyce a de petis Chiẽs, faittes en nourrir la moytié à vne maſtine,vous trouuerez qu'ils ne ſeront iamais ſi bons que cuex que la mere aura nourris. L'autre raiſon eſt,que ſi vous les ſeparez d'enſemble plus toſt que deux mois, ils ſeront froidureux,& leur ſera eſtrange de la mere qui les eſchauffoit.

LES SIGNEs QV'ON DOIT REGARDER
si les petis Chiens sont bons, ou non. ·

Chapitre. IX.

Es anciens ont voulu dire qu'on cognoist les meilleurs Chiens aux tetines des meres, & que ceux qui
tettent le plus pres du cueur, sont les meilleurs
& plus vigoureux, à cause du sang qui en cest endroit est plus vif & delicat. Les autres ont dit le
cognoistre dessous la gorge à vn sing qu'ils ont, où
il y a des poils qui sont comme de porceaux : &
que s'il y a nomper, c'est signe de bonté : & que s'il y per, c'est mauuais signe. D'autres ont voulu regarder aux iambes de derriere, aux
erigoteutes, que s'il n'en y a point, c'est bon signe, & s'il y en a vne, que
c'est aussi bon signe : mais s'il y en auoit deux, seroit mauuais signe. Il
en y a

en y a aussi qui ont voulu regarder dedãs la gueule, pensans que ceux qui ont le palais noir, fussent bons, mais ceux qui l'auroient rouge, ne valussent gueres, & s'ils ont les nazeaux ouuerts, c'est signe qu'ils serõt de haut nez. Si l'on considere la reste du corps, il n'y a pas grand iugement qu'ils n'ayẽt trois ou quatre mois. Toutesfois ie prens ceux qui ont les aureilles longues, larges, & espesses, & le poil de dessous le vẽtre gros & rude, pour les meilleurs : lesquels signes i'ay esprouué & trouué veritables. Or par ce que i'ay parlé cy dessus de ceste matiere, ie n'en diray autre chose.

QVE L'ON DOIT NOVRRIR LES PETIS
Chiens aux villages, & non aux boucheries.
Chapitre X.

Vand les petits Chiẽs auront esté nourris deux mois soubs la mere, & qu'on verra qu'ils mangeront bien, il les faut enuoyer aux villages en quelque beau lieu qui soit pres des eaux, & loing de garennes : par ce que s'ils auoyent souffrette d'eaux, quand ils viendroient en leur force ils pourroyent estre subiets à la rage, à cause de leur sang qui seroit sec & ardãt, où l'eau les nourrit & humectifie. Aussi s'ils estoiẽt pres des garẽnes, ils se pourroient rõpre & effiler apres les Connils. On les doit nourrir aux chãps de laictages, de pain, & de toutes sortes de potages. Et faut entẽdre que la nourriture des villages leur est beaucoup meilleure que celles des boucheries : d'autant qu'ils ne sont point enfermez, & qu'ils sortent quand ils veulent pour aller paistre, & apprendre le train de la chasse : aussi qu'ils accoustument le froid, la pluye & tout mauuais tẽps, n'estans subiets à courir au bestial priué, car ils sont nourris parmy eux ordinairement. Au contraire, s'ils estoient nourris aux boucheries, le sang & la chair qu'ils mangeroient leur eschaufferoit le corps tellemẽt, que quand ils seroient grands, & qu'on les feroit courir deux ou trois fois par temps de pluye, & ils se morfondroyent, ils ne foudront iamais à deuenir galleux, & seront subiets à la rage & à courir au bestial priué, à cause qu'ils en mangent le sang ordinairement aux boucheries, & n'apprennent à quester n'à chasser en sorte quelconque. Brief, ie ne vy iamais Chien faire bonne fin, estant nourry aux boucheries, & principalement pour chasser le Lieure.

C

EN QVEL TEMPS ON DOIT RETIRER
les Chiens des nourrices, & quel pain & carnages ils
doiuent manger.　　Chap. XI.

O N doit retirer les Chiens des nourrices à dix mois, & les faire nourrir au Chenin tous ensemble, à fin qu'ils se cognoissent, & entendent. Il y a bien difference de voir vne meute de Chiens nourris ensemblement, & d'vn aage & de Chiens amassez:par ce que ceux qui sont nourris ensemble s'entédent, & ameutent mieux que ne font pas les Chiens amassez. Apres qu'aurez retiré les Chiens au Chenin, il leur faut pendre des billots de bois au col pour leur aprendre à aller en couple. Le pain qu'on leur doit donner doit estre tiers fromét, tiers orge, ou baillarge, & tiers seigle:d'autant qu'ainsi mixtionné, il les entretient frais & gras, & les garentit de plusieurs maladies. Que s'il n'y auoit que de la seigle, elle les feroit trop vuyder:s'il n'y auoit que du froment, il leur retiendroit trop le ventre, qui leur causeroit des maladies:& par ainsi faut mesler & mixtionner l'vn auec l'autre. On leur doit donner des carnages au temps d'hyuer, principalement à ceux qui sont maigres & courent le Cerf: mais à ceux qui courent le Lieure on ne leur en doit point donner pour beaucoup de raisons:car si on leur en donne, ils s'acharneront aux grosses bestes, & ne feront cas des Lieures qui se mettent cômunemét parmy le bestial priué pour se deffaire des Chiés, & lors pourroyét laisser aller le Lieure pour courir apres le bestial priué. Mais les Chiens qui courent le Cerf ne le feroient, à cause que le Cerf est de plus grand vent & sentiment que le Lieure:aussi que sa chair leur est plus friande & delicate que nulle autre. Les meilleurs carnages qu'on leur pourroit donner, & qui les remettroyent le plus, sont de cheuaux, asnes, & mulets. Quant aux bœufs, vaches, & leurs semblables, la chair leur est de plus aigre substance. Vous ne deuez iamais donner carnage aux Chiens qu'il ne soit escorché, à fin qu'ils n'ayent pas la cognoissance de la beste, ne de son poil. Ie loüe grandement les potages faits de chair de brebis, de chieures, & de teste de bœuf pour les Chiens maigres qui courent le Lieure:& faut mesler aucunefois parmy ces potages quelque peu de souffre pour les eschauffer. I'en deuiseray plus amplement au traitté des receptes.

COMME DOIT ESTRE SITVE ET
accommodé le Chenin des Chiens.   **Chap. XII.**

E Chenin doit estre situé en quelque lieu bien oriē-
té, où il y ait vne grande court bien applanie, ayant
quatre vingts pas en quarré, selon la commodité &
puissance du Seigneur. Mais d'autant qu'elle est
spatieuse & grande, elle en est meilleure pour les
Chiens : par ce qu'ils veulent auoir du plaisir pour
s'esbatre & vuyder. Par le milieu du Chenin y doit
auoir vn ruisseau d'eau viue, ou vne fontaine, prés laquelle faut mettre vn beau grand tymbre de pierre pour receuoir le cours de la
source qui'aura vn pied & demy de hault, à fin que les Chiens y boi-
uent plus à leur aise:& faut qu'iceluy tymbre soit percé par vn bout, à
fin de faire euacuer l'eau, & qu'on le nettoye quand on voudra. Sur

le hault de la court, doit eftre bafty le logis des Chiens, auquel faut
qu'il y ait deux chambres, dont l'vne fera plus fpaçieufe que l'autre, &
en icelle doit auoir vne cheminee grande & large pour y faire du feu
quand meftier fera. Les portes & feneftres d'icelle chambre doiuent
eftre fituees entre le Soleil leuant & le Mydi. La chambre doit eftre
efleuee de trois pieds plus hault que le plan de la terre, & y faut faire
deux cois, à fin que l'vrine & immodicité des Chiens fe puiffent vuyder. Les murailles doiuent eftre bien blanchies, & les planchers bien
collez, de peur que les aragnees, pulces, punaifes, & leurs femblables
s'y engendrẽt & nourriffent. Les feneftres doiuent eftre bien vitrees,
de peur que les mouches y entrent. Il leur faut toufiours laiffer quelque petite porte ou huyffet, à fin qu'ils s'aillent vuyder & esbatre
quãd ils voudront. Puis faut auoir en la chambre de petits chalits qui
foient efleuez de terre d'vn bon pied, & que fouz chacun des pieds du
chaflit y ait vn petit **rouleau** ou boule pour les mener la par où on
voudra, àfin de pouuoir nettoyer deffouz : & auffi quand ils viendrõt
de la chaffe, & qu'il eft queftion de les faire chauffer & feicher, on les
puiffe rouler & approcher du feu. Et fi faut qu'iceux chaflits foient
foncez de clies, ou bien d'ais percez, à fin que s'ils piffoient, l'vrine
s'ecoulaft à terre. Il faut vne autre chambre pour retirer le valet de
Chiens, àfin de referrer fes trompes, couples, & autres chofes requi-
fes à fon art.

  Ie n'ay voulu parler des chambres fumptueufes que les Princes font
faire pour les Chiens, efquelles y a des poiles, eftuues & autres ma-
gnificences : par ce que cela m'a femblé leur eftre plus nuifible que
profitable : car s'il ont accouftumé telles chaleurs. eftãs traitez fi deli-
catemẽt, & qu'on les meine en quelque lieu où ils foiẽt mal logez, ou
bien s'ils courent par tẽps de pluye, ils ferõt fuiets à fe morfondre, & à
deuenir galeux. Parquoy i'ay bien voulu dire, qu'alors qu'ils viennent
de la chaffe, & qu'ils font mouillez, il fuffit feulement qu'ils foient bien
chauffez & couchez feichement, fans leur accouftumer tant de ma-
gnificence Et par ce qu'aucunesfois on n'a pas cõmodité d'auoir fon-
taines ou ruiffeaux, il eft requis faire de petits baillots de bois, ou bien
quelque tymbre pour mettre leur eau. Il fe faut bien donner garde
de leur donner à boire en aucun vaiffeau d'airain ou de cuyure : par
ce que ces deux efpeces de metaux font veneneufes de leur nature,
& font tourner & empunaifir foudainement l'eau, qui leur feroit grã-
dement contraire. Il eft auffi neceffaire d'auoir de petits baquets de

bois pour mettre leur pain, qui doit estre rompu & decoupé par petits loppins dedans:par ce que les Chiens sont aucunes fois desgou-
stez & malades : aussi qu'il y a certaines heures qu'ils ne veulent manger: qui est la cause que les baquets ne doiuent estre sans pain , comme nous auons mis au pourtrait cy dessus.

DV VALET DE CHIENS ET COMME
il doit penser, gouuerner & dresser les Chiens.
chap. XIII.

V N bon valet de Chiés doit estre gracieux, fort cour-
tois, & doux, aymant les Chiens de nature: & faut
qu'il ait bon pied, & bon vent, tant pour entonner sa
trôpe que sa bouteille. La premiere chose qu'il doit
faire apres estre leué, est d'aller voir ses Chiens, les
nettoyer & accoustrer, comme l'estat le requiert.
Apres les auoir nettoyez, il doit prendre sa trompe & sonner quatre

ou cinq mots le gresle, à fin de les resiouyr & appeller à luy : & quand
il les verra tous au tour de luy, faut qu'ils les couple, & en les couplant
qu'il se prenne bien garde de ne coupler les Chiens masles ensemble,
de peur qu'ils ne se battent. Et s'il y a de ieunes Chiens, il les faut coupler auec les vieilles Lyces : pour les apprendre à fuyuir. Quand ils seront tous biens couplez, il faut que le valet de Chiens emplisse deux
grandes gibbecieres ou pochettes toutes pleines d'osselets, & autres
friandises, côme Sardines, Rolles de pied de cheuaux fricassez, rosties
à la graisse, & autres semblables. Puis il doit mettre tout par petis loppins dedans les gibbecieres, & en pédre vne à son col, & bailler l'autre à vn de ses compaignons. Cela fait, doit prendre deux bouchons
de paille nette, & les mettre à sa ceinture auec vne espoucette pour
bouchonner & espoucetter ses chiens quand ils seront aux champs.
Les autres valets de chiens ou aydes qui seront auec luy, en doiuent
faire autant. Apres, il faut qu'ils prénent chacun vne belle houssine en
la main, & que l'vn d'eux se mette deuant qui appellera les chiens a-
pres luy, l'autre se mette derriere, qui les touchera : & s'il en y a deux
autres, ils se mettront aux deux costez, & ainsi s'en doiuent aller tous
quatre pourmener les chiens par les bleds verds, & par les prairies,
tant pour les faire paistre, que pour leur apprédre à croire, les faisant
passer à trauers les troupeaux de brebis, & autres bestial priué, à fin de
les y accoustumer, & faire cognoistre. Que s'il y auoit quelque chien
mal complexionné qui leur voulut courre sus, il le faudroit coupler
auec vn Mouton ou Belier, & auec la houssine le fesser & battre longuement, en criant & menaçant, à fin qu'vne autrefois il entende la
voix de ceux qui le menaceront. Aussi faut passer les chiens par les
Garennes, & s'ils branlent aux connils, les menacer & chastier : par ce
que les ieunes chiens, de leur nature, les ayment volontiers. Apres les
auoir ainsi pourmenez, & que le Soleil commencera à hausser, ils s'en
doiuent aller en quelque beau pré, & appeller tous leurs chiens au
tour d'eux, & prendre leurs bouchôs & espoucettes pour les bouchô-
ner & espoucetter le plus doucemét qu'ils pourront : car aucunesfois
les chiens qui courent par les fors se piquent, & prénent des espines :
ou bien ont quelques dartres ou gales : la ou les valets de chiens ayâs
la main rude, en les bouchonnant, les pourroyent escorcher, & faire
plutost mal que bien : & aussi que le chien courant ne veut pas perdre
son poil & bourre : d'autant qu'il est incessamment par les bois, là où
l'esgail, l'eau, & autres froidures tombent sur luy. A cette cause doit

ſuffire de bouchonner les Chiens courans trois fois la ſepmaine: mais quant auxLeuriers,ie ne dy pas qu’il ne les faille bouchonner tous les iours.Aprés toutes ces choſes faites, il faut que les valets de Chiens leur apprennent à entendre les *forhuz*, tant de la trompe, que de la bouche en cette maniere.

Premierement,il faut que l’vn d’eux prenne vne des gibbecieres pleines de friandiſes, & qu’il s’en aille à vn ic t d’Arbaleſte ou plus loing, ſelon que les Chiens ſeront ieunes & dreſſez,car s’ils eſtoyent ieunes, n’ayans iamais eſté dreſſez, il faudroit faire le *forhu* plus pres, & ne les deſcoupler point,à fin que les vieux les emmenaſſent & trai-naſſent au *forhu*. Mais s’ils ſont commancez à eſtre dreſſez, on doibt aller plus loing,& les deſcoupler:& alors que le valet de Chiens ſera à deux bons iects d’Arbaleſte loing de ſes Chiẽs(leſquels faut que ſes compaignons tiennent hardez)il doibt commãcer à forhuer, & ſon-ner de la trompe,cryant, *Ty a Hillaut pour le Cerf : & Valecy aller pour le Lieure* & ne doibt ceſſer de ſonner & forhuer, que ſes Chiens ne ſoyent arriuez à luy. Quand ſes compagnons l’entendront forhuer, il faut qu’ils deſcouplent leurs Chiens, en criant: *Eſcoute à luy, tyrez, tyrez*.Puis quand ils ſeront arriuez au forhu, le valet de Chiens doit prendre ſa gibbeciere,& leur ietter toutes les friandiſes parmy eux, en leur criant & les reſiouyſſant,comme l’art le requiert. Alors qu’il verra qu’ils auront preſque acheué de manger, il doit faire ſigne à ſes compagnons qu’ils forhuent:leſquels n’auront bougé du lieu où ils ont deſcouplé leurs Chiens, qui auront l’autre gibbecerie pleine de friandiſes,leſquels commancerõt de leur coſté à forhuer, & ſon-ner de la trompe, pour faire venir les Chiens à eux. Celuy qui aura fait le premier forhu,les doit menacer,& frapper auec vne houſſine, en criant, *Eſcoute d’ay*, ou, *Ti ez à luy*. Et quand les Chiens ſeront arriuez à eux,ils leurs doibuent donner les friandiſes, comme a fait l’autre. Puis apres les coupler bien doucement, par-ce que ſi on rudoyoit vne fois vn ieune Chien au couple, vne autre fois on ne le cuideroit pas reprẽdre.Quãd ils ſerõt couplez,il les faut emmener au Chenin,& leur donner à manger,& ſi faut laiſſer du pain couppé dedãs leur baquet,pour ceux qui ſeront deſgoutez.On doit changer leur paille deux ou trois fois la ſepmaine, pour le moins : & en-tortiller des bouchons en de petits baſtons,&les ficher en terre pour les faire piſſer.C’eſt vne choſe certainë que ſi voˢ frottez vn bouchõ, ou autre choſe de Galbanum, tous les Chiens ne faudront iamais à venir piffer contre. Et fi d'auenture il n'y auoit dedans le Chenin ruiffeau ou fontaine, il faut mettre leur eau dedans la pierre, ou dedans du bois, comme i'ay dit cy deuant: laquelle faut changer & refraifchir tous les iours deux fois. Auffi par les grandes chaleurs, les Chiens fe chargent fouuentes-fois de pouls, pulces, & d'autres vermines & falletez:& pour y remedier, il les faut lauer vne fois la fepmaine en vn bain fait auec des herbes,comme s'enfuyt.

Premierement,faut auoir vne grande poifle tenant dix feaux d'eau, puis prendre dix bônes ioinctees d'vne herbe nommee *Berne*,ou *Creffon fauuage*: & autant de fueilles de *Lapace*, & de *Mariolaine fauuage*, de *Sauge*, *Romarin*, & *Rue*,& faire fort bouillir le tout enfemble, iettant parmy,deux meufres de fel.Puis quãd tout aura bien bouilly enfemble, & que les herbes feront bien confommees, il les faut ofter de deffus le feu,& les laiffer refroidir,iufques à ce que l'eau foit tiede: puis lauer les Chiens & bouchonner auec le bouchon, ou bien les baigner les vns apres les autres.Et doiuết eftre faittes toutes ces chofes au temps des grandes chaleurs,trois fois le moys pour le moins. Et auffi aucunes-fois quand on ramene les Chiens des villages, ils craignent les eaux, & n'ont pas la hardieffe de fe mettre dedans. A cette caufe le valet de Chiens doit regarder & eflire les iours qu'il fera chauld, efquels enuiron l'heure de Midy doit coupler tous fes Chiens,& les mener fur le bord de quelque riuiere ou eftang, & fe defpouiller tout nud,en les prenant l'vn apres l'autre: puis les porter bien auant pour les apprendre à nager, & accouftumer l'eau.Ayant fait cela deux ou trois fois,il cognoiftra que fes Chiens ne craindrõt plus les eaux,& qu'ils ne feront plus de difficulté de paffer &nager les riuieres & eftãgs.Voilà comme les bons valets de Chiens les doibuết traiter & gouuerner : car en faifant toutes ces chofes fufdites, il eft impoffibleque leurs Chiens ne foyent bien penfez & dreffez. Auffi bien fouuent les Chiens courent par temps de pluyes,de verglatz, & autre mauuais temps: ou bien font des effortz à courre , & à nager les riuieres.Quand telles chofes arriuent,le valet deChiens leur doit faire vn beau grãd feu pour les chauffer & fecher.Et quand ils feront fecz,il leur doit frotter & bouchonner le ventre,pour faire tomber la terre&fange qu'ils pourroyent auoir:car s'ils couchoyết mouillez, ils feroyent en danger d'eux morfondre &deuenir galeux.Souuětesfois en courrant par les campaignes & rochers, ils s'aggrauent & efcorchent les piedz.Et pour les pêfer & guarir, il faut premieremết

leur

leur lauer les piedz auec de l'eau & fel. Apres faut auoir des œufs, &
en prédre feulement les moyeux, & les battre fort auec du vin-aigre
& auec du ius d'vne herbe qui croift fur les rochers, qu'on nomme
Pilozele. Puis faut prendre de la *geme,* ou *poix,* & la mettre en poudre,
& la mefler auec deux fois autant de fuy. Et apres mettre voftre dite
poudre parmy les œufz le ius des herbes fufdictes, faifant le tout
chauffer enfemble, en le mouuant fouuent : & fe faut bien donner
garde qu'il ne chauffe trop, parce que l'humidité fe confommeroit,
& les œufz fe cuyroient, qui gafteroit le tout: mais fuffira feulement
de le chauffer iufques à ce qu'il foit vn peu plus que tiede : & de ce
leur en frotterez au foir les pieds, & les enuelopperez auec du linge.
Ie n'en mettray autre chofe pour cette heure, efperant en parler
plus amplement fur la fin, au traitté des Receptes.

COMME L'ON DOIT DRESSER LES
*ieunes Chiens pour courre le Chef: & des curees qu'on
leur doit faire.*   Chap. XIIII.

Pres que les valets auront apprins à leurs Chiens
à croire & à entendre le forhu, & le fon de la tró-
pe, les piqueurs voyans leurs Chiens en affez
bonne force de reins, & aagez de feize ou dixhuit
mois, doyuent alors commancer à les drefler, &
ne les mener que vne fois la fepmaine pour le
plus aux champs, de peur de les faire effiler : par
ce que Chiens courans ne font du tout renforcez, ne affeurez fur
leurs membres qu'ils n'ayent deux ans pour le moins. Et faut auant
toute chofe que quiconque voudra prendre le Cerf à force, entende
trois fecrets: Le premier eft, qu'on ne doit iamais faire courir vne
Biche aux Chiens, ne leur en donner curee, parce qu'il y a difference du fentiment de la Biche à celuy du Cerf, comme pouuez
voir par experience, que les Chiens-courãs demeflent fouuentefois
l'vn d'auec l'autre, & font de telle nature, que la premiere befte qu'on
leur fait courir, & qu'ils y prennent plaifir, fi on leur en fait curee, il
leur en fouuient toufiours: & par là pouuez cognoiftre, que fi vous
leur faites curees des Biches, ils les defireront pluftoft que les cerfs.
Le fecond fecret eft, qu'on ne doit point drefler les ieunes Chiens
dedãs les toiles: parce qu'vn cerf ne fait que tournoyer, ne fe pouuãt

D

esloigner d'eux qui le voyent à toutes heures : & si on les fait courir
apres hors de la toille, & qu'vn Cerf dreſſaſt, ſe forloignant vn peu

d'eux, ils l'abandonneroient incontinent: & qui plus eſt ils ſe gaſtent
encores à la toile en autre maniere : car ſi vn Cerf y tournoye deux
ou trois tours, ils prēnent auſſi toſt le contre-pied que le droit, ſe
rompans & mettans hors d'haleine, ſans apprendre à queſter ny à
chaſſer, ne faiſans que leuer la teſte pour voir le Cerf. Le tiers ſecret
eſt, de ne dreſſer les chiens, ne faire courir au matin s'il eſt poſſible,
parce que ſi on leur accouſtume l'eſgail, & qu'ils viennent à courir
ſur le haut du iour, ayant ſenty la chaleur du Soleil, ils ne voudront
plus chaſſer. Mais autrement vous les pourez dreſſez, & donner curce
en cette maniere.

Premierement vous deuez regarder quand les Cerfs ſeront en leur
grande venaiſon, par ce qu'ils ne ruzent, & ne s'eſloigner pas tant
qu'ils feroyent en Auril & May, qu'ils n'en ſont point chargez, & ne

courent pas ſi longuement. Alors pourrez choiſir vne foreſt, là où les relays ſeront bien iuſtes &à propos:puis mettre tous voz ieunes chiẽs enſemble auec quatre ou cinq des vieux pour les dreſſer. En apres les faut mener au plus loingrain & dernier relais, & faire chaſſer le Cerf iuſques là où ils ſeront, à quelque bonne meute de chiens,qui le gardent bien de repoſer par les chemins, à fin qu'alors qu'il ſera arriué à eux,qu'il ſoit las & mal mené. A l'heure faudra deſcoupler les vieux chiens les premiers: & quand ils auront dreſſé les routes ou voyes du Cerf, eſtans bien ameutez, faut deſcoupler tous les ieunes chiens, & les ameuter à eux : là où faut qu'il y ait trois bons piqueurs pour le moins, à fin que s'il y auoit quelque Chien qui vouluſt demeurer derriere, s'opiniaſtrer & amuſer de le bien battre & faire aller aux autres. Et deuez entendre, qu'en quelque lieu où l'on tue le Cerf, on luy doit deſpouiller le col, & leur en faire la curee ſur le champ tout chaudemẽt, par ce qu'elle leur eſt beaucoup meilleure, plus friande & profitable chaude, que froide.

Vous leur pouuez donner curee en autre maniere. Prenez vn Cerf aux rets ou pieces, & luy fendez vn des pieds de deuant depuis l'entre-deux des ongles iuſques à la ioincture des os, ou bien luy couppez vn des ongles tout entier, puis le demeſlerez de la piece ou rets, & le laiſſerez aller. Vn quart d'heure apres, ferez amener tous voz ieunes chiẽs, leſquels ferez harder, puis ferez mettre les Limiers ſur les routes du Cerf, leſquelles ferez ſuyure auec les ieunes chiens. Apres l'auoir ſeruy la longueur d'vn iet d'arbaleſte, vous pourrez forhuer & ſonner pour Chiens. Cela fait, pourrez deſcoupler les ieunes chiẽs des vieux, à fin que les vieux les conduiſent:& faut qu'il y ait de bons piqueurs à la queuë pour les faire chaſſer & requeſter.

Vous leur pouuez encores donner curee en autre maniere. Il faut auoir quatre ou ſix valets, leſquels ſoient gracieux,& allans bien à pied, car autrement ils leur feroiẽt plus de tort que de profit: & leur pourrez dõner àmener à chacun quatre ieunes chiens en vne leſſe. Et apres que le Cerf ſera donné aux chiens, s'en doiuent aller touſiours le petit pas ſans les tourmenter au deuant de la meute. Puis quãd ils verront que le Cerf aura couru deux bõnes heures, & qu'il ſera mal mené, ils pourront laſcher les ieunes chiens, mais ſe doiuent bien garder de les deſcoupler quand ils verront le Cerf aux abbois, & principalemẽt quãd il a la teſte dure : car en cette fureur il les pourroit tuer. Ma fãtaſie eſt telle, qu'on doit premierement dreſſer les chiens pour le Lieure: car

D ij

c'eſt leur droit commancement, parce qu'ils apprennẽt toutes ruzes & hour-uariz, pareillement à croire, à venir à tous forhuz: & ſi s'aſſinẽt le nez en accouſtumant les chemins & campagnes. En apres, quand on les veut dreſſer pour le Cerf, ils abandónnent aiſément le Liéure: pour autant que la chair du Cerf eſt plus friande, & auſſi qu'il a plus grand vent & ſentiment que n'a pas le Liéure. Il faut icy entẽdre que tous Chiens veulent cognoiſtre les piqueurs qui les ſuyuẽt: & pource il eſt requis quand les valets de Chiens leur donneront à manger, & qu'on leur fera la curee, que les piqueurs s'y trouuent pour leur faire chere, & parler à eux, à fin qu'ils les cognoiſſent & entendent.

LA CHASSE DV CERF.

Car en beauté i'excede toute beste.
Dont à bon droiét, ils m'ont ainſi nommé.
Pour le plaiſir des Roys ie ſuis donné.
De iour en iour les Veneurs me pourchaſſent
Par les Foreſts.Ie ſuis abandonné
A tous les Chiens, qui ſans ceſſe me chaſſent.
Si du doéte Phebus auez commancement
De Venerie, icy traduiéte groſſement,
Ie me ſuis voulu mettre en toute diligence,
Vous en pouuoir donner parfaite intelligence.

DE LA VERTV ET PROPRIETE
du Cerf.   Chap. XV.

N trouue vn os dedans le cueur du Cerf, lequel eſt grandement profitable contre le tremblement de cueur, principalement aux femmes groſſes.

Autre vertu.

Prenez le vit d'vn Cerf, puis le faites tremper en du vin aigre l'eſpace de vingt & quatre heures : & le faites ſecher, puis apres le mettez en poudre, & en faites boire le poix d'vn eſcu auec de l'eau de
Plantain à quelque homme ou femme ayant le flux de ſang, incontinent ſeront guaris.

Autre vertu.

Prenez la teſte d'vn Cerf, à l'heure qu'elle eſt demie reuenue &
en ſang, & la decoupez par petits loppins, & les mettez dedans vne
grande fiole ou matras de verre. Apres prendrez le ius d'vne herbe
nommee *Croiſette*, & le ius d'vne autre herbe nommee *Poiure d'Eſpagne*,
autrement appellé *Caſſis*. Puis vous mettrez le ius de toutes ces herbes, là où ſera la teſte du Cerf decoupee en petits loppins, & lutrez
& fermerez bien voſtre fiole ou matras par deſſus, laiſſant repoſer
toutes ces drogues enſemble l'eſpace de deux iours. Celà fait, les ferez toutes diſtiler en vn alambic de verre. L'eau qui en ſortira, ſera
merueilleuſement bonne contre tous venins, tant de morſures de
ſerpens que contre poiſons.

Autre Vertu.

La corne du Cerf bruſlee & miſe en poudre, fait mourir les vers dedans le corps & dehors, & ſi chaſſe les ſerpens de leurs foſſes & cauernes. La preſure & caillon d'vn ieune Cerf tué dedans le ventre de la Biche, eſt fort bonne à la morſure des ſerpens.

Autre vertu.

La moelle & le ſuif du Cerf ſont fort bons côtre les gouttes venues de froides cauſes, en les faiſant fondre: & de ce en frotter les lieux où ſont les douleurs.

Plus le Cerf nous a fait cognoiſtre l'herbe du *Dictame*, lequel ſe ſentant bleſſé de quelque fer ou ſagette, s'en va manger de ladite herbe, qui luy fait ſortir le fer du corps, receuant tout incontinent guariſon.

DV NATVREL ET SVBTILITE
des Cerfs.   Chap. XVI.

Sidore, dit le Cerf eſtre le vray contraire du ſerpent: & que quand il eſt vieux, decrepit & malade, qu'il s'en va aux foſſes & cauernes des ſerpens, puis auec les narines ſouffle & pouſſe ſon haleine dedãs, en ſorte que par la vertu & force d'icelle il côtraint le ſerpent de ſortir dehors: lequel eſtant ſorty, il le tue auec le pied, puis le mange & deuore. Apres il s'en va boire: lors le venin s'eſpãd par tous les conduits de ſon corps. Quand il ſent le venin, il ſe met à courir pour s'eſchauffer. Bien toſt apres il commence à ſe vuider & purger, tellement qu'il ne luy demeure rien dedans le corps, ſortant par tous les conduits que nature luy a donnez: & par ce moyen ſe renouuelle & ſe guariſt, faiſant mutation de poil.

Quand les Cerfs paſſent la Mer, ou les grãdes riuieres pour aller en quelques Iſles ou foreſts au Rut, ils ſe mettent en grand nôbre, & cognoiſſent entr'eux le plus fort & meilleur nageur, lequel ils font aller deuãt: puis celuy qui va apres appuye ſa teſte ſur le doz du premier, & le tiers ſur le dos du ſecond, & conſequêment font tous ainſi, iuſques au dernier, à fin de ſe ſoulager l'vn l'autre: & quãd le premier eſt las, vn autre ſe met en ſa place. Pline dit qu'ils peuuent nager trête lieuës de mer, & qu'il l'a veu par experiêce en l'Iſle de *Cypre*, de laquelle ils vont communement en vne autre Iſle, nommée *Cilice*, entre leſquelles y a distance de trente lieuës de Mer. Et aussi dit, qu'ils ont le vent & sentiment du Rut & des forests d'vne Isle à l'autre. A la verité i'en ay veu en des forests sur la coste de la Mer, estans chassez & forcez des chiés, qui se iettoyent dedans la Mer, où les pecheurs les tuoyēt à dix lieuës de la terre.

Le Cerf s'esmerueille & espouuante quand il oyt sifler en paume, ou hucher: & par experience le pourrez cognoistre: car si vous voyez vn Cerf courir de iour deuant vous, & qu'il soit en pays descouuert, huchez apres luy disant, *Guare, à luy*: soudain le verrez reuenir droit à vous pour le doute de la voix qu'il aura ouye.

Il ayme à ouyr les instruments, & s'asseure quand il oyt sonner quelque fluste, ou autre doux chant.

Il oyt fort clair, quand il a la teste & les oreilles leuées: mais quand il les a baissées, il n'oyt point. Quand il est debout, & qu'il n'a point d'effroy, il s'esmerueille de tout ce qu'il voit: & prent plaisir à regarder comme vn charretier & sa charrette, ou vne beste chargée de quelque chose.

Pline dit qu'on cognoist la vieillesse des Cerfz aux dentz, aux pieds & à la teste: comme ie le declareray cy apres au iugement du Cerf. Plus dit, que le corps & cheuilleures du Cerf multiplient tous les ans depuis sa premiere teste iusques à ce qu'il ayt sept ans, apres ils ne multiplient plus, sinon en grosseur: & ce selon l'ennuy qu'ils auront, ou la nourriture. Ils portent aucunefois plus, aucunefois moins, qui est la raison pourquoy on les iuges Cerfs de dix corps, & autrefois les ont portez.

Plus dit, que la premiere teste que porte vn ieune Cerf est donnée à Nature: & que les quatre elementz en prennēt chacun leur portiō.

Isidore est d'vne autre opinion, disant que le Cerf fiche & çache sa premiere teste en la terre, de telle sorte qu'on ne la peut trouuer: & à la verité ie n'en sceu iamais veoir ne trouuer qui fussent cheutes & muées d'elles-mesmes: toutesfois i'ay veu hōme qui disoit en auoir veu: Ie m'en rapporte à ce qui en est.

Le Cerf a vne malice, que s'il releue en vne ieune taille, il va cercher & prendre le vent, pour sentir s'il y a personne là dedans qui luy nuyse. Que si quelqu'vn prēd vne petite branche ou rameau, & qu'il pisse ou crache dessus, puis qu'il le plante en la taille où le Cerf ira faire son viandis, il ne faudra iamais l'aller sentir: & ne cuydera plus releuer en cest endroit.

Pline dit, que quãd le Cerf eſt forcé des chiens, ſon dernier refuge eſt auprès des maiſons à l'homme, auquel il ayme mieux ſe rendre que non pas aux chiens, ayant cognoiſſance de ſes plus contraires, ce que i'ay veu par experience. Qu'il ne ſoit vray, quand la Biche veut faire ſon Faon, elle s'oſte plus toſt du chemin des chiens que de la voye des hommes: comme auſſi quãd elle veut conceuoir ſon petit Faon, elle attend que l'eſtoile, appellee *Arċture* ſoit leuee, & porte huit ou neuf mois ſes faons, leſquels naiſſent communement en May, combien qu'il en y a qui naiſſent plus tard, ſelon la norriture & aage de la Biche. Il y a des Biches qui peuuent auoir deux Faons d'vne ventree. Auant que elle ayt ſon Faon, elle ſe purge auec vne herbe nommée *Tragoncee*, puis apres qu'elle a faonné, elle mange la peau où eſtoit enueloppé ſon Faon.

Pline dit d'auantage, que ſi on prenoit la Biche incontinent qu'elle a faõnné, on trouueroit vne pierre dedãs ſon corps qu'elle a mangee pour deliurer plus ayſement de ſes petis Faons, laquelle ſeroit beaucoup requiſe & profitable pour femmes groſſes. Apres que ſon Faon eſt grand, elle luy apprend à courir, à faillir, & le pays qu'il faut qu'il tienne pour ſe ſauuer des chiens.

Les Cerfs & Biches peuuent viure cent ans, ſelon le dire de Phebus: combien qu'on trouue par les anciẽs Hiſtoriographes qu'il fut prins vn Cerf, ayant vn collier au col, bien trois cens ans apres la mort de Ceſar, où ſes armes eſtoiẽt engrauees, & y auoit eſcrit dedans, CESA-RVS ME FECIT. Dont eſt venu le prouerbe Latin, *Ceruinos annos viuere.*

DV RVT ET MVZE DES CERFS.

Chapitre XVII.

LES cerfs commancẽt à aller au Rut enuiron la my-Septembre, & dure le Rut près de deux mois: & tant plus ils ſont vieux, & plus ſont chaux de la Biche & mieux aymez : ce qui eſt au contraire des femmes, qui ayment volontiers mieux les ieunes. Les vieux cerfs vont plus toſt au Rut que les ieunes : & ſont ſi fiers & orgueilleux que iuſques à ce qu'ils ayent accomply leurs amours, les ieunes n'en oſent approcher, parce qu'ils les battent & chaſſent: les ieunes ont vne grande fineſſe & malice, car

alors

alors qu'ils voyent que les vieux font las du rut,&effoiblis de leur force, ils leur courént fus & les tuent ou bleffent, leur faifans abandõner

le Rut:& à l'heure demeurent maiftres en leur rang.Les Cerfs fe tuét
beaucoup pluftoft quand il y a faute de Biches qu'autrement : car s'il
en y a grand nombre, ils fe feparent & efcartent d'vn cofté & d'autre.
C'eft vn plaifir de les voir rêre & faire leur muze: par ce que quand
ils fentent la nature de la Biche, ils leuent le nez en l'air, regardans en
haut pour remercier nature de leur auoir donné vn tel plaifir. Et fi
c'eft vn grand Cerf, il tournera la tefte, & regardera s'il en y a point
vn autre qui luy vueille faire ennuy: lors les ieunes n'eftãs de fon qua-
libre, luy voians faire telle mine, fe reculeront de luy & s'en fuyront.
Mais fil en y a quelqu'vn auffi grand que luy, ils commenceront tous
deux à rêre, & à gratter des pieds en terre, fe choquãs l'vn côtre l'autre de telle forte, que vous ouyriez les coups de leurs teftes d'vne demie grande lieuë, tant que celuy qui demeurera le maiftre, chaffera

l'autre (la Biche regardant ce plaisir sans qu'elle bouge de son lieu).
Puis celuy qui sera demeuré maistre, commencera à rêre ou crier, en
se iettant tout de course sur la Biche pour la couurir: & ne luy donnera que trois ou quatre coups de cul pour le plus, & bien soudainement. Les Cerfs sont fort aisez à tuer en telle saison: parce qu'ils suyuent les voyes & routes par où les Biches auront passé, mettans le nez
en terre pour en assentir, sans regarder n'esuëter s'il y a point là quelqu'vn caché pour leur nuire Et si vont en ce temps là aussi tost le iour
que la nuict, estans si enragez du Rut, qu'ils pensent qu'il n'y ait rien
qui leur puisse nuire. En ce temps qu'ils sont ainsi en Rut, ils viuent
de peu de chose: car ils viandent seulement de ce qu'ils trouuent deuant eux, en suiuant les routes par où va la Biche: & principalement
de gros potirons rouges, qui aident fort à leur faire pisser le suif.

Ils sont lors en si vehemente chaleur, que par tout là où ils trouuët
des eaux, ils se veautrent & couchent dedans, & aucunesfois par despit donnent des andoilliers en terre.

Lon cognoist les vieux Cerfs à les ouyr rêre ou crier: car tant plus
ils ont la voix grosse & tremblante, & plus doiuent ils estre vieux: &
aussi par là on cognoist s'ils ont esté chassez: car s'ils ont esté courus, &
qu'ils ayent crainte de quelque chose, ils mettët la gueule contre terre, & rêent bas & gros: ce que les Cerfs de repos ne font pas: car ils leuent la teste en haut, rêans ou braimans hautement & sans crainte.

EN QVELLE SAISON LES CERFS
muent, & prennent leur buisson.   CHAP. XVIII.

E N Feurier & Mars, les Cerfs muent & iettent leurs
testes, & communement les vieux Cerfs beaucoup
plustost que les ieunes: mais s'il en y a quelqu'vn qui
ait esté blessé au Rut ou par autre moyen, il ne la
cuyde pas ietter si tost que les autres, à raison que
nature ne luy peut ayder: car toute sa substance &
nourriture ne peut suffire à le guarir & à pousser sa
teste à cause du mal qu'il aura. Il y a d'autres Cerfs lesquels ont perdu
leurs dintiers ou couillons au Rut ou autremët, qui ne muent iamais.
Car faut entendre que si vous chaftrez vn Cerf auant qu'il porte sa teste, il n'en portera iamais: & au contraire, si vous le chaftrez ayant sa
teste ou rameure, iamais elle ne luy tombera. Ne plus ne moins sera il

ſi vous le chaſtrez ayant ſa teſte molle & en ſang, car elle demeurera
touſiours ainſi, ſans ſecher ne brunir. Cela nous donne à cognoiſtre
que les couillons ont grande vertu, car bien ſouuent ſont cauſe qu'il
y a beaucoup d'hommes qui portent belle rameure ſur leur teſte, laquelle ne muë & ne tombe iamais, ainſi ſoit-il de vous, amateurs de
mes eſcripts.

Quand les cerfs ont mué & ietté leur teſte, ils commencent à leur
retirer, & prendre leur buiſſon, ſe recelans & çachans en quelque
beau lieu pres des gaignages & de l'eau, ſur le bord des champs, à fin
d'aller aux legumes, bleds & autres viandis. Et deuez entendre que
les ieunes cerfs ne prénent iamais de buyſſon qu'ils n'ayent porté la
troiſieſme teſte, qui eſt au quatrieſme an: & alors ſe peuuent iuger
cerfs, de dix cors bien ieunement, comme auſſi les Sãgliers ne laiſſent
ſemblablement les compagnies qu'ils ne viennent en leur tiers an,
parce qu'ils n'ont pas la hardieſſe, ioint que leurs ames & defenſes ne
ſont encores en leur force.

Apres que les cerfs ont mué, ils commancent dés le mois de Mars
& Auril à pouſſer les boſſes: & comme le Soleil hauſſera, & que le
viandy croiſtra & dureira, ne plus ne moins leur teſte & venaiſon
croiſtront & augmenteront: & dés la moitié de Iuin leurs teſtes ſeront ſemees de ce qu'elles doiuent porter toute l'annee, pourueu
qu'ils ſoyent en bon pays de gaignages n'ayans point d'ennuy: & ſelon
que la ſaiſon auancera les gaignages & viandis, leur teſte s'auancera ne plus ne moins.

POVR QVELLE RAISON LES CERFS
ſe recelent quand ils ont mué.
CHAP. XIX.

E recelent les cerfs quand ils auront mué pour
beaucoup de raiſons. La premiere, parce qu'ils
ſont maigres & foibles à cauſe de l'hyuer, n'ayans
la force d'eux pouuoir defendre : & auſſi qu'ils
cõmancent à trouuer de quoy viure: & alors prénent leur repos pour faire leur chair. L'autre raiſon eſt, qu'ils ont perdu leurs armes & defenſes,
qui ſont leurs teſtes, & ne s'oſent monſtrer tant pour la crainēte des
beſtes, que pour la honte qu'ils ont d'auoir perdu leur force & leur

beauté.Et ſi verrez par experiẽce, que s’il y a en vn gaignage quelque Cerfs ayans mué, que ſi les Pies ou Grolles les agaçent & decelẽt
ils retourneront tout incontinent à leur fort, pour ſe çacher dedans,
de l a honte & crainte qu’ils auront. Et ſi faut noter, qu’ils ne laiſſe-
ront leur buyſſon, ſi on ne leur fait de grands ennuys, qu’il ne ſoit à la
fin du mois d’Aouſt, qu’ils commanceront à eux eſchauffer & ſe ſou-
cier des Biches.

Quand les Cerfs qui ſe ſont recelez, voyent que leurs teſtes commancent à ſecher, qui eſt enuiron le vingt & deuxieſme de Iuillet, ils
ſe decelent, allans aux arbres pour frayer & faire tomber leurs lambeaux. Apres auoir frayé, ils ſe bruniſſent leurs teſtes, les vns aux
charbonnieres, les autres en l’ardille, en terre rouge & autres lieux
commodes à eux pour ce faire. Les vns portent les teſtes rouges,
les autres noires, les autres blanches: procedans toutes ces peinctures
de nature, & nõ d’autre choſe: car il ſeroit fort difficile que la poudre
des charbonneries, n’autre choſe, leur puiſſe donner peincture. Les
teſtes rouges viennent volontiers plus groſſes & plus belles que les
autres, car elles ſont communement plus pleines de moëlle & plus
legeres. Les teſtes noires ſont plus peſantes, & n’y a pas tant de
moëlle.

Les blãches ſont les pires & pl⁹ mal nourries. I’ay ſceu tout cecy par
l’experience des arbaleſtiers & haquebutiers, qui en mettent ſouuẽt
en œuure : leſquels m’ont dit que les plus petites teſtes noires qui
viennent d’Eſcoſſe Sauuage, qu’on apporte en grand nombre vẽdre
à la Rochelle, ſont beaucoup plus peſantes & maſſiues que celles que
nous auons en ce pays de France : car elles n’ont pas tant de moëlle:
combien qu’il y a vne foreſt en Poictou, appellée la foreſt de *Mereuãt*,
en laquelle les oerfs portent de petites teſtes baſſes & noires, n’ayans
que bien peu de moëlle, & ſont preſque ſemblables à crlles d’Irlande.
Il y a vn’autre foreſt à quatre lieuës de là nommée *Chiſay*, en laquelle
les cerfs portent leurs teſtes au contraire: car ils les portent grandes,
rouges, & pleines de moëlle, & ſont fort legeres quand elles ſont ſeches. I’ay bien voulu alleguer toutes ces choſes icy, pour donner à
entendre que les cersf portent leurs teſtes ſelon le pays & gaignages
là où ils ſont nourris: car la foreſt de *Mereuãt* eſt toute en montaignes,
vallées, & baricaues: là où leurs viandes ſont arres, & aigres, & de
peu de ſubſtance. Au contraire, la foreſt de chiſay eſt en pays de
pleine, enuironée de tous bons gaignages, comme bledz & legumes,

dequoy ils prennent bonne nouriture, qui est la cause pourquoy leurs testes viennet si belles & bien nées.

DV PELAGE DES CERFZ.
Chapitre. XX.

Ous auons trois sortes de pelages de cerfs : sçauoir est, Bruns, Fauues, & Rouges : & de chacun pelage viennent deux especes de cerfs, dont les vns sont grands, les autres petis.

Premierement des cerfs Bruns, il en y a qui sont grands, longs, & esclames, lesquels portent leurs testes fort hautes, de couleur rouge, belles & bien nées, qui courent volontiers longuement : car tous cerfs longs ont meilleur corps & plus longue haleine que les courts. L'autre espece de brũs sõt petits Cerfs trappes & courts, lefquels portẽt cõmunemẽt du poil noir fur le col, cõme crin, & fe chargent de meilleure venaifon & plus friande que ne font pas les autres, à caufe qu'ils hantent plus communement les tailles que les fuftayes. Ce font Cerfs malicieux, qui fe recelent fur eux, parce que quand ils font en leur venaifon, ils ont crainte qu'on les trouue, d'autant qu'ils n'ont pas corps pour courir longuement. Auffi ont ils leurs alleures fort courtes, & portent leurs teftes baffes & ouuertes: & s'ils font vieux Cerfs, nourris en bon païs de gaignages, ils ont leurs teftes noires, belles & bien femées, & portent communement la paumure à mont.

Les autres Cerfs de pelage fauue, portent leurs teftes hautes, & de couleur blanche, defquelles les perches en font fort deliées, & les andoilliers longs, greffes & mal nourris, principalemẽt de ceux qui font de pelage fauue, tirant fur le blanc pafle: auffi n'ont ils point de cueur, de courage, ne de force. Mais ceux qui font de pelage fauue bien vif, aufquels on trouue le plus fouuẽt vne petite raye brune fur l'efcine, & les iambes de mefme pelage, eftans longs & efclames: telle efpece de Cerfs font fort vigoureux, portant belles teftes hautes, bien nourries, & bien perlées, ayans tous les autres fignes que ie declareray cy apres. Les Cerfs portans le pelage rouge & vif, font communement ieunes Cerfs. Telle forte de pelage ne doit point refiouyr les piqueurs, parce qu'ils courent longuement, & de grand haleine.

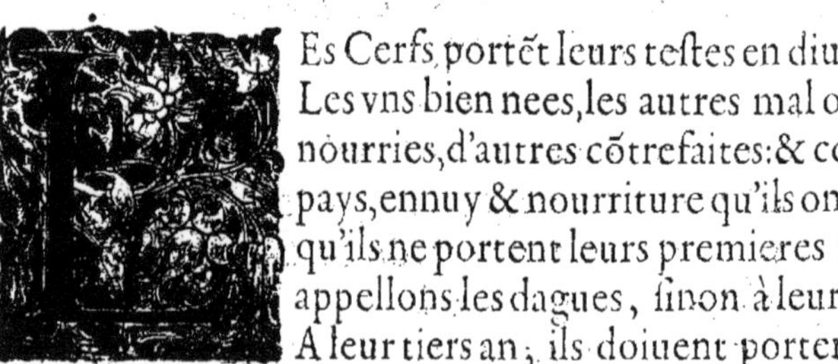

Es Cerfs portẽt leurs teftes en diuerfes manieres. Les vns bien nees, les autres mal ordõnées & mal nourries, d'autres cõtrefaites: & ce felon l'aage, le pays, ennuy & nourriture qu'ils ont. Et faut noter, qu'ils ne portent leurs premieres teftes que nous appellons les dagues, finon à leur deuxiefme an. A leur tiers an, ils doiuent porter quatre, fix, ou huit cornettes. A leur quartan, ils en portent huit ou dix. A leur cinquiefme an, ils en portent dix ou douze. A leur fixiefme an, ils en portẽt douze, quatorze, ou feize. Et au feptiefme an, leurs teftes font marquées & femées de tout ce qu'elles porteront iamais, & ne multi-

pliront plus sinon en grosseur & selon les viandes, & ennuis qu'ils auront. Apres les sept ans accomplis, ils marquerõt leurs testes, tantost
plus, tantost moins, combien qu'on cognoistra tousiours les veux
Cerfs aux signes qui s'ensuyuent.

Premierement, quand ils ont le tour de la meule large & gros, bien
pierré, & pres du suc de la teste.

Secondement, quand ils ont la perche grosse, bien brunie, &bien
perlée, estant droite sans estre tirée des andiolliers.

Tiercement, quand ils ont les goutieres grandes, & larges.

Aussi si le premier andoillier (que Phebus nomme Antoiller) est
gros, long, & pres de la meule, le sur-andoiller assez pres du premier,
lequel se doit eslargir vn peu plus au dehors de la perche que non
pas le premier : toutesfois qu'il ne doit pas estre si long, & faut qu'ils
soyent bien perlez : tout cela signifie la vieillesse d'vn Cerf. Aussi les
autres cheuilleures ou cors qui sont au dessus, bien rangez & bien nez
selon la forme de la teste, & la trocheure, paumure, ou couronneure
grosse & large, selon la grandeur & grosseur de la perche, font iugement d'vn vieil Cerf. Si les espois, qui sont sommez dessus doublent
ensemble en la courõneure ou paumure, c'est signe d'vn grand vieux
Cerf.

Aussi quand les Cerfs ont les testes larges & ouuertes, cela les signifie plus communément vieux, que non pas quand ils les ont rouées.

Et pource que plusieurs ne pourroient entendre les noms & diuer-
sitez des testes selon les termes de Venerie, i'ay bien voulu les de-
peindre & pourtraire, icy auec de petits escriteaux, pour specifier les
noms de chacun article cy dessous mentionné.

*Ce qui porte les andouilliers, cheuilleures & espois, se doit nommer perche: & les
petites fentes qui sont au long de la perche, se nomment goutieres.*

*Ce qui est sur la crouste de la perche, se nomme perlure: mais ce qui est autour de la
meule en forme de petites pierres, pierrure plus grosse que les autres.*

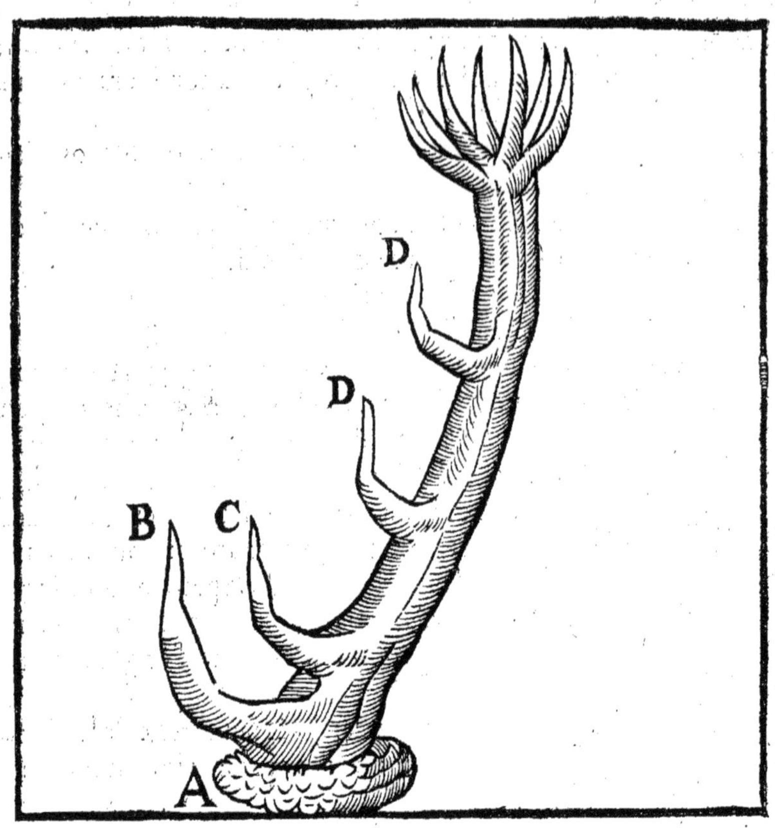

A. Cecy se doit appeller meule, & ce qui est autour de la meule, pierreure.

B. Ce premier cors, se nomme andoillier.

C. Le second, sur-andoillier.

D. Tous ceux qui viennent apres iusques à la couronneure, paumure ou troucheure, se doiuent nommer cors, ou cheuilleures.

E. Ces cors qui sont à la sommité de la perche, se doiuent nommer espois.

Cette teste se doit appeller teste couronnee, par ce que les espois qui sont plantez en la sommité de la perche, sont rengez en forme de couronne, combien qu'on n'en voit que bien peu en France, si elles ne viennent d'Allemagne, ou du pais des Moscouites.

Cette

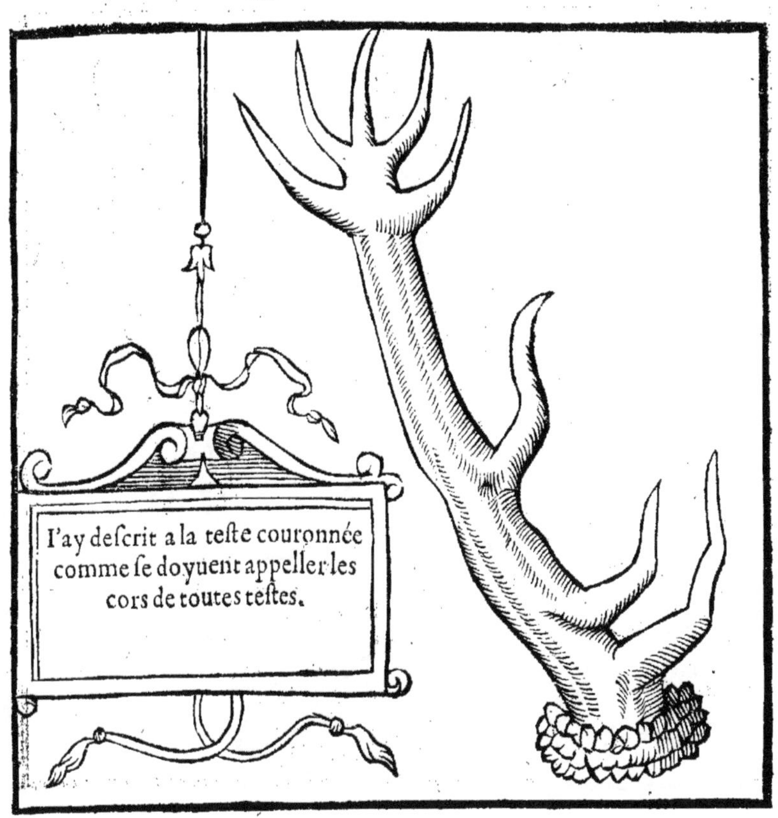

Cette tefte fe doit nommer paumee, parce que les efpois, qui font
plantez en la fommité de la perche, font rangez en la forme d'vne
main d'homme, à cette caufe on l'appelle paumure.

F

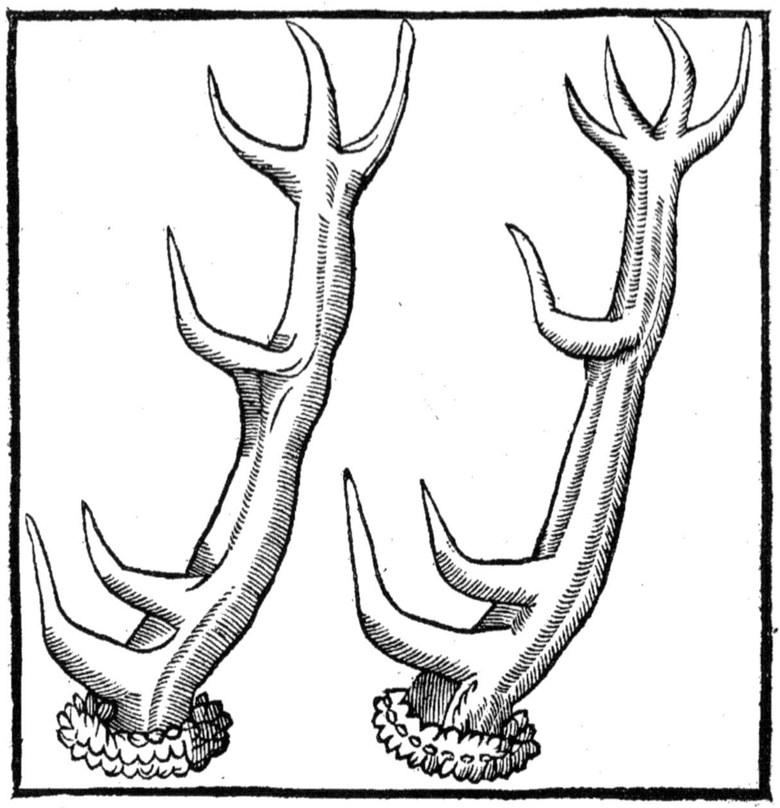

Toutes teftes ne portans que quatre & trois, les efpois eftans plantez en la fommité, tous d'vne hauteur, en la forme d'vne trochee de poires ou de nouzielles, fe doiuent nommer, *Tefte portant trocheures.*

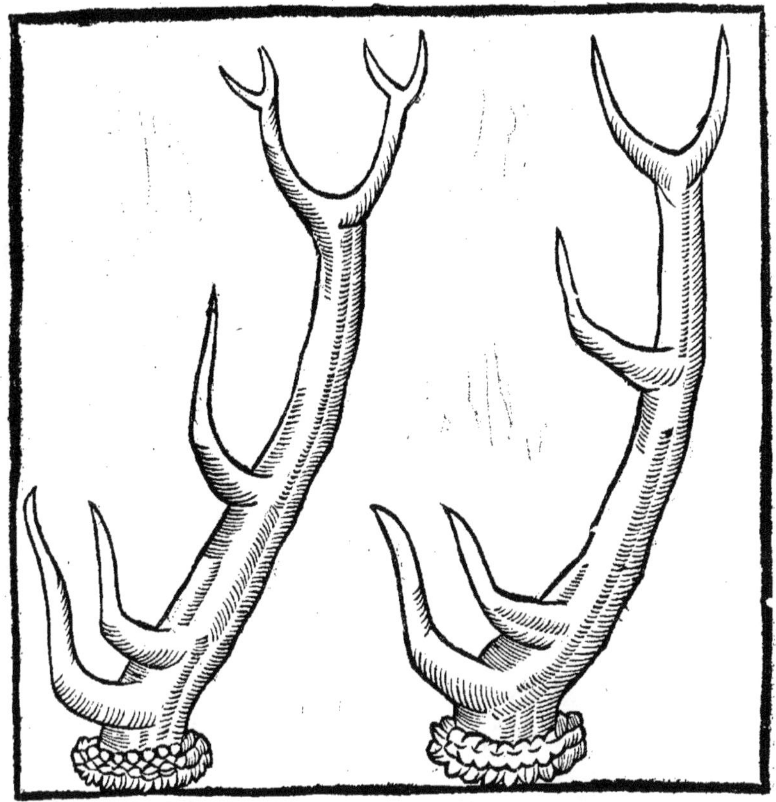

Toutes teſtes portans deux à mont, ou que les eſpois doublent en la maniere qu'ils ſont icy pourtraits, ſe doiuent nommer, *Teſte enfourchie*, d'autant que les eſpois ſont plantez en la ſommité de la perche, en forme d'vne fourche.

F ij

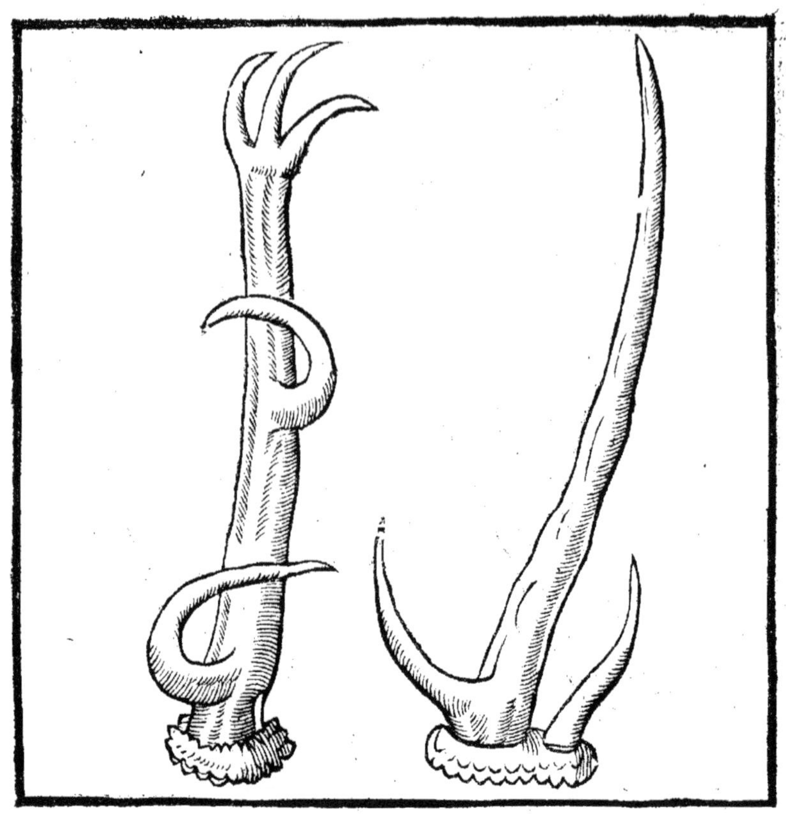

Toutes teſtes qui doublent meules, ou qui ont les andoilliers, cheuilleures, ou eſpois renuerſez au contraire des autres teſtes, comme
pourrez voir par cette preſente pourtraiture, ou en autre façon, ſe
doiuent nommer *Teſtes*.

LE BLASON DV VENEVR.

Ie suis Veneur, qui me leue matin,
Prens ma bouteille, & l'emplis de bon vin,
Beuuans deux coups en toute diligence,
Pour cheminer en plus grande asseurance.
Mettant le traiĉt au col de mon Limier,
Pour aux forests le Cerf aller cercher:
Et en questant aux cernes des gaignages
Souuent entends des oyseaux les ramages.

Tenant mon Chien ie prens fort grand plaisir,
Quand ie cognois que du Cerf a desir.
Et puis trouuant la fillette en l'enceinte,
Mon art permet la besongner sans feinte.
Apres qu'auray trois coups fait le deuoir,

F iij

Et deſtourné le Cerf à mon pouuoir,
A l'aſſemblee alors faut retourner,
Pour mon rapport froidement racompter.
Donnant ſalut aux Princes & Seigneurs,
Et les fumees monſtrans aux cognoiſſeurs:
Lors de bon vin ſoudain on me preſente:
Car c'eſt le droiƈt de l'art qui le commande.
Apres diſner m'enuois incontinant
A ma briſee, mon maiſtre entretenant.
Puis ſur les voyes mon Chien ſe fait entendre,
Allant lancer le Cerf hors de ſa chambre.
Donc ne deſplaiſe aux Fauconniers verreux,
Leur eſtat n'eſt approchant des veneurs.

Des cognoiſſances & iugements que le Veneur doit entendre & ſça-
uoir pour cognoiſtre les vieux Cerfs.

Le iugement du pied.   Le iugement des fumees.
Le iugement des portees.   Le iugement des alleures.
Le iugement des abbatures &   Le iugement des frayouers.
 fouleures.

Leſquels ie ſpecifiray cy apres par chapitres, commençant
au iugement du pied.

DV IVGEMENT ET COGNOISSANCE
du pied du Cerf. CHAP. XXII.

Es vieux Cherfs ont communement les cognoiffances qui s'enfuyuent. Premierement, il faut regarder à la fole du pied, qui doit eftre grande & large. Et notez que s'il y a deux Cerfs enfemble, dont
l'vn ayt le pied lon, & l'autre rond, & que les fignes &
iugemens de tous deux foyēt de mefme grofleur &
grādeur, fi eft-ce q̄ le pied lōg fe doit toufiours iu-
ger pl⁹ Cerf q̄ le pied rōd : car il n'y a point de faute q̄ le corfage n'en
foit plus grād q̄ de l'autre. Plus, faut regarder au talō, lequel doit eftre
gros & large: & la petite comblette ou fente qui eft par le milieu d'i-
celuy, qui fait la feparatiō des deux coftez, doit eftre large & ouuerte:
la iambe large, les os gros, cours, & non tranchans, la pince ronde &

groſſe.Communement les grands vieux Cerfs ſont bas ioinctez, &
ne ſe faux-marchent iamais, parce que les nefs qui tiennent les ioinctures des ongles ſont renforcez,& tiennent coup à la peſanteur du
corps:ce que ne font pas aux ieunes Cerfs , car les ioinctures & nerfs
qui tiennent leurs ongles ſont foibles, n'eſtans encores en leur force,
& ne peuuent ſupporter la peſanteur du corps : tellement qu'il faut
que l'ongle varie & faux-marche. A cette cauſe ils ſe doiuent iuger
ieunes Cerfs.Plus,les vieux Cerfs en leurs alleures ne paſſent iamais
le pied de derriere outre celuy de deuant, mais demeure apres de
quatre doigts pour le moins:ce que ne font pas les ieunes Cerfs , car
en leurs alleures le pied de derriere outre-paſſe celuy de deuant, cõme fait vne Mule qui va lambe.

Cerfs ayans le pied creux, pourueu que tous autres bons ſignes y
ſoyent,ſe peuuẽt iuger vieux Cerfs.Ceux qui ont haut & mol pas, en
lieu où il n'y ait gueres de pierres,ſe iugent par là eſtre biẽ vigoureux,
n'ayans gueres eſté chaſſez ne courus.Et ſi faut icy entendre,qu'il y a
grand differẽce entre les cognoiſſances du pied des Biches,&dũ pied
des Cerfs. Toutesfois, quand les Biches ſont pleines, vn ieune Veneur s'y pourroit biẽ tromper,parce qu'elles ouurẽt les ongles à cauſe de leur peſanteur cõme fait vn Cerf:mais ſi eſt-ce que les cognoiſſances en ſont bien apparentes:car ſi vous regardez le talon d'vne Biche,vous trouuerez qu'il n'eſt ſi ieune Cerf,portant ſa ſeconde teſte,
qui ne l'ait plus gros & plus large qu'elle n'a pas, & les os plus gros.
Auſſi les Biches ont communemẽt le pied long,eſtroit & creux,auec
des petits os tranchants. Autremẽt vous pourrez iuger les Biches au
viandis, parce qu'elles viandent gourmandément, coupant le bois
rond comme fait vn bœuf:& au contraire,le Cerf de dix cors le prẽd
delicatement, en l'eruçant pour en auoir la liqueur la plus douce &
tendre qu'il peut.

Il faut que le Veneur entende icy vn ſecret: c'eſt que quand il ſera
aux bois , & qu'il viendra à rencontrer vn Cerf, premierement doit
regarder quel pied c'eſt,s'il eſt vſé ou trãchãt. Apres faut qu'il regarde le pays de la foreſt là où il ſera:car il pourra preſumer en luy meſmes,ſi c'eſt à l'occaſion du pays ou autrement:parce que communemẽt les Cerfs nourris aux mõtaignes & pays pierreux, ont les pinces
& les trenchans,ou coſtez du pied fort vſez.La raiſon eſt, qu'en montant ſur les montaignes & rochiers,ils n'appuyent,que de la pince,ou
des coſtez du pied, & non du talon : leſquelles pinces les rochiers &
pierres

pierres vſent inceſſamment: & par ainſi ſe pourroyent parauenture
iuger plus vieux Cerfs qu'ils ne ſeroient. Les Cerfs font au contraire
en pays ſablonneux, car ils s'appuyent plus du talon que des pinces: la
raiſon eſt, qu'en s'appuyant du pied ſur le ſable, il fuit & coule de deſſoubs la pince, à cauſe de la peſanteur: car l'ongle qui eſt dur le fait
gliſſer, & alors le Cerf eſt contraint de ſe ſupporter & appuyer ſur le
talon, qui eſt aucunesfois l'occaſion de le faire croiſtre & eſlargir.
Tous ces ſignes ſont les vrays iugemens & cognoiſſances que le Veneur doit ſçauoir & entendre du pied du Cerf.

  I'euſſe bien declaré aux apprentifs que c'eſt que de la pince, des os,
& autres choſes, mais ie voy qu'auiourd'huy il en y a tant qu'il l'entẽdent, que ie m'en tais à cauſe de breueté.

DV IVGEMENT ET COGNOISSANCE
des fumees des Cerfs de dix cors, & des vieux Cerfs.

CHAP. XXIII.

A Fumees formees.   B Fumees en troches.
C Fumees en plateaux.

C.
B.
V mois d'Auril & May, on commance à iuger
les vieux Cerfs par les fumees, leſquels ils
iettent en plateaux, & s'ils ſont larges, gros,
& eſpois: c'eſt ſigne qu'ils ſont Cerfs de dix
cors.

  Aux moys de Iuin & Iuillet, ils doiuent ietter leur fumees en groſſes troches bien mol-
les: toutesfois il y en a quelques vns qui les iettent encores en plateaux iuſques à la my-Iuing.
A. Et depuis la my-Iuillet iuſques à la fin d'Aouſt, ils doiuent ietter
leurs fumees toutes formees, groſſes, lõgues & noüees, biẽ martelees,
ointes ou dorees, n'en laiſſant tomber que bien peu: leſquelles ils
doiuent ſemer ſans eſtre entees, & auoir des piquons au bout: & faut
regarder ſi elles ſont bien moullües, & ſi le Cerf a eſté au grain.

  Voylà les cognoiſſances par les fumees des Cerfs de dix corps &
vieux Cerfs, combien qu'ils ſe peuuent mes-iuger bien ſouuent: car ſi
les Cerfs ont eu quelques enuys, ou qu'ils ſoyent bleſſez ou hoyez,

G

alors ils iettent volontiers leurs fumees arſes.& aguillonnees par l'vn des bouts,principalement au frayoüer:mais apres qu'ils auront eſté frayez & brunis,leurs fumees reuiennent en leur naturel.En tel cas le Veneur y doibt biẽ regarder,parce que le iugement en eſt douteux.

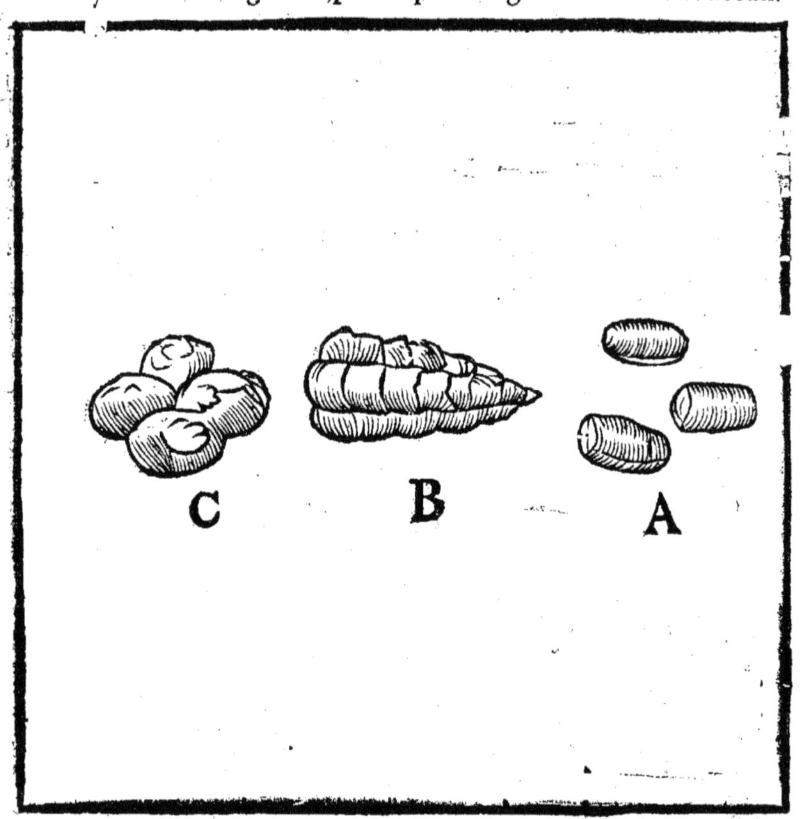

En Septembre & Octobre il n'y a plus de iugement à cauſe du Rut.

Et faut entendre qu'il y a difference entre les fumees du releué du ſoir & celles du matin : parce que les fumees du releué du ſoir ſont mieux moullües & digerees que celles du matin,à cauſe que le Cerf à fait ſon repos tout le iour & eu temps & repos de faire ſon runge & digerer ſon viandis.Au contraire eſt des fumees du matin,car elles ne ſont ſi bien digerees ou moullües, à cauſe de l'exercice ſans repos, qu'ils font la nuit en viandant.

DV IVGEMENT DES PORTEES.
CHAP. XXIIII.

E Veneur peut auoir iugement & cognoiſſance de la teſte des Cerfs toute l'année par les portees, excepté quatre mois, qui ſont Mars, Auril, May & Iuin: auquel temps ils muent & ont leur teſte molle & en ſang: & n'y a en icelle ſaiſon grand iugement. Mais lors que leurs teſtes commanceront à durcir, il y a iugement par les portees iuſques à ce qu'ils ayent mué: parce qu'en entrant dedans les forts ils leuent leurs teſtes, ſans craindre de heurter & tourner les branches, & par là le Veneur en peut auoir cognoiſſance. Mais quand les Cerfs ont leurs teſtes molles & en ſang, ils ſont de peu de iugement, d'autant qu'ils les couchent ſur leur eſchine, de peur de les heurter aux branches & bleſſer. Quand le Veneur verra que les cerfs auront la teſte endurcie, & qu'ils ſe pourrôt iuger par les portees, il faut qu'il regarde aux entrees des forts par où ils ſe rembuſchent, & principalement dedãs les grandes tailles qui n'auront eſté coupees de huict ou dix ans, auſquelles il verra par les routes où les cerfs paſſent, les branches tournces & heurtees des deux coſtez: & en regardant la largeur de la teſte, il pourra iuger ſi elle eſt bien ouuerte. Et s'il y a quelque endroit de bois clair, où le Cerf ait leué la teſte en ſon entier, ou bien qu'il ſe ſoit arreſté pour eſcouter (car volontiers quand les Cerfs veulent ouyr, ils leuët la teſte & les oreilles) alors il pourroit heurter du bout des eſpois à quelques petites branches ſeiches, qu'il auroit rompues, par leſquelles & autres marques le veneur pourra iuger la longueur & hauteur de la perche & teſte des Cerfs.

DV IVGEMENT DES ALLEVRES.
CHAP. XXV.

P Ar les alleures, le veneur pourra cognoiſtre ſi le cerf eſt grand & long, & s'il courra longuement deuant les chiens: car tous les cerfs ayãs les alleures lõgues, courét plus lõguement que ceux qui ont les alleures courtes, & ſont plus viſtes, plus legers, & de meilleure haleine. Auſſi les cerfs ayans de grandes cognoiſſances aux pieds de deuant, ne courent pas volontiers longuement deuant les Chiens. Le Veneur peut cognoiſtre par ces ſignes la force des Cerfs, & garder l'auantage des Chiens. Auſſi les Cerfs ayans le pied long, ont le corſage plus grand que ceux, qui l'ont rond.

DV IVGEMENT DES ABBATVRES
& fouleures. CHAP. XXVI.

SI voulez cognoiſtre ſi vn Cerf eſt haut ſur iambes, ſemblablement la groſſeur & eſpeſſeur de ſon corps, il faut regarder l'endroit par où il entre au fort, és fougeres & menus boys, leſquels il aura laiſſez entre ſes iambes: ſçauoir de quelle hauteur il les aura abbatuz auec le ventre: alors cognoiſtrez s'il eſt haut ſur iambes. La groſſeur ſe cognoiſt aux deux coſtez, là où ſon corps aura touché, car il y aura briſé & rompu les branches ſeches des deux coſtez, & par là pourrez meſurer ſa groſſeur.

LE IVGEMENT DV FRAYOVER.
CHAP. XXVII.

COmment les vieux Cerfs font leur frayouër aux ieunes arbres qu'on laiſſe dedans les taillis : & tant plus les Cerfs ſont vieux, & pluſtoſt vont frayer, & à plus gros arbres, leſquels ils ne pourront plier auec leurs teſtes. Et quand le Veneur trouuera le frayouer, il doit regarder la hauteur où les bouts de la trocheure ou paumure auront touché, & là où les branches ſeront heurtees & rompues, alors cognoiſtra la hauteur de ſa teſte. Et s'il voit ou y ait au plus haut du frayouër quatre branches heurtees au coup, & d'vne hauteur, c'eſt ſigne que le Cerf peut porter ſa teſte en trocheure ou couronneure. Pareillement ſi le Veneur voit que trois andoillers ayent touché à trois branches d'vne hauteur, & qu'il y en ait deux qui ayent touché plus bas, c'eſt ſigne qu'il porte paumure : Combien que ces ſignes ſoient fort obſcurs, & qu'ils requierent auoir l'œil bon pour en auoir cognoiſſance par les petites branches & fueilles : toutesfois vous apprendrez que les vieux Cerfs font bien des hardouërs aux petits arbres, comme aux ſaules noirs, & autres ſemblables auſſi bien que les ieu-

nes Cerfs : mais les ieunes ne vont iamais frayer aux gros arbres, s'ils
ne font Cerfs de dix cors. Ie n'en declareray autre chose, parce qu'il y

a d'autres plus certains fignes & iugemens cy deffus mentionnez.

COMME LE VENEVR DOIT CERCHER
les Cerfs aux gaignages, felon les mois & faifons.
CHAP. XXVIII.

IE donneray icy intelligence à tous Veneurs menans
le Limier au bois, comme ils fe doiuent gouuerner
felon les mois & faifons : car les Cerfs changent de
viandis tous les mois, & tout ainfi que le Soleil hauf-
fe, & que les viandis croiffent, ils font mutation de
gaignage.

Premierement, ie commenceray à la fortie du Rut, qui eft à la fin

du mois d'Octobre, pourſuyuant de mois en mois iuſques au mois
de Septembre.

A ceſte cauſe au mois de Nouẽbre faut cercher les Cerfs aux brã-
des & bruieres, deſquelles ils vont viander les pointes & fleurs, parce
qu'elles ſont chaudes & de grande ſubſtãce, qui les remet en nature,
& reconforte leurs membres qui ſont trauaillez du Rut, & font leur
demeure aucunesfois en ces branches & bruyeres principalement
quand le Soleil rend chaleur.

En Decembre ils ſe mettẽt en hardes, & ſe retirẽt au profond des
foreſts pour auoir l'abry des vents froids, neiges & verglaz, & võt faire leurs viãdis aux houſſieres, aux fueilles de la rôce & du ſuz, & autres
choſes qu'ils peuuent trouuer : & ſ'il nege, ils viandent la pointe de la
mouſſe, & pelent le bois tout ainſi que fait vne Chieure.

En Ianuier, ils laiſſent les hardes des mechantes beſtes, & ſ'accompagnent trois ou quatre Cerfs enſemble en ſe retirant aux ailes des

forests,& vont aux gaignages au bledz verds, comme seigles & leurs
semblables.

En Feurier & Mars, ils vont aux viandis aux chatons des saules &
courdes,aux bleds vers,& dedans les prez au cochet, & aux boutons
du mort bois,comme cheure-fueil,bouleaux,leurs semblables. En
ces mois là,ils muent & iettent leurs testes, commençans à regarder
le pays le plus commode pour prendre leurs buyssons,& refaire leurs
testes:& lors se departent d'ensemble.

En Auril & May, ils sont à repos en leurs buyssons ausquels ils
demeurent pour toute la saison,& n'en bougeront iusques au commancement du Rut,si on ne leur fait de grans ennuys,se recelans prés
de quelques petites tailles desrobees,esquelles y aura force boys de
bourdaine où ils iront faire leur viandis:semblablemẽt aux pois, febues,iarousses,vesce & autres legumes qu'ils pourront trouuer aupres
d'eux,& feront bien peu de pays.Aucuns Cerfs y a, qui viandent sur
eux, ne sortans que de deux iours en deux iours hors de leur buysson
pour aller aux gaignages. Et notez qu'il y a des Cerfs si malicieux
qu'ils font deux buyssons,& quand ils ont esté trois iours en vn costé
de la forest,ils s'en vont trois iours en vn autre buysson d'vn autre costé. Ce sont Cerfs qui ont eu ennuy en leurs viandis, lesquels changẽt
de buysson quand le vent tourne,pour auoir sentiment à la sortie de
leur fort, de ce qui est en leurs gaignages. Et faut entendre qu'en
ces mois d'Auril & May,ils ne vont point à l'eau,à cause de l'humidité
de la taille & de l'esgail qui leur en donne suffisance.

En Iuin,Iuillet,& Aoust, ils vont aux tailles, comme dessus & aux
grains, comme froumens,auoynes,seigles , orges & autres choses
qu'ils peuuent trouuer : & à l'heure sont en leur grande venaison.
Et quelque chose qu'on vueille dire,ils vont à l'eau, & les ay veu boire, mais c'est plus communement en cette saison qu'en autre,à cause
des grains secz qui les alterent:& aussi de la vehemente chaleur & se-
cheresse qui oste l'esgail & humidité du bois, lequel commence à
durcir.

En Septembre & Octobre, ils laissent leurs buyssons & vont au
Rut : à ceste heure là ils n'ont point de repos ne de viandis certain,
comme i'ay declaré cy dessus au chapitre du Rut.

COMME *LE VENEVR DOIT ALLER*
en queste aux tailles auec le Limier.   CHAP. XXIX.

Ncontinent apres foupper, le Veneur doit aller à la chambre de fon maiftre, & f'il eft au Roy, faut qu'il aille à la chambre du Lieutenant de la Venerie, pour fçauoir en quel lieu on depart les queftes, afin de demander la fienne. Ce fait, f'en doit aller coucher pour fe leuer matin, felon la faifon & temps qu'il fera, & le lieu où il voudra aller aux bois Puis quand il fera preft, faut qu'il boyue le coup, & aille querir fon Chien pour le faire defieuner, & n'oublier à emplir fa bouteille de bon vin. Celà fait, il prendra du vin-aigre dedans le creux de fa main, & le mettra aux nazeaux de fon Chien pour les luy deftouper, à fin qu'il ayt meilleur fentiment. Alors f'en ira aux bois:

& fi

& si d'auanture il trouue en allant quelque Lieure, Perdrix, ou autre oyseau ou beste coüarde, viuant du grat & pasture, c'est mauuais presage pour luy : mais s'il rencontre quelque beste ou oyseau magique, viuant de chair, comme loups, Renards, Corbeaux, & leurs semblables, c'est fort bon augure pour luy. Faut bien qu'il se garde d'arriuer trop matin aux tailles & gettes, là où il pensera que les Cerfs releuent & facent leur viandis : car les Cerfs de repos sont volontiers leur ressuy dedans la taille : & encores qu'ils soyent retirez en leur fort : s'ils sont Cerfs malicieux, ils retournent aucunefois au bort de la taile, pour veoir s'ils oiront ou verront rien qui leur puisse nuire. Et si de fortune ils auoyent le vent du Veneur, & de son Limier, ils se pourroyent desbucher de leur demeures, & aller en d'autres, principalement à la haute faison. Lors que le Veneur verra qu'il sera heure de se mettre en queste, il faut qu'il mette son Chien deuant luy, & prenne le deuant des tailles ou des forts. Et s'il vient à rencontrer d'vn Cerf qui luy plaise, il doit bien regarder s'il va de bon temps ou non : & le pourra cognoistre, tant à la façon de faire de son Chien, qu'à son œil : car en regardant les routes ou voyes par où le Cerf passe, il verra souuentesfois l'egail abbatu, ou les foulees fraiches, ou bien la terre en la forme du pied enleuee de fraiz, & autres iugemens, par lesquels pourra cognoistre que le Cerf va de bon téps. Et ne faut pas qu'il s'arreste à vn tas de resueurs, qui disent que quand on trouue des arātelles dedans la forme du pied du Cerf, que c'est signe qu'il va de hautes erres. Telle maniere de gens y seroit souuentesfois trōpee : car incessamment les arantelles tōbent du ciel, & ne sont point filees des areignees : ce que i'ay veu par experience d'vn Cerf qui passoit à cent pas pres de moy, là où i'allay soudainement veoir, ie n'y sçeu iamais estre à temps que les filandres ou arantelles ne fussent tombees dedans la forme du pied. Il a encores vne autre chose là où ils s'amusent, qui me semble estre de peu de valeur : c'est que quand ils voient l'eau clere dedans le pied és lieux mols là où le Cerf aura passé, ils disent estre signe qu'il va aussi de hautes erres, sans auoir regard si les terres sont abbreuees d'eau ou non. Si est-ce qu'ils peuuent bien penser que si elles sont abbreuees, les petites sources qui passent par les venes & conduits d'icelle terre, rempliffent d'eau la forme du pied & l'esclercissent soudainement : qui sont les causes pourquoy le Veneur y doit bien regarder, & ne s'amuser du tout à son Chien : car il y en a qui trompent souuent leurs maistres, & principalement les Chiens de haut nez : les-

H.

quels ne valent gueres pour le matin à cause de l'esgail, & à telle heure tirent fort lafchement, faifant peu de compte des voies comme fi
vn cerf alloit deuant eux de hautes erres: mais quand le Soleil a dôné
deffus, & qu'il a attiré le fentiment de la terre, l'efgail eftant tombé, à
l'heure ils ont bon nez & font bien leur deuoir.

Pour reuenir donc à noftre premier propos: Si le veneur rencontre vn cerf qui luy plaife allant de bon temps deuant luy, & que fon
chien le defire bien, il le doit tenir de cour de peur qu'il caquette, &
auffi qu'vn chien fuit mieux au matin, eftant tenu de court qu'autrement: combien qu'il y a des veneurs qui leur donnent la longueur du
traict, ce qu'ils ne doiuent faire. Apres qu'il aura reueu quel cerf c'eft
& quelles cognoiffances il a, faut qu'il le rende au couuert, & le rem-
bufche fil peut, en reuoyât toutes les cognôiffances tant du pied que
des portees & foulees. Ce fait, faut qu'il iette fes brifees, l'vne haute&
l'autre baffe, comme l'art le requiert: & tout foudain, tandis que fon
chien eft efchauffé, il doit prendre fes deuans, & faire ces enceinctes
deux ou trois fois: l'vne par les grands chemins & voyes, à fin de f'ayder de fon œil, l'autre par le couuert, de peur que fon chien fur-aille:
car il aura toufiours meilleur fentimêt par le couuert q̃ par les voyes
& chemins. Et f'il ne trouuoit le cerf forty de fon enceinte, & qu'il
mefcree auoir bien deftourné, il f'en doit aller à fa brife & prendre le
côtrepied pour leuer les fumees tant du releué du foir que du matin,
en regardant le lieu où il a fait fon viandis, & dequoy: auffi pour voir
fes rufes & malices, car par fes rufes le veneur pourra cognoiftre ce
qu'il fera eftant deuant les chiens: par ce que fi au matin il fait fes rufes en l'eau, ou bien dedans les chemins, quâd il fera laiffé courre deuant les chiens, toutes les rufes qu'il fera feront en mefmes lieux; &
fêblables à celles qu'il aura faites au matin. Et par là, le veneur pourra garder l'auantage des chiens & des piqueurs. Que fi d'auanture le
veneur trouuoit deux ou trois entrees, & autant de forties, il doit bien
regarder laquelle entree l'emporte allant de meilleur temps, & fi les
forties ne font point de la nuict: parce qu'vn cerf fort & entre plufieurs fois la nuict dedans fon fort: ou bien, fi c'eft vn cerf malicieux il
pourra faire de grandes rufes, allant & reuenant fur luy plufieurs fois:
lors fi le veneur ne pouuoit venir à bout de toutes ces forties & entrees, ne fçachât laquelle de toutes le pourroit emporter, il faut qu'à
l'heure il prêne fes cernes & enceinctes plus grandes, & enfermer dedans toutes fes rufes, entrees, & forties. Puis quâd il verra que le tout

demeure en son enceincte, excepté seulement vne entree par laquelle il pourroit estre venu des tailles ou gaignages, à l'heure faut qu'il
mettre son Chien dessus, & le face, s'il est possible, faulcer iusques au
fort: car il faut presumer que ces voyes l'emportent. Et en ceste maniere se doiuent destourner les Cerfs, non pas cõme font les Veneurs
du iourd'huy: car depuis qu'ils voyent qu'ils ne peuuent venir à bout
d'vn Cerf, ils se mettent à fouler les forts pour le lancer, qui est souuentesfois cause qu'ils ne trouuent rien en leurs enceinctes. Il y en a
quelques-vns qui se fient en leurs Chiens, & quand ils rencontrent
d'vn Cerf, ils le brisent seulement à l'entree du fort, & s'en vont au
dessous du vent: & si leurs Chiens en veulent au vent, ils ne font point
d'enceincte, mais se contentent de cela. Telles sortes de gens se fient
plus en leurs Chiens qu'en leur œil: & me semble qu'vn bon Veneur
ne doit iamais faire cas d'vn Chien qui en desire au vent, parce qu'il ne
met iamais le nez à terre, qui est cause qu'il trompe bien souuent son
maistre.

COMME LE VENEVR DOIT ALLER EN QVESTE
aux tailles ou gaignages, pour veoir le Cerf à veue.
CHAP. XXX.

E Veneur doit regarder le soir auant en quel pays
les Cerfs releuent: & si c'est dedans les tailles, il
faut qu'il regarde par quel lieu il pourra venir le
lendemain à bon vent: & aussi qu'il chosisse quelque bel arbre sur le bort de la taille, de laquelle il
pourra voir à son aise toutes les bestes qui seront
dedans.

Le lendemain se doit leuer deux heures deuant le iour, & aller au
boys: puis quand il sera arriué prés des demeures, faut qu'il laisse son
Chien en vne maison, ou bien s'il a vn garson auec luy, il luy pourra
donner à garder, le faisant demeurer en quelque lieu où il pourra
trouuer s'il en a affaire. Alors s'en doit aller à son arbre qu'il aura re-
marqué le soir auant, & monter dedans, regardant en la taille: & s'il
veoit quelque Cerf qui luy plaise, faut qu'il regarde quelle teste il por
te, & ne doit bouger de là iusques à ce qu'il le voye r'embuscher au
fort. Puis quand il verra qu'il sera au couuert, faut bien qu'il regarde
l'édroit & le lieu par où il entre, & le remarquer à quelque petit arbre

ou autre chofe qu'il pourra veoir. Ce fait,il defcendra fecrettement
de fon arbre, & f'en ira querir fon Chien. Mais faut, qu'il note vn fecret, c'eft qu'il ne doit aller deftourner le Cerf d'vne bonne heure

apres qu'il l'aura veu,par ce qu'aucunesfois les Cerfs font leur reffuy
au bord du fort, ou bien refortent dedans la taille pour efcouter f'ils
oirront ou verront rien qui leur nuyfe,comme i'ay dit cy deuant:qui
eft la raifon pourquoy le veneur n'y doit aller fi foudain.Et fi d'auanture, en faifant fon enceincte, il oyoit les Pies ou Geays caqueter, il
faut qu'il fe retire : car ce feroit figne que le Cerf feroit encores debout. Il pourra retourner enuiron demye heure apres faire fon en-
ceincte.Eftant bien deftourné, f'en ira à l'affemblee faire fon rapport,
& defchiffrer la tefte du Cerf qu'il aura veu, & tous autres bons fignes qui y pourront eftre:& fi de fortune il leue les fumees, les doit
mettre en fa trompe & les y porter.

COMME LE VENEVR DOIT ALLER
en queſte aux petites couronnes des tailles deſrobees, qui
ſont par le milieu des forts. CHAP. XXXI.

Ien ſouuent les Cerfs malicieux, qui ont autres fois
eſté courus & chaſſez, ſe recelent longuement ſur
eux, ſans ſortir de leur fort : & font leur viandis en
quelques petites tailles & couppes deſrobbees qui
ſont par le milieu des forts : & le font plus communement en May & Iuin qu'en autre ſaiſon, parce qu'en ces mois
ils ne vont gueres à l'eau, & ſe contentent de l'humidité & ſubſtance
de la gette, & de l'eſgail qui eſt deſſus, leſquels leur donnent ſuffiſance. Mais en Iuillet & Aouſt que le bois durciſt & que les chaleurs
ſont vehementes, il faut qu'à l'heure ils ſe decelent de leur fort pour
aller à l'eau. Toutesfois, en quelque ſaiſon que ce ſoit, ils ne ſe peu

H iij

uent receler plus haut que quatre iours, sans sortir hors du buisson,
pour beaucoup de raisons:dont l’vne est, qu’ils veulent aller veoir là
où demeurent les autres bestes, ausquelles ils esperẽt leur sauuegar-
de,à fin que s’ils se voyoient courus des Chiens, de les donner en
change:ou bien sortent pour aller aux gaignages:toutesfois quand ils
sortent, ils se retirent en leur fort deux ou trois heures auant iour.

A tels Cerfs malicieux il faut que le Veneur en vse en cette sorte.
Premierement, quand il sera aux bois en quelque beau buisson ou
fort, au bout d’vne forest, & qu’il vient à r’encontrer d’vn Cerf de
vieux temps, comme d’vn ou deux iours, & que le pays fust fort rõpu
de ses vieilles erres,lors doit prendre ses deuants de tous costez : & si
d’auẽture il ne le trouuoit poĩt en-allé,ne sorti de bõne de vieux tẽps,
il doit presumer en luy-mesme qu’il ne s’en va point,& qu’il se recele
sur luy dedans le fort. Alors doit aller prendre le dessoubs du vent,
& entrer dedans le fort,tenant son Chien de court en brossant le plus
secrettement qu’il pourra. Et s’il veoit que son Chien ayt le vent de
quelque chose, & qu’à veoir sa contenance il fust pres du Cerf, il se
doit retirer arriere, de peur de le lancer, & aller entrer par quelque
autre endroit là où le bois seroit plus cler. Puis s’il arriue à trouuer
quelques petites couronnes ou tailles desrobees, là où le Cerf auroit
fait sa nuict,il en pourra reueoir à son aise, & leuer ses fumees. Mais
faut icy noter vne chose, c’est qu’il ne doit pas aller en tels lieux qu’il
ne soit pour le moins neuf heures du matin,pource que tels Cerfs fõt
aucunesfois leur ressuy dedãs ces petites tailles pour auoir la chaleur
du Soleil : puis quand il vient sur les neuf heures, ils se retirent à l’õ-
bre pour deux raisons principales : dont l’vne est, pour la crainte des
mouches & tachons, qui les tourmenteroyent, s’ils estoyent au descouuert : l’autre, pour la vehemente chaleur du Soleil, qui seroit
sur le Midy.

Et faut bien que le Veneur se prẽne garde d’entrer guere auant dedans le fort,parce que tels cerfs demeurẽt aucunesfois à la longueur
du traict de ces petites tailles desrobees, d’autant qu’ils n’y ont point
de crainte ne d’ennuy : mais leur suffit seulement d’estre au couuert,
&aussi qu’ilsse releuẽt en telles tailles dés cinq heures du soir. A cette
cause,doit suffire au Veneur d’auoir reueu par pied,&leué les fumees
du cerf,p uis se retirer le plus secretemẽt qu’il pourra, sans s’amuser
à regarder les portees, tenant son chien entre ses bras. Et quand il
sera assez loing de là, doit contrefaire le bergier ou bien sonner de

quelque flageau, de peur que le cerf ait eu le vent de luy, & qu'il se
soit lancé · car en iouant des instrumens ou chantant, il se pourroit
r'asseurer. Apres pourra arrester demie heure ou plus en quelque lieu
pour le laisser asseurer, puis refera son enceincte. Et si d'auenture il
ne pouuoit leuer les fumees, & que le pais fust si feutré d'herbe qu'il
n'en peust reuoir par pied à son aise, lors doit mettre le genoil en terre, ayant son chien derriere luy, regardant aux foullees des fueilles &
de l'herbe si elles sont bien estraintes, mettant sa main dedans la forme du pied : & s'il voit qu'elle ait quatre doigts de largeur, il le peut
iuger cerf de dix cors par les foulees : mais s'elle n'auoit que trois
doigts de largeur, il le doit iuger ieune cerf.

COMME LE VENEVR DOIT ALLER
en queste aux gaignages.   CHAP. XXXII.

IL faut icy entendre qu'il y a differēce entre gaignages & tailles, car ce que nous appellons gaignages,
sont champs & iardins où croissent toutes especes
de bleds & potages : & quand les cerfs vont là viander, nous disons qu'ils ont esté aux gaignages. Il faut
que le Veneur se leue matin pour aller en queste en
tels lieux, parce que les bonnes gens des villages, qui
sont és enuirons, se leuent dés l'aube du iour pour mettre leur bestail
aux champs, qui est cause que les cerfs se retirent de bonne heure en
leur fort : & aussi que les vaches, cheures, brebis, & plusieurs autres
bestes, rompreroient les voyes ou routes par où le cerf auroit passé,
qui seroit cause que le veneur n'en pourroit reuoir, ne son chiē auoir
sentiment. Et par ainsi, faut qu'il aille en queste au plus matin.

COMME LE VENEVR DOIT ALLER
requester le Cerf, qui aura esté couru & failly le iour
duant.   CHAP. XXXIII.

IL arriue bien souuent qu'on faut à prendre le Cerf à force
en beaucoup de sortes. Aucunesfois à l'occasion des grandes chaleurs, ou bien qu'on est surprins de la nuict, & en
plusieurs autres manieres qui me seroiēt prolixes à narrer.
Quand telles choses arriuent, il faut se gouuerner en cette façon.

Premierement, ceux qui accompagnent les chiens doiuent ietter
vne brisee aux dernieres voyes ou erres là où ils laisseront le cerf, àfin
de le retourner quester le lendemain dés le poinct du iour, auec le
Limier & les chiens de la meute apres eux. Car quand il est question

de requester vn Cerf, il ne faut faire rapport n'assemblee, parce qu'ó
ne sçait si la suitte sera longue, n'en quel pais il sera allé : ioint auec ce
que communement cerfs courus vont tant qu'ils ont force : puis s'ils
trouuét quelque eau, ils s'arrestent longuemét dedãs, & se roidissent
en telle sorte les membres, qu'au sortir d'icelle ils ne peuuét pas aller
gueres loing: & à l'heure sont cótraints de demeurer en quelque lieu
que ce soit, mais qu'ils soient au ouuert, faisans leur viandis de couché, de ce qu'ils peuuent trouuer autour d'eux. Quand les veneurs seront arriuez aux dernieres voyes où aura esté mise la brisee, ils se doiuent departir: & celuy qui aura le meilleur chien, & de plus haut nez
doit

doit prendre le droit,& faire ſuyure ſon chien ſur les routes, en le tenant de court, n'ayant crainte de le faire ſonner & appeller. Les autres doiuent prendre les deuans au loing par les fraiſcheurs & lieux
commodes pour en reuoir à leur aiſe, & pour le ſentiment de leur
Chien. Et ſi de fortune l'vn d'eux le trouuoit paſſé, il ſe doit mettre
apres,& faire ſuiure ſon Chien,en huchant ou ſonnant deux mots de
la trompe pour appeller ſes compagnons, & pour faire approcher la
meute. Les autres l'ayant ouy, incontinent doiuent aller à luy, & regarder tous enſemble ſi c'eſt leur droit:& ſ'ils cognoiſſent que ce ſoit
luy, faut qu'ils laiſſent ſuiure le chien qui deſirera le mieux les voyes:
& les autres ſe doiuent departir & reprendre encores les deuans au
loing.Et ſi d'auanture ils le trouuoient entré en quelques belles demeures,faut qu'ils facent approcher les chiẽs d'eux, & faulcer au trauers du fort.Et ſ'ils arriuent à renouueller les voyes dedãs le fort,doi-
uẽt bien regarder ſi c'eſt point du change. Mais ſi celuy qui fait la ſui-
te cognoiſt que ce ſoit ſon droit,doit ſonner deux mots pour appeller ſes compagnons, & pour aduertir les piqueurs qu'ils ſe donnẽt de
garde,parce que ſon chien renouuelle les voyes. Et ſi de fortune il
vient à le lancer, & qu'il trouue cinq ou ſix repoſees l'vne aupres de
l'autre,il ne s'en doit pas eſtonner, car volontiers les cerfs trauaillez
& mal menez, font pluſieurs repoſees, les vnes prés des autres, parce
qu'ils ne ſe peuuent tenir debout, mais faut qu'ils viandẽt de couché.
Les ieunes Veneurs qui n'entendent ce ſecret, y ſont ſouuentes-fois
trompez : car quand ils voyent tant de repoſees, ils pẽſent que ce ſoit
vne harde de beſtes, & faut bien qu'ils y regardent.

Vand le Veneur ira en queſte aux hautes fuſtayes,
il faut premierement qu'il regarde deux choſes:
ſçauoir eſt, la ſaiſon où il ſera, & les demeures de
a foreſt. Car ſi c'eſt en la haute ſaiſon, les tahons,
mouſches & autres vermines chaſſent les Cerfs
des fuſtayes, & auſſi qu'ils s'eſcartẽt aux petits fots
pres des gaignages. Il y a des foreſts de diuerſes
ſortes: les vnes ſont fortes de houſſieres,les autres
ont par le milieu des couronnes de brandes,il y en a d'autres qui ſont

enuironnees de tailles. Et par ainſi, faut que le Veneur ſe gouuerne
ſelon le pays qu'il verra : car aucunesfois les cerfs demeurent dedans

les petites couronnes de brandes, ſoubs quelque petit arbre au deſcouuert, ou bien deſſoubs les fuſtayes, ou au bord d'icelles en quelques petites broſſes : & faut qu'en tels lieux le veneur face ſes enceinctes, grandes ou petites ſelon les demeures : par ce que ſi on lance vn
Cerf dedans les fuſtayes, on ne le cuidera plus deſtourner ne approcher : & ſi le veneur eſt ſage, il n'en fera point de rapport.

I'en parlerois plus au long, mais ie voy que les Veneurs qui viendront apres nous n'auront pas grand peine à cercher les Cerfs aux
fuſtayes.

DV LIEV OV SE DOIT FAIRE L'ASSEMBLEE,
& comme elle se doit faire.

CHAP. XXXV.

'Assemblee se doit faire en quelque beau lieu soubs des arbres, aupres d'vne fontaine ou ruisseau, là où les Veneurs se doiuent tous rendre pour faire leur rapport. Ce pendant le Sommelier doit venir auec trois bons Cheuaux chargez d'instruments pour arrouser le gosier, cõme coutrets, barraux, barils, flacons & bouteilles: lesquelles doiuent estre pleines de bon vin d'Arbois, de Beaune, de Chaloce & de Graue. Luy estant descendu de Cheual, les mettra refraischir en l'eau, ou bien les pourra faire refroidir auec du Canfre: apres il estendra la nappe sur la verdure. Ce fait, le Cuysinier s'en viendra chargé de plusieurs bons harnois de geule, comme Iambons, langues de Beuf fumees, groings & oreilles de Pourceau, Ceruelat, eschines, pieces de Beuf de saison, carbonnades, Iambons de Mageance, Pastez, longes de Veau froides couuertes de poudre blanche, & autres menus suffrages pour remplir le boudin, lesquels il mettra sur la nappe.

Lors le Roy ou le Seigneur, auec ceux de sa table, estendront leurs manteaux sur l'herbe, & se coucheront de costé dessus, beuuans, mãgeans, rians & faisans grand chere. Et s'il y a quelque femme de reputation en pays qui face plaisir aux compagnõs, elle doit estre alleguee & ses passages & remuement de fesses, attendans le rapport à venir. Puis quand tous les Veneurs seront arriuez, ils feront leur rapport, & presenteront leurs fumees au Roy ou au Seigneur à qui ils feront, les vns apres les autres, en racomptant chacun de ce qu'il aura veu. Les ayant escoutez & veu les fumees, il pourra choisir le Cerf qu'il voudra courir, & qui sera en la plus belle meute: & dira à celuy qui l'aura destourné, qu'il veut aller à sa brisee, puis s'en iront tous boire.

ADVERTISSEMENT.

I'ay mis cy deuant comme il faut faire le rapport, n'ayant veu du Cerf que par pieds ou par les portees, & autres cognoiſſances: & comme il faut parler entre les maiſtres. Mais d'autant qu'ils ſe trouuent aucunes-fois quelques Veneurs fauoriſez de leurs maiſtres, leſquels vont cercher les grands vieux Cerfs, ſe leuans matin pour les voir à la taille, ie leur ay bien voulu deſcrire le rapport tel que le voudrois faire deuant le Roy, ſuppliant les maiſtres d'excuſer les fautes.

I iij

COMME IL FAVT FAIRE SON RAP-
port, ayant veu le Cerf à veue, en la haute saison.
CHAP. XXXVI.

Euant le Roy viens pour mon rapport faire,
Le saluant, vn chacun se doit taire:
Lors de ma trompe ie tire mes fumees,
Sur vertes fueilles les luy ay presentees:

Ire, voila d'vn beau Cerf de dix cors,
Que ie mescroy destourné en tels forts:
Quand les aurez par tout bien regardees
Les trouuerez longues, oinctes, formees,
Grosses, nouees, n'ayans aucun piquon,
Mais bienmolues, monstrant sa venaison.
　Et s'il s'enquiert lors quelle teste il porte,
Tout froidement responds luy en la sorte.
　SIRE, ainsi comme, allois faisant ma queste,
Mon Chien au vent se rabat d'vne beste:
L'ay tins de court, & de prés l'ay suiuy:
I'ay apperceu le Cerf au viandy
Ayant la teste haute, ouuerte & paumee,
Et en tous pairs me semble bien sommee.
Il est Cerf brun, portant dix & huict cors.
Fort haut sur iambe, & assez long de corps,
Le mesrain gros, par bon ordre obseruee,
Grand tour de meule, & prés du test perlee,
D'vn beau teint noir ensemble estre brunie,
Et pour tout signe, elle est fort bien nourrie.
　Apres l'auoir de mon œil bien choisi,
Me retiray, attendant son ressuy,
Puis quand i'ay veu qu'il estoit prés de l'heure
Qu'il fust au lieu où il faict sa demeure,
Prens les deuants pour l'aller rembuscher:
Mon Chien au vent cuide son traict casser.
Entrant au fort a ietté ses fumees:
Que i'ay leuë, y mettant mes brisees.
Par les chemins prens enceincte és deuants,

Où i'ay trouué maints autres Cerfs paſſants,

Ieunes & vieux renoy de toute ſorte:

Mais quant au mien, ne trouue point qu'il ſorte.

Puis s'il s'enquiert, quel pied de Cerf c'eſtoit:

C'eſt vn pied long, ſi l'œil ne me deçoit,

La pince groſſe, & les os gros & courts,

La iambe large, ongle fermé touſiours,

Fort bas ioincté & le pied gros & creux,

Cerf bien courable, & deuant tous Veneurs.

DES MOTS ET TERMES DE VENERIE QVE DOIT
entendre le Veneur pour faire ſes rapports & pour parler deuant
les bons maiſtres. CHAP. XXXVII.

I'Ay bien voulu declarer icy les mots & termes de Venerie, & comme vn ieune Veneur doit parler entre les bons maiſtres.

Premierement, faut que le Veneur ſoit poſé & moderé en paroles : car tous Veneurs'eſtans curieux du plaiſir de leur eſtat, ſont volontiers ſobres de la bouche : mais auiourd'huy ils prennēt plus de plaiſir aux bouteilles qu'à leur meſtier. Si d'auanture il aduenoit qu'vn ieune Veneur ſe trouuaſt auec les maiſtres, & qu'ils luy demandaſſent cōme ſe doiuent appeller les fiantes des Cerfs, Rāgiers, Cheureulx & Dains, lors doit reſpōdre qu'elles ſe doiuēt nōmer fumees, & que de toutes beſtes viuantes de brouſt, elles ſe doiuent ainſi nōmer. Mais celles des beſtes mordātes comme Sangliers, Ours & leurs ſemblables ſe doiuent nōmer leſſes. Et celles des Lieures & Cōnils ſe nōment crottes. Celles des autres beſtes puātes, cōme Taiſſons, Renards, fiante : celles de la Loutre ſe doiuēt nōmer eſpraintes. Apres ſi on luy demande cōme ſe doit nōmer le manger du Cerf en termes de venerie, & des autres beſtes à luy ſemblables, doit dire qu'il ſe nōme *Viandis*, cōme diſant : *Voicy où le Cerf ou Cheureul a fait ſon Viandis.* Et des Sangliers & autres beſtes mordātes, il faut dire *Mangeures*, comme diſant : *Voicy où le Sanglier a fait ſes mangeures.*

Il y a auſſi difference entre les pieds des beſtes mordantes & ceux des Cerfs : car ceux des Ours & Sangliers ſe doiuent nommer traces, mais ceux des Cerfs, Cheureulx, Dains & Rangiers ſe doiuent nommer pieds ou foyes, tous les deux ſont bien dicts : Auſſi faut ſçauoir qu'il y a difference entre gaignages & tailles. Les gaignages ſe prennent pour champs & iardins là où ſont ſemez les

bleds & potages.Et si vn Cerf faisoit sa nuict dedans les champs,le
Veneur doit dire qu'il a fait son viandis dedans les gaignages:& s'il fait
sa nuict dedans les tailles,il pourra dire qu'il a fait son viandis dedans
la taille.

Le ieune Veneur doit aussi entendre qu'il y a difference entre routes & voyes:car les voyes s'entendent pour les grans chemins, & les
routes se prennent pour les petis sentiers qui trauersent les forts. Et
quand le Veneur verra aller vn Cerf le long d'vn grand chemin,il doit
dire,que le Cerf va la voye:& s'il le voit aller le long des petis sentiers,
doit dire que le cerf va la route.

Il y a aussi difference entre routes & erres:car(comme i'ay dit)rou-
tes sont petits sentiers, & erres sont les alleures par où vne beste va,
soit de bon ou de vieux temps.Quant aux brisees,elles se peuuent nõ-
mer bacees ou brisees,lequel qu'on voudra.Il y a maniere de les met-
tre:car il faut que le bout rompu soit mis par où entre vne beste.

Quand le Veneur va lancer vn cerf, Dain ou cheureul & autres
semblables,il doit parler à son chien en criant,*Voyle-cy,vay auant*,com-
me parlant en singulier & à vn seul: mais aux Sangliers,Ours,& leurs
semblables,doit parler en pluriel,commé à plusieurs,disant, *Voyles cy,*
Allez auant.

Quand vn cerf vient de viander és gaignages,il est volõtiers moüil-
lé de l'esgail,& ne se veut pas mettre en son lict qu'il ne se soit seiché à
la chaleur du Soleil,& se couche cõmunement sur le ventre en quelque beau lieu au descouuert:ce lieu là se doit nommer ressuy,comme
disant:*Voicy où le Cerf a fait son ressuy.*

Semblablement les lieux où les cerfs, Dains, cheureulx, & leurs
semblables se couchent pour demeurer le iour, se doiuent nommer
licts,reposees ou chambres : mais ceux des Sangliers & leurs semblables se nomment *Bauges.*

Apres,si vn Veneur vient à faire son rapport,il doit dire entieremẽt
cequ'il a veu.Et s'il n'auoit reueu du cherf que par pied,&qu'õ luy demande quel pied c'est,doit confronter le pied tel qu'il est,comme di-
sant:c'est vn pied long ou rond, ayant telles cognoissances auec tous
autres bons signes qu'il y pourra auoir veu:ainsi pourra il faire des alleures & portees. Mais si d'auanture il voyoit le cerf à veuë, ayant eu
le loisir de le choisir,si on luy demande quel cerf c'est,& quelle teste
il porte,pourra respõdre qu'il est de tel pelage,brũ ou fauue, & tel de
corsage,ainsi qu'il l'aura veu,portãt la teste haute ou basse,ou contre-

faite comme elle fera. Et fi d'auanture elle eftoit faux marquee, comme s'il n'y auoit que fix cors d'vn cofté, & fept de l'autre, il doit dire qu'il porte quatorze faux-marques, car le plus emporte le moins. Et fil voyoit vne belle tefte haute, & groffe de mefrain, les andoilliers prés du teft, & biē cheuillee felō fa hauteur, il pourra dire qu'il porte vne belle tefte pour tous fignes, biē nee & biē marquee en tous pairs: & felō qu'elle fera en la sōmité, pourra dire qu'il porte paumure, trocheure, ou couronneure:& combien d'efpois il portera amont:& par ainfi le Veneur fera fon rapport felon qu'il verra la forme ou la façon de la tefte. Et fi on luy demande s'il fe montre vieux Cerf par la tefte, & à quoy il le cognoift, pourra refpōdre qu'il le cognoift aux meules, lefquelles font larges & fort pierreufes, prés du fuc & teft de la tefte, & auffi aux andoilliets qui font gros, longs & prés de la meule, & tous autres fignes que i'ay declairez cy deuant. Les ergots qui font derriere le pied du Cerf, ou Cheureul, & leurs femblables, fe nomment os, comme difant:*Voicy où le Cerf ou Cheureul a donné des os en terre.* Les ergots des Sangliers fe doiuent nommer *Gardes*.

Ie donneray icy intelligence au Veneur comme il doit haut loüer les Cerfs felō les fignes & iugements qu'il pourra auoir veuz. Premierement, s'il veoit vn cerf n'ayant gueres le pied ne les alleures bōnes, & qu'à le voir il n'euft porté que fa troifiefme ou quatriefme tefte, il le doit iuger Cerf de dix cors ieunemēt. Mais s'il en voyoit vn autre qui euft les fignes plus grands, comme ayant porté fa cinquiefme, fixiefme, ou feptiefme tefte, il le pourra iuger cerf, de dix cors fans plus: mais paffé la feptiefme, il pourra iuger cerf, de dix cors, & autresfois les a portez:& au plus haut qu'il puiffe loüer le cerf, c'eft de le nommer grād vieux cerf. Et par ainfi le Veneur fera fes rapports felō les fignes & iugements qu'il verra. Il en pourra autāt faire des Sangliers: car quand ils laiffent les compagnies, & qu'ils demeurent tous feuls, ils fe doiuent nommer Sangliers venans en leur tiers an. L'annee apres ils fe doiuent nommer Sangliers en leur tiers an. L'autre annee apres, ils fe pourront nommer Sangliers en leur quart an chaffables. Et au plus haut qu'on le puiffe loüer, c'eft grand vieux Sanglier, n'ayant point de refus. Si le Veneur voyoit vne trouppe de beftes fauues, doit dire, I'ay veu vne harde de beftes. Mais s'il voyoit vne trouppe de beftes noires, doit dire qu'il a veu vne compaignie de beftes noires.

COMME IL FAVT METTRE LES RE-
lays: & la maniere de relayer.   CHAP. XXXVIII.

L faut mettre les relais felon les faifons &couppes des
tailles: car au temps d'hyuer que les Cerfs ont la tefte
dure, ils fuyuēt les grands forts:& au printemps qu'ils
ont la tefte molle & en fang, ils fuyuent les petites
tailles:& les lieux les plus foibles qu'ils peuuent trouuer, de peur de la heurter & bleffer aux branches. Et
pource il eft requis y mettre des hommes qui foient nourris à la Venerie, entendans bien leur meftier, & auec eux vn bon piqueur, monté fur vn bon courtaut:lequel piqueur doit eftre habillé legerement,
ayant de bonnes bottes & bien hautes, fa trompe au col. Phebus dict
qu'il doit eftre veftu de vert pour le Cerf, & de gris pour le Sanglier:
cela ne fert pas de gueres: i'en remets la couleur aux fantafies des

hõmes. Les piqueurs s'en doiuent aller au soir à la chãbre de leur maiſtre, & s'ils ſont au Roy, faut qu'ils aillent à la chambre du grand Veneur, ou de ſon Lieutenant, pour ſçauoir leſquels feront de la meute ou du relays, & auquel relays ils doiuent aller, & les chiens qu'ils doiuent mener, quelles aydes & valets de chiens iront auec eux. Ceux du relays doiuent prendre vn petit bulletin pour leur ſouuenir du nõ de leur relays : puis s'en retourneront à leur logis pour cercher vne guyde qui les y mene le lendemain. Apres faut qu'ils regardẽt ſi leurs cheuaux ſont bien ferrez & bien en cõche, en leur donnant de l'auoine à ſuffire. Ce fait, s'en iront coucher pour ſe leuer le lendemain deux heures auant iour. Si c'eſt en eſté, faut qu'ils facent abbreuer leurs cheuaux, & en hyuer, non : puis les faire bien repaiſtre ce pendant que le valet de chiens ameñera le relays. La guide eſtant venue, ils deſiuneront & diſneront tous enſemble, & au lieu de piſtolet, aurõt la bouteille pleine de bon vin à l'arçon de la ſelle. Et quand le iour commencera à paroiſtre, faut qu'ils montent à cheüal, ayans auec eux leur guyde, relays & tout ſon equipage. S'ils veulent enuoyer vn courtault à vn autre relays, pourront dire à leur valet qu'il s'en aille auec vn de leurs compagnons à vn tel relays. Eux eſtans arriuez au lieu où eſt aſſigné leur relays, ils mettront les chiens en quelque beau lieu, au pied d'vn arbre, defendant au valet de chiens de ne les deſcoupler qu'ils ne luy commandent, & qu'il ne bouge de là, & qu'il ne face point de bruit. Alors s'en doiuent aller à trois où quatre cens pas de là, du coſté où ſera la chaſſe, & eſcouter s'ils orront rien, & pour voir le cerf : car le voyant là, ils le iugeront pluſtoſt mal mené, qu'ils ne feront de le voir auec le bruit : parce qu'vn cerf mal mené, baiſſe volontiers la teſte quand il ne voit perſonne, en demonſtrant ſon trauail : mais quand il voit l'homme, il la hauſſe, & fait de grands bonds, pour donner à cognoiſtre qu'il eſt fort vigoureux. Le piqueur ſe doit eſloigner pour vne autre raiſon : c'eſt que les pages & valets qui tiennent les cheuaux menent bruit, en ſorte qu'il ne pourroit pas ouyr la meute : auſſi que les cerfs oyent aucunesfois le bruit, ou bien ont le vent des chiens, qui les feroit retourner ou coſtoyer le relays, qui eſt la cauſe pourquoy le piqueur ſe doit tenir à l'eſcart pour voir & choiſir le cerf à ſon aiſe : & s'il paſſe à ſon relays, doit bien regarder s'il eſt halé & mal mené, & auſſi s'il orra la chaſſe venir apres luy.

Il me ſemble pour bien prendre le cerf a force, qu'on ne deuroit point relayer qu'on ne veiſt les chiens de la meute : alors l'on verroit bien chaſſer, & auec ce, là force & viſteſſe des chiens. Mais ie voy qu’au-iourd’huy on ne prend point le cerf comme il merite, parce qu’on ne donne pas le loiſir aux chiens de chaſſer, &n’y en a que deux ou trois qui courét, d’autant qu’il ſe trouue tant d’hommes à cheual, qui ne ſçauent ſonner, forhuer, ne piquer, leſquels ſe meſlent parmy les chiens, les croiſans & rompans, tellemét qu’il eſt impoſſible qu’ils puiſſent courir ne chaſſer : à ceſte cauſe, ie dy que ſont les cheuaux qui chaſſent, & non pas les chiens. Ie donneray icy le moyen au valet de chiens de laſcher le relays, quand le cerf aura paſſé.

Le valet doit mener ſes chiens hardez ſur les voyes, & leur faire ſuyure trois ou quatre pas le droi, puis en doit laiſſer aller vn, & s’il voit qu’il dreſſe, pourra deſcoupler les autres, & ſonner pour chiens. Car s’il laiſſoit aller ſon relays de loing, il pourroit prendre le contre-pied, qui ſeroit vne grande faute. Autrement, ſi le cerf eſtoit accom pagné de quelques beſtes, le piqueur qui ſera au relais doit piquer en teſte pour eſſayer à departir le cerf : & s’il ſe depart, faut deſcouppler les chiens ſur les voyes. Et ſi le piqueur eſtoit au relais ſur le bord d’vn eſtang, & que le cerf y vint, il le doit laiſſer bagner à ſon ayſe ſans ſon-ner mot : puis quand il ſera ſorty, faut que le valet s’en aille auec les chiens là où il ſera ſorty, & deſcoupler ſes chiens ſur les voyes, com-me deſſus, là où faut qui ne les abandonne iamais, ſonnát apres eux pour appeller de l’ayde, en briſant par tout où il en verra : à fin que ſi les chiens prenoient le change, & qu’ils s’eſcartaſſent de leurs droi-ctes voyes, de retourner à ſa derniere briſee pour requeſter le cerf. Phebus dit qu’il faut reprendre les chiens qui vont de fortlonge der-riere, quand le cerf aura paſſé le relays. Mais quant à moy, ie ferois du contraire, pour autant que les chiens de la meute, qui ont deſia couru longuement, maintiennent mieux leurs voyes, & ne prennent pas ſi toſt le change que feroient des chiens fraiſchement relayez. Il eſt bien vray, que ſ’il y auoit quelques vieux chiens qui vinſſent der-riere, balaçans apres la meute, les piqueurs ou valets de chiens qui ſe-ront demeurez derriere, les ponrront appeller apres eux, & les me-ner au deuant de la meute : ou bien ſ’il y auoit faute de relais, & qu’on veiſt que le cerf ſ’en allaſt en quelque lieu où il n’y auroit gueres de change, & qu’il fuſt cótraint de retourner ſur ſes pas, auſſi qu’il y euſt de bons chiens deuant qui le maintinſſent, alors pourroit on prendre les derniers chiens & les garder pour ſon retour.

Si d’auanture il aduenoit que le piqueur eſtant à ſon relays, veiſt

paſſer vn Cerf de dix cors,& qu'il y euſt apres le cerf quatre ou cinq
chiens,& qu'il n'ouiſt les autres piqueurs, ne leur trompe, faut bien
qu'il regarde ſi le Cerf eſt halé, & quels chiens ſont qui le chaſſent.
S'il voyoit que ſe fuſſent des bons chiens de la meute gardans mieux
le change, le piqueur doit ſonner pour chiens tant qu'il pourra, pour
appeller des aydes. Et ſi de fortune il ne venoit perſonne, il ſe doit
mettre apres les chiens de la meute & deſcoupler ſon relays, ſonnant
& huchant touſiours, en iettant des briſees par où il paſſera, & ſur les
voyes du Cerf. Il faut bien que le piqueur ſoit ſage à telles choſes, par
ce qu'aucunesfois il ſe peut lancer quelques autres cerfs d'effroy, au
bruit de la meute & des piqueurs, qui pourroient eſtre grands cerfs,
ſe monſtrans halez, & principalement quand ils ont de la venaiſon.
Mais ſ'il voyoit que les bons chiens de la meute n'y fuſſent pas, & qu'il
n'ouiſt point la chaſſe, il ne doit pas relayer, mais ſeulement regarder
le pays qu'ils prennent, & les briſer au bout de la veuë, à fin que s'il
oyoit la meute en deffaut, de s'y en aller, & leur dire qu'il a veu le cerf
qui a paſſé à ſon relays, lequel eſt fauue, ou brun, ainſi qu'il voudra
nommer, portant vne telle teſte. Alors pourront iuger ſi c'eſt leur
cerf ou non,& le pourront aller requeſter, & reprendre leurs voyes
à la briſee du piqueur.

*COMME LE VENEVR DOIT LANCER
le Cerf, & le donner aux Chiens.*   CHAP. XXXIX.

Pres que le Roy ou Seigneur aura ouy tous les
rapports, & que les relays ſeront bien aſſis, les
Veneurs & chiens ayans repeu, cely qui aura deſtourné le plus vieux cerf,& en la plus belle meute, ſoubs le rapport duquel, le Roy ou Seigneur
voudra aller courir, doit prendre ſon Limier, &
s'en aller deuant à ſa briſee auec ſes compagnons
& tous les piqueurs de la meute : leſquels doiuent auoir chacun vne
bonne houſſine en la main, que Phebus nomme *Tortouere*, pour tourner les branches en piquant par les forts : laquelle ne doit point e-
ſtre pellee que le Cerf n'ayt touché au boys : mais apres qu'il a frayé,
elle doit eſtre pelee. Eux eſtans arriuez à la briſee, faut qu'ils mettent pied à terre pour veoir quel pied de Cerf c'eſt, quelles cognoiſſances & autres iugements qu'ils pourront auoir par le pied,

à fin de le recognoiſtre parmy le change. Puis quand le Roy ſera arriué & les chiens de la mute, tous les piqueurs ſe doiuent viſtement

eſcarter au tour du buyſſon, pourveoir le cerf s'il eſt poſſible au partir
du lancer, à fin de recognoiſtre le pelage & la façon de la teſte. Alors
que le Veneur qui l'aura deſtourné, verra tous ſes compaignős aupres
de luy auec les chiens de la meute, ſe doit mettre deuant tous les autres, & frapper à routes : car l'honneur luy appartient, & puis tous les
autres apres luy, criant, *Voy-le-cy aller*, *Voy-le-cy*, *Va auant*, *Voy-le-cy par les*
portees, *Rotte*, *votre*, *rotte*, & autres termes requis à la chaſſe du cerf. Et
faut entendre deux ſecrets, dont l'vn eſt, que les Veneurs ne doiuent
pas trop faire eſchauffer leurs chiens à la briſee : parce que leur chaleur les tranſporteroit hors des erres, & ne ſuyuroient pas le droit.
L'autre ſecret eſt, que les chiens de la meute doiuent ſuyure les routes par où va le cerf & les Limiers : mais ils ne doiuent point approcher plus prés des Limiers ne des Veneurs, que de ſoixante pas, de

peur que fi le Cerf auoit fait quelques ruzes & houruariez dedans le fort, qu'ils ne rōpiſſent les erres & que les Limiers n'euſſent l'eſpace de retourner pour les deſmeſler & redreſſer: parce que bien ſouuent cerfs malicieux, quand ils ſe veulent mettre à la repoſee, font volontiers des ruzes. Et ſi les chiens de la meute eſtoyent ſi prés des Limiers, ils romproyēt les erres & voyes, qui ſeroit cauſe que le Veneur ne les pourroit redreſſer. Et ſ'il aduenoit que le Limier, en faiſant ſa fuite, fouruoyaſt les droictes erres, il faut que le Veneur le retire en diſant, *Hourua, hourua,* & qu'il retourne cercher ſon doit. Puis ſ'il veoit que ſon chien redreſſe ſes erres, doit incontinent le Veneur mettre le genoil en terre pour en reueoir par pied, par les portes ou autres cognoiſſances. Et ſ'il en reueoit, & qu'il congnoiſſe que ce ſoit ſon droit, doit crier & hucher fort haut, *Voylecy aller. Il dit vray, Voylecy aller le Cerf. Rotte valet, rotte rotte :* & ietter vne briſee en ce lieu là, tant pour les Veneurs qui viennent apres luy, que pour monſtrer à ceux qui ameñent les Chiens de la meute, que le Cerf va là. Et ſi les Chiens de la meute eſtoyent trop loing de luy, il doit crier, *Approche les chiens,* ou bien ſonner deux mots de la trompe, en faiſant des briſees hautes & baſſes, par tout où il en verra: à fin que ſ'il perdoit les voyes ou erres, qu'il vint recercher ſa derniere briſee. Puis s'il veoit que ſon Chien renouuelle les voyes, & qu'il commence à approcher pres du Cerf, il le doit tenir plus de court qu'au parauant, de peur que ſ'il le lançoit d'effroy, que ſon Chien ne le trāſportaſt au vent ſur les erres, de ſorte qu'il n'en peuſt veoir la repoſec pour en auoir certain iugement par icelle, ou par les foulees. Mais ſi d'auanture il oyoit lancer le Cerf, ou qu'il trouuaſt le lict ou repoſee, il ne doit pas ſonner ſi toſt pour Chiens, mais crier ſeulement trois fois, *Gare gare, Gare gare, Gare gare,* & faire ſuyure ſon Chien iuſques à ce qu'il en puiſſe reueoir à ſon aiſe, pour en auoir iugement certain par les fuytes premier que de forhuer. Et ſi en ſuyuant il trouuoit ſes fumees, doit bien regarder ſi elles ſont ſemblables à celles qu'il aura apportees au matin à l'aſſemblee: combiē qu'aucunesfois elles ſe peuuent mes-iuger en deux manieres, ce qui n'aduient pas ſouuent, ſi ce n'eſt au changemēt des viandis. Il eſt bien vray que les fumees du releué du ſoir ne ſont ſemblables à celles du matin que le Cerf ſe retire au fort pour ſe mettre à la repoſee: parce que celles du releué sōt plus preſſees, plus moullües & mieux digerees que celles du matin, la raiſon eſt, qu'il a repoſé & dormi tout le iour, qui eſt cauſe de la digeſtion. Et au contraire, celles

du

du matin ne font fi biē digerees ne moûllües,parce que toute la nuiƈt
il n'a fait que courir & trauailler pour cercher à viander, & n'a pas eu
le repos,ne le loifir de digerer ne moudre fon viandis : toutesfois que
elles fe doiuent reffembler de forme,fi le viãdis ne les fait mes-iuger,
comme i'ay dit.Autrement,fi le Veneur trouuoit la repofee du Cerf,
il doit mettre fa face dedans,ou le doux de fa main, pour fentir fi elle
eft chaude. Auffi le pourra cognoiftre à fon Chien, qui s'efforcera &
doublera fa voix.Tous ces fignes donneront à entendre qu'il eft lancé
& debout.

Il y a desCerfs qui font fi malicieux , qu'au partir de leur liƈt ne font
que tournoyer pour cercher le chãge,ou biē ont quelque brocquard
auec eux,qui eft la caufe que le Veneur ne doit pas fonner pourChiẽs
au partir de la repofee,mais feulement crier, *Gare gare,approche les Chiẽs*:
& faire fuyure fon Limier fur les erres enuiron de cinquãte pas. Mais
quand il verra que le cerf commencera à dreffer par les fuytes, lors
qu'il en aura cognoiffance certaine, pourra fonner pour chiens, en
criant, *Tya hillaud*, faifant fuyure fon Limier toufiours fur les erres &
fuytes,criant & fonnãt iufques à ce que les Chiens de la meute, foyẽt
arriuez à luy,& qu'il verra qu'ils commenceront à dreffer. Et fe doit
incontinent mefler parmy eux auec fon Limier pour les refiouyr &
efchauffer. Puis quand il verra qu'ils feront bien ameutez, courans
bien le droit,pourra fortir du fort,dõnant fon Chien à fon valet, &
monter à Cheual,s'en allant toufiours au deffoubs du vent,coftoyant
la meute pour leuer les defaux.Mais s'il aduenoit que le Cerf en tournoyant fur fa meute parmy fon fort euft donné le change, ils doiuent
tous menacer & rompre les Chiens,puis les recoupler en retournant
prendre les dernieres erres, ou bien cercher la repofee : & frapper à
route iufques à ce qu'ils ayent relancé leur Cerf : car Cerfs malicieux
volontiers fe iettent fur le ventre, & attendent que les Limiers foyẽt
fur eux premier que de partir.

L

LES RVSES ET SECRETS QVE DOIVENT
ſçauoir les piqueurs pour prendre le Cerf à force.

CHAP. XL.

Pres auoir donné l'intelligẽce aux Veneurs des iugements & cognoiſſances du Cerf, & comme ils ſe
doiuẽt gouuerner en leur eſtat: i'ay ſemblablemẽt
voulu donner à entẽdre aux piqueurs le moyẽ de
prendre le Cerf à force, tant par le dire des bons &
anciẽs Veneurs, que comme par experiẽce l'aurois
peu cognoiſtre. Et parce qu'auiourd'huy il a tant
d'hõmes portans la trõpe, de laquelle ils ne ſe ſçauẽt ayder, faiſant pl⁹
de tort aux Chiẽs que de plaiſir, d'autãt qu'ils n'ayment & n'entẽdent
le meſtier : & auſſi que ie voy les Princes & Seigneurs qui n'y prennẽt

pas si grand plaisir, ayant les yeux bandez des richesses mondaines,
pensans par icelles rēdre leur nom & corps immortels, qui est la perte de l'ame & abbreuiation de la vie principal bien du corps (aussi ne
les voit on plus viure & regner si longuement, ne de tel plaisir qu'ils
faisoient anciennement du temps qu'on entendoit raisonner les trō-
pes par les forests auec nombre de bouteilles & flacons) il me sembloit chose vaine & inutile declarer ces matieres cy, n'eust esté l'espe-
rance que i'ay aux adolescens, qui me cause mettre par escrit & arti-
culer tous les secrets de la Venerie.

Premierement, il faut que les piqueurs sçachent qu'il y a differēce
de parler aux Chiens entre la chasse du Cerf, & celle du Sāglier: parce
que le cerf fuit & s'esloigne d'eux, quād ils le chassent, ne se fiant que
en ses iambes, & ne se defend iamais s'il n'est forcé. A ceste cause faut
parler aux chiens en hautains & resiouyssans cris, tant de la bouche
que de la trompe. Mais aux Sangliers & autres bestes mordātes il faut
faire le contraire, d'autant que ce sont bestes pesantes, qui ne peuuēt
fuyr ne s'esloigner des chiens, se fians en leurs dents & defenses. A tels
animaux est requis de parler aux chiens en erys & sons de trompes
rudes & furieux, afin de les faire incontinent fuyr. Et se faut tenir
tousiours pres des chiens, menant grand bruit, de peur qu'ils les tuent
ou blessent. Quant aux cerfs & autres bestes legeres, les piqueurs doiuent tousiours suiure les chiens par la menee où ils vont sans s'escarter ne croiser, de peur de lancer le change & pour releuer les defaux,
n'approchaut de la meute de plus pres que de cinquante pas: principalement au partir du descouple, & des chiens fraischement relayez:
car si le cerf faisoit des ruses ou houruaris, & que les piqueurs pres-
sassent les chiens, ils romproient les erres ou voyes du cerf, & feroiēt
outre passer les Chiens, qui seroit vne grand' faute. Mais si les piqueurs voioyēt que le cerf eust couru vne heure ou plus, & qu'il dres-
sast en s'esloignant de sa meute pour se forpaiser (les chiens estās bien
ameutez sur les erres) alors pourront approcher de plus pres qu'au
parauant, en sonnant de la trompe trois mots à chacune fois. Plus,
faut entendre que quand le Cerf se voit chassé des Chiens, il se des-
fait d'eux, & leur donne le change en plusieurs manieres: car il va cercher les bestes à leurs reposees, & les boute & fait valoir deuant eux:
puis se iette sur le ventre en leur lict, & laisse passer les chiens outre, lesquels n'en peuuēt auoir le vent ne sentiment, à cause qu'il met
les quatre piedz soubs son ventre, & aspire son haleine en la frais-

cheur & humidité de la terre : tellemēt que i'ay veu plufieurs fois les Chienspaffer à vn pas pres de luy, fans en auoir le vent,ne le fentir aucunement. Et a cette malice de nature, qu'il cognoift que les Chiens ont plus grand fentiment de fon haleine & de fes pieds qu'ils n'ont du refte de fon corps Et eftant ainfi,il attendra les piqueurs à faire marcher les cheuaux fur luy premier que de partir : qui eft la raifon pourquoy ils doiuent toufiours brifer aux entrees des forts par où le Cerf paffera:afin que s'il donnoit le change,de retourner incontinent cercher fes dernieres erres & brifees, par ce qu'ils ne pourront faillir de le relancer, en retournant là auec le Limier ou auec les vieux Chiens fages de la meute, aufquels ils fe doiuent fier : car volontiers Chiens bien dreffez, & qui gardent le change, fi le Cerf fe lance & boute deuant eux, ils ne fonneront mot:mais fil y auoit quelques ieunes chiēs fols, ils efforceront leurs voix,& renouuelleront le chang Il faut bien qu'en telles chofes les piqueurs foient fages , & qu'ils ne farreftent point aux ieunes Chiens , fils n'entendent les vieux parmy eux.

Et fils font deux piqueurs enfemble,l'vn des deux les doit aller menacer & rompre, l'autre les doit appeller au lieu où c'eft fait le deffaut, & fouler fort en les appellant & refiouyffant iufques à ce qu'il ait relancé fon Cerf. Et fil oyoit quelqu'vn de fes vieux Chiens fages qui fonnaft, faut qu'il aille à luy & mette l'œil à terre, pour reuoir fi c'eft vn Cerf. S'il cognoift que ce foit luy, faut qu'il fonne trois mots, de fa tompe, en criant & nommant le Chien, *Voi-le ci aller , il dit vrai, Voi-le ci aller le Cerf.* Les autres piqueurs doiuent menacer les chiens & les faire aller à luy. Et à cette heure là pourront renouueller les erres, ou le relancer. Plus, le Cerf donne le change en vne autre maniere: car foudain qu'il voit que les Chiens le chaffent, & qu'il ne fe peut defaire d'eux, il va de fort en fort cercher les beftes,&les met debout faccompagnant auec elles , & les emmeine & fait fuir auec luy fans les vouloir laiffer, aucunesfois l'efpace d'vne heure ou plus : puis fil fe voit fuiuy & mal-mené il les abandonnera, & fera fa ruze volontiers en quelque grand chemin ou ruiffeau , lefquels il fuiura longuement tant qu'il aura la force. Puis quand il fe verra efloigné & forlongé des chiens, fera de grandes rufes pour fe deffaire d'eux, fe iettant fur le ventre en quelque lieu fur la terre, ou bien en l'eau,cachāt fes pieds foubs luy , en afpirant & prenant fon haleine contre la terre comme i'ay dit ci deffus. Si c'eft en l'eau, il afpirera femblablement en icelle: tellement que de tout fon corps ne paroiftra feulement que le

bout du nez, en forte que les chiens pafferont fur luy auant qu'en
auoir fentiment. Quand les piqueurs verront toutes ces chofes, ils
doiuent regarder quãd le Cerf fera accompaigné & qu'il fuiura auec
des beftes aux bons chiens de la meute, & plus feurs pour le change,
lefquels chafferont en crainte, ce que les ieunes ne feront pas, & ne fe
doiuent amufer à eux, mais bien aux vieux, aufquels ils fe doiuent
toufiours fier en les faifant chaffer en crainte, fe tenãs prés d'eux pour
leur fecourir & aider, ayãt la main pleine de brifees, lefquelles ils doiuent ietter en terre par tout où ils verront du Cerf.

Et fi de fortune, les Chiens tõbent en defaut, ou bien qu'ils veiffent
qu'ils fe departiffent en deux ou trois meutes, ils pourront prefumer
en eux mefmes que le change fe fepare, & que le cerf l'abandonne.
Alors f'ils voyent quelques vns des ieunes chiens fols qui dreffaffent,
& que les vieux fages n'y fuffent point, ils ne f'y doiuent pas fier: mais
faut qu'ils regardent en quel lieu les bons & feurs drefferont, & aillẽt
à eux, mettant l'œil en terre. Et f'ils cognoiffent que ce foit leur droit
qui foit feparé du change, faut qu'ils iettent leurs brifees, en fonnant
de la trompe, en criant, *Voi le-ci fuiant, il dit vrai*, en nommant les
chiens qui drefferont, & ameuter à eux. Plus, faut entendre que les
chiens ne courent pas fi bien dedans les chemins, & n'y ont pas fi
grand fentiment comme ils ont ailleurs, pour beaucoup de raifons:
qui font, que dedans les voyes & chemins toutes efpeces d'animaux
y paffent inceffammẽt, qui mettent la terre en poudre auec les pieds:
de telle forte que fi les chiens y mettent les nazeaux pour affentir, la
poudre entre dedans, qui les eftouppe & ofte le fentiment & auffi la
vehemente chaleur du Soleil qui donne inceffamment deffus, ofte
l'humidité & fraifcheur, deffechant la poudre de telle forte, que là où
le Cerf paffe, la poudre coule & couure foudainement la marche du
pied là où touche l'ongle, qui eft tout le fentiment que les chiens
peuuent auoir dedans les voyes & chemins, d'autãt qu'il n'y a ne bois
ny herbes où le Cerf puiffe toucher des iambes, ne du corps, & y a tãt
d'autres raifons, que ie laiffe à caufe de brefueté, qui empefchẽt le fẽ-
timent des chiens és chemins. En tels lieux les cerfs ont la malice de
faire leurs rufes & houruariz, ou bien fuiuent longuement ces grands
chemins pour fe deffaire des chiens: ayans cette fineffe & cognoiffance donnee de nature, qu'ils penfent que les chiens n'ayent pas là
fi grand fentiment qu'ailleurs. Par là pouuons cognoiftre que nature
donne à chacun cognoiffance de fon contraire, & fe fauuer.

L iij

Quand les piqueurs se trouueront à tels endroits en defaut, doiuēt mettre l'œil en terre pour voir si le cerf à point fait de rufes & houruaris. Et si d'auãture ils voioyent qu'il fuſt allé & venu fur luy, ils doiuent crier à leurs chiẽs, *Voile-ci hornary*, & deffaire la ruse à l'œil, & leur aider touſioursiuſques à ce qu'ils aiẽt trouué la fortie des erres par où ils entrẽt dedãs le fort, en les faifant requeſter par les coſtez des voies & chemins, & non par le dedãs: car ils y aurõt beaucoup plus de ſenti-mẽt, & ne leur fur-allerõt pas ſi toſt qu'ils feroiẽt par les chemins, par-ce qu'il y a des herbes, des bois & autres choſes qui gardẽt la fraicheur & humidité de la terre & auſſi que le cerf y touche des iambes & du corps: tellement que les chiens en peuuent auoir plus grãd ſentimẽt. Et faut que les piqueurs iettent des briſees par tout où ils verront, faiſant requeſter leurs chiens en les reſiouyſſant & ſecourãt, le mieux qu'ils pourront. Et ſi quelqu'vn des chiens droiſſe, doiuent aller à luy & regarder que c'eſt: puis ſ'ils voyent que ce ſoit le droit, ils ſonne-ront & ameuteront les autres, en nommant le chien, *Ha Cleraud*, ou *ha Mirault*, comme i'ay dit cy deſſus. Auſſi il aduient aucunesfois que les Cerfs paſſent aux trauers des brulis, là où les chiens n'en peuuent auoir ſentiment, parce que la ſenteur du feu eſt plus grande que cel-le du Cerf: en tels endroits les piqueurs doiuent regarder quand le cerf entre dedans, de quel coſté il a la teſte tournee, & pouſſer touſ-iours leurs chiens outre ſans ſ'arreſter: puis quand ils ſerout paſſez outre les brulis, faut qu'ils facent requeſter leurs chiens en parlant à eux, & n'eſt poſſible qu'ils ne les redreſſent ainſi, ou bien en pre-nant leurs cernes au tour par les fraiſcheurs. Plus ſ'il aduenoit qu'vn cerf ſe forpayſaſt dedans les campagnes, & que ce fuſt entre le Midy & les trois heures, ſi les piqueurs voioient que les chiens fuſſent hors d'haleine, ils ne les doiuent pas preſſer, mais les reſiouir ſeulement le plus qu'ils pourront. Et ſ'ils voioiẽt que les bons ne ſonnaſſent & n'ap-pellaſſent point fur les errès, & qu'ils ne fiſſent ſeulement que branler la queuë, ils ne ſ'en doiuent pas eſtonner: car ils pourroient faire ce-la à cauſe de la grande chaleur: ou bien feroient hors d'haleine: pour telle choſe ne doiuent laiſſer à les ſuiure tant qu'ils pourront aller ſans les preſſer, comme i'ay dit. Puis ſ'ils cognoiſſent que les chiens ne puiſſent plus aller, faut qu'ils iettẽt vne briſce aux dernieres erres qu'ils auront veues, & mener les chiens refraiſchir en quelque villa-ge, en leur donnant du pain & de l'eau: ou bien ſe mettre ſoubs quel-que arbre attendant la grand'chaleur à paſſer, & ſonner de la trõpe

par fois pour appeller les valets de limiers & autres aydes. Puis quãd
ils verront qu'il fera fur les trois heures, doiuent aller à leur brifee reprendre leur dernieres voyes ou erres. Ets'il y a vn valet de Limier
auec eux, faut qu'il fe mette deuant auec fon chien, en le refiouyffant
& parlant à luy, fans auoir crainte de le faire fonner & appeler fur les
erres: car les autres chiens de la meute l'ouyans fonner & appeler,
pourront redreffer leurs deffaux. Ainfi doiuent ils aller tous reque-
ftans & pourchaffans iufques à ce qu'ils l'ayent relancé. Il faut encore
entendre, qu'alors que le cerf eft las & mal mené, fon dernier refuge
eft à l'eau, & defcend communement pluftoft à val le cours des riuieres, qu'il ne monte en contremont: & principalement fi le cours en
eft roide. Auffi qu'il a bien cefte cognoiffance, que les chiens auroyẽt
plus grand fentiment de luy en montant contre l'eau, qu'ils n'auroiẽt
pas en defcendant: d'autant que le cours leurs emporteroit toufiours
la fenteur, & auffi qu'il trauaille beaucoup plus à nager contre l'eau
qu'il ne fait pas de defcendre à val. Et deuez fçauoir que fi vn Cerf a
couru longuement, & qu'il vienne à rencontrer vne riuiere, il fe mettra dedans, nageant par le milieu d'icelle: & fe donnera garde le plus
qu'il pourra de toucher aux branches ou autres chofes qui feront des
deux coftez de l'eau, de peur que les chiens y prennent fentiment de
luy: fuyuant longuement la riuiere fans fortir de dedans, s'il ne trouue
quelque tronce de boys autrauers ou autre chofe, qui l'empefche de
paffer plus oultre: lors il eft contraint d'en fortir. Il faut qu'en tels
lieux les piqueurs y foyent fages, & qu'ils iettent vne brifee à l'entree
de l'eau, regardant de quel cofté le cerf aura la tefte tournee: ce-qu'ils
pourrõt cognoiftre & veoir par les fuytes, ou à leurs chiens, lefquels
ils doiuent faire entrer & nager en l'eau, qui en pourront prendre fentiment aux ioincz & herbe qui feront dedans: ou bien eux-mefmes
le pourront cognoiftre aux lieux les plus fommes de la riuiere où le
Cerf auroit paffé, qui pourroit auoir troublé l'eau en paffant, ou tourné les herbes & autres chofes. Lors qu'ils aurõt certain iugement de
quelle part de la riuiere le Cerf va, ils doiuent appeller leurs chiens
d'icelle, de peur qu'ils fe gaftent & refroidiffent: & s'ils font trois piqueurs enfemble, deux fe doiuent mettre aux deux coftez de la riuiere: l'autre s'en doit aller gaigner le deuãt au long du cofté que le Cerf
aura la tefte tournee, pour voir s'il le verra nageant ou autrement. Les
deux qui feront demourez aux coftez de la riuiere, doiuent faire requefter leurs Chiens de chacun fon cofté, & affez loing de l'eau: car

ils auront plus grand fentiment à vingt ou trente pas prés, qu'ils n'auroyent pas fur le bord d'icelle. La raifon eſt : quand le Cerf fort de
l'eau, il en eſt tout couuert & chargé, parce que le poil qui eſt creux fe
remplift d'eau, & lors qu'il fort il fe fecoüe volontiers, & la fait tomber le long des iambes en la forme du pied, tellemēt que les erres fōt
fi eflauees & mouillees que les Chiens n'en pourroyent auoir aucun
fentiment. Mais à dix ou douze pas loing du bord, ils en pourront reprendre & affentir plus ayfément, parce que l'eau fera tombee. Toutesfois les piqueurs fe doiuent toufiours tenir prés de la riuiere : car
aucunefois le Cerf fe cache tout dedans l'eau, comme i'ay dit cy deffus, & pourroit fouuent demeurer en quelque broffe de ioncs ou de
faules, de telle forte qu'ils le laifferoyent derriere eux, & quand ils feroyent outrepaffez, il pourroit fortir de l'eau, & s'en retourner fur les
erres par où il feroit venu : car communemēt il a cette malice de laiffer paffer les chiens & piqueurs, puis quand il les voit paffez, fe defro-
be d'eux & s'en retourne par où il eſt venu. Mais telles chofes n'arriuēt
pas fouuent, fi ce n'eftoit que les riuieres fuffent couuertes de bois &
prés des forefts. A cette caufe il eſt requis qu'il y ait quelqu'vn des piqueurs ayāt toufiours l'œil en l'eau, & que les autres facent requefter
leurs chiens à douze pas pres, & faut qu'ils aillent tous enfemble ainfi
tout du long, iufques à ce qu'ils ayēt trouué la fortie, & cōme i'ay dit
cy deffus, s'ils trouuent quelque tronce de bois ou efclufe de moulin,
doiuent bien regarder aux bouts : car communement les cerfs faillēt
pluftoft en tels endroits qu'ailleurs, & principalement quād ils fe for-
paifent, d'autant qu'ils fuyuent plus longuement les eaux, fe voyans
forpaifez, qu'autrement. Auffi qu'ils n'ont plus de fiance en leurs iambes, ne de forts pour leur cacher, dont alors font contraints de fuiure
les eaux. Plus, faut entēdre qu'il y a deux manieres de vents, que nous
appellons *Galerne & Hautain*, autremēt nommez vents de Nort & de
Midy, lefquels le cerf craint grandement : car quand il fort des forefts
& qu'il fe forpaift par les compaignes, fi l'vn d'iceux vents regne, il ne
fuit iamais la tefte tournee dedans, mais fait au contraire : car il luy
tourne le cul & fuit à val : ce qu'il fait pour beaucoup de raifons? dont
la premiére eſt, que le vent de *Galerne* eſt arre & froid deffechant grā-
dement : & celuy de Hautain eſt chaut & corrompu, pource qu'il paffe foubs la region du Soleil, lequel le putrefie & corrompt à caufe de
fa chaleur. Et fi d'auanture le cerf fuyoit la gueule dedans l'vn d'iceux
vents, il l'alteroit & luy deffecheroit grandemēt la gueule & la lāgue :

&

&aufli que ces vents font communement grands & tempefteux: &
s'il fuyoit la tefte dedans, fes cors feroyent voile , qui luy porteroit
grande nuyfance à courir.Et le fait encor pour vne autre raifon, c'eft
qu'il a bien cognoiffance que s'il fuyoit dedans le vent, les chiens auroyent le fentiment de luy fans mettre le nez à terre : & aufli qu'il
veut auoir toufiours l'ouïe de la voix des chiens : & bien que Phebus
dit que les Cerfs fuyent communement à val tous les vents, fi eft-ce
que i'ay veu le côtraire par experience:principalement quand le vêt
de mer regne, lequel eft humide, lors ils vont pluftoft le nez dedans,
qu'autrement.Mais quant au vêt de Galerne& Hautain que i'ay mẽ-
tiõnez cy deffus,il eft certain qu'ils font craints&redoutez desCerfs,
& de tous autres animaux : mefmes des Chiens, lefquels ne veulent
chaffer quand ils regnent. Outre faut entêdre que le Cerf fe forpaift
pour beaucoup de raifons:principalement en Auril& en May,quãd a
la tefte molle, & en fang : parce que fi les chiens le chaffent, il n'ofe
fuyr par les forts, de peur de heurter & bleffer fa tefte aux branches.
Alors eft contraint d'en fortir & fuyr au pays cler pour s'efloigner de
eux & faire les ruzes:ou bien le Cerf abãdonne les forts pour vne autre raifon,laquelle eft, qu'alors qu'il fuyt dedans le fort, il fe trauaille
& laiffe à broffer le bois,ne fe pouuant efloigner des chiens, ne faire
fes rufes, d'autant qu'ils ont plus d'auantage à courir par deffoubs le
bois que n'a pas le Cerf à faillir,ou à broffer au trauers. A cefte caufe
il eft contraint de fortir aux fuftayes,ou pays cler, là où il faut que les
piqueurs foient bien fages : car il donnera pluftoft le change en pays
foible que fort : parce que les chiens ont l'efpace d'eux eflargir & efcarter d'vn cofté & d'autre, en courant de grande chaleur & vifteffe:
& alors pourroient outrepaffer les routes, s'ils eftoyent preffez des
piqueurs : ou bien bouteroyent le change: ce qu'ils ne feroyent pas fi
aifement dedans les forts : parce qu'ils fuyuent toufiours la route &
menee par où le Cerf va,& ne fe peuuent efcarter d'vn cofté ne d'au-
tre:car ils ont peur de perdre les erres par où le Cerf fuyt : qui eft la
caufe pourquoy on fe doit pluftoft donner garde du change dedans
les fuftayes,que dedans les tailles, d'autant que les chiens le font valoir &le tranfportent pluftoft en tels lieux qu'aux forts : aufli que le
Cerf s'efloigne & fuyt mieux dedans les fuftayes, & a plus grand loy-
fir de chercher le change, & faire fes rufes & houruaris, que non pas
au fort pays. Le Cerf fe forpaift encores en vn autre maniere: c'eft
quand il fe voit pourchaffé & dreffé des chiens, & qu'il cognoift que

M.

rien ne luy vaut. A l'heure il s'eftonne & perd fon efprit, ne fçachant plus où il doit aller, & entreprend les campagnes, paffant par les villages & autres lieux. En telle chofe les piqueurs fe doiuent approcher prés de leurs chiens : & s'ils les voyent tomber en deffaut, ne doiuent iamais retourner en arriere pour les deffaire, mais pouffer toufiours les chiens outre : car iamais Cerf mal mené, qui fe forpaift, ne fait de houruary fur luy, mais paffe toufiours outre tant qu'il aura force : fi ce n'eftoit qu'il euft le vent de quelque eau. Alors fe pourroit deftourner pour y aller, autrement non. Il eft bien vray que s'il entreprenoit les campagnes pour les raifons cy deffus mentionnees, fans eftre mal mené, il pourroit faire des rufes & houruaris : mais s'il eftoit mal mené, non : fi ce n'eftoit qu'il fe vouluft ietter fur le ventre, alors pourroit faire quelque petite rufe pour demeurer.

Plus, il faut entendre qu'il y a grande difference de deffaire les rufes entre les forefts, & les campagnes : parce que dedans les forefts il faut faire les cernes plus pres de la menee où le Cerf aura fait fa rufe, & les plus eftroits qu'on pourra : d'autant que fi les piqueurs prenoient les cernes grands & larges, ils pourroient trouuer du change, lequel fe feroit valoir deuant les chiens, qui leur feroit vn grand ennuy. Mais aux campagnes, ils peuuent prendre leurs cernes grans & larges, fans auoir crainte du change, par les fraifcheurs & lieux plus commodes pour eux : & où les Chiens en pourront auoir plus grand fentiment : parce que dedans les guerets & lieux fecs & arides, les chiens ne cuyderont pas redreffer, à caufe de la poudre qui eft dedãs, laquelle leur entreroit és nazeaux, & de la chaleur du Soleil, qui auroit deffeché & ofté l'humidité de la terre. Auffi qu'il n'y a herbe ny autre chofe où le Cerf euft touché, par où les chiens en peuffent auoir fentiment : qui eft la caufe pourquoy les piqueurs doiuent prendre leurs cernes par le pays le plus frais & le plus couuert où la terre auroit gardé fa fraifcheur. Et s'ils ne le pouuoiẽt redreffer au premier cerne, ils en doiuent faire vn autre plus grand : & s'ils ne le trouuoient forty ne de l'vn ne de l'autre, ils pourront prefumer qu'il fera demeuré en leur enceincte, ou bien qu'il aura fait vn houruari fur luy. A l'heure doiuẽt ramener leurs chiens au commencement de leur deffaut, & les mettre fur la menée & erres par où ils font venus, les faifant requefter, en parlant à eux, & les refiouiffant, tant de la bouche que de la trompe, mettant pied à terre pour leur ayder & fecourir. Et n'eft poffible qu'ils ne relancent le Cerf en leur enceincte, ou qu'ils ne le trouuent paſſé outre,ſi ce n’eſtoit par vne trop vehemẽte chaleur,qui pourroit garder les Chiens de chaſſer. D’auantage,faut entẽdre que ſi le Cerf eſt deuãt lesChiens,les deux premieres ruzes qu’il fait au partir de la repoſée,doiuent donner à cognoiſtre aux piqueurs toutes les autres ruſes qu’il fera tout le iour : car s’il fait les deux premieres ruſes en vn chemin ou en l’eau,toutes les autres qu’il fera tout le iour ſeront en meſmes lieux.Et faut bien que les piqueurs regardẽt ſur quelle main il en ſort:car du coſté qu’il en ſera ſorty les deux premieres fois, tou‑tes les ſorties qu’il fera tout le iour apres ſeront ſur la meſme main, ſoit à dextre ou à ſeneſtre.Parquoy faut que les piqueurs y regardẽt, afin de faire requeſter leurs Chiens à toutes les ruſes du coſté que le Cerf ſera ſorty aux deux premieres ſorties.plus,le Cerf fait aucunes-fois de grandes ruſes & houruaris dedans les routes qui ſont par le milieu des forts ou bien il les ſuyt iuſques aupres du bord, faignant ſortir au deſcouuert: puis tout ſoudain fait vn houruary ſur luy, re‑tournant ſur ſes erres,aucunes-fois plus de deux iet d’arc. Lors les pi‑queurs en défaiſant telles ruſes & houruaris, doiuent bien prendre garde que les Chiens ne prennent le contrepied,d’autant que leCerf ſeroit refuy ſur luy longuement : auſſi qu’ils trouueroyent les voyes plus fraiſches au couuert que non pas ailleurs, qui les pourroit tranſ‑porter ſur le contre pied.En tels lieux les piqueurs ne doiuent pas eſ‑chaufer les Chiens,mais plus toſt les faire chaſſer en crainte, iuſques à ce qu’ils aient redreſſé la ſortie de la ruſe.

Outreplus,il y a des Cerfs leſquels au partir de la repoſée font les rompus,ſe iettans ſur le ventre deuant les piqueurs, & ſe monſtrent & font relancer aux Chiens, comme s’ils eſtoyent las & mal menez. Telles ruſes les iugent fort malicieux,& de grand haleine pour cou‑rir longuement deuant les Chiens,ſe fiant en leur force. Et qui plus eſt,les piqueurs cognoiſtront ſi vn Cerf ſe veut rendre, & ſ’il eſt las, & mal mené,en pluſieurs manieres.

La premiere eſt,ſi en fuyuant deuant les Chiens,il n’oit & ne voit perſonne.S’il baiſſe la teſte mettant le nez pres de la terre, & bron‑che & chancelle feignant les iambes, demonſtrant ſon trauail: puis s’il voit quelque homme en ſurſaut il leue la teſte & fait de grans bonds comme i’ay dit cy deuant, pour donner à cognoiſtre qu’il eſt encores fort & vigoureux : mais celà ne durera guieres : car quand il ſera outre paſſé,il commencera à rabaiſſer ſa teſte, & à feindre ſon corps comme au parauant.

M　ij

Il se pourra encores cognoistre mal mené en vne autre maniere:
c'est qu'il aura la gueule noire & seche sans escume, & la lãgue retirée
au dedans: ou bien le pourront cognoistre par le pied, à ses fuittes:
car bien souuẽt il fermera l'ongle, comme s'il alloit d'asseurance: puis
tout soudain il s'efforcera & l'ouurira, faisant de grandes glissées, donnant des os en terre le plus souuent, & suiura communément les routes & chemins, & sans ruser que bien peu: Que s'il vient à rencontrer
quelque haye ou fossé, il ira du long pour cercher vne sortie à passer,
parce qu'il n'aura pas la force & vigueur de saillir & sauter par dessus.
Tous ces signes donneront à cognoistre aux piqueurs que le Cerf se
veut rendre, & qu'il est mal mené.

Ie mettray fin à ce present chapitre, priant les piqueurs & cognois-
sans m'excuser, si i'ay obmis ou delaissé quelque chose: parce que ie
ne puis pas si bien mettre par escrit l'execution de mon esprit, que ie
ferois si i'estois à l'œuure, mesmement que l'estat requiert que les
piqueurs y soyent fins, subtils & soupçonneux, & qu'ils se gouuernent
selon ce qu'ils se verront deuant eux, presumans la malice & force des
Cerfs, ensemble la bonté & vigueur de leurs Chiens, & selon qu'ils
verront faire les ruses & houruaris, & les lieux où elles seront faictes.
Et aussi se doiuent gouuerner & faire leurs cernes grans ou petis, lõgs
ou estroits, selon la commodité des lieux, & le temps qu'il fera & la
saison: car aux chaleurs, & au temps des fleurs que les herbes ont senteur, les Chiens sur-allent plustost les bestes qu'en autre saison. En tel
temps & lieux il est besoin de faire les cernes grans & par plusieurs
fois, en cerchant les lieux frais & commodes pour le sentiment des
Chiens: & par ainsi il est fort mal aisé que le Cerf se desrobe d'vn bon
piqueur & penible: si ce n'est par le faute des Chiens. Et encores que
les Chiens abandonnassent le Cerf, à cause de la nuyt qui les pourroit
surprendre, ou bien qu'ils fussent las & harassez, si est-ce que le piqueur ne se doit estonner, mais faut qu'il brise ses dernieres voyes ou
erres pour le retourner chercher, requerir, trouuer & prendre le lendemain.

Comme il faut que les piqueurs sonnent de la trompe, & parlent aux Chiens, pour le Cherf. CHAP. XLI.

AViourd'huy il y a peu d'hommes qui sçachent bien sonner la trompe, & parler aux Chiens en cris & langages plaisans, comme faisoyent les anciens: car à present ie voy que les piqueurs ne prennent pas grand plaisir à voir courir, ne faire chasser & requester les Chiens: mais seulement leur suffist de voir prendre & mourir vn Cerf, pour auoir la bonne grace de leur maistre, & faire leur profit: & deslors qu'il est lancé, n'en desirent que la curee: ce que ne faisoient les anciens, lesquels se delectoyent & prenoyent plaisir à bien parler & conduire les Chiens, comme recite Phebus, qui loue grandement le Duc d'Alençon, Huet de Nantes & le sire de Montmorancy: lesquels estoient ouïs & entendus sur tous autres. Or apres auoir entendu & pratiqué quelque peu de leur style de sonner & maniere de parler, crier & hucher de la voix : i'ay bien voulu icy noter & mettre par escrit quelque chose selon l'intelligence de mon esprit.

Comme il faut sonner de la trompe, & houpper de la voix, pour s'appeller l'un l'autre quand on est à la chasse.

CHAP. XLIII.

CEluy qui voudra, estant à la chasse appeller son compagnon auec sa trompe doit sonner vn mot long ainsi,

Tran.

Les autres luy doiuent respondre en mesme son auec leur trompe, en ceste maniere, comme ainsi,

Tran.

Et lors qu'ils auront respondu, il doit redoubler deux fois de sa trôpe en ceste sorte.

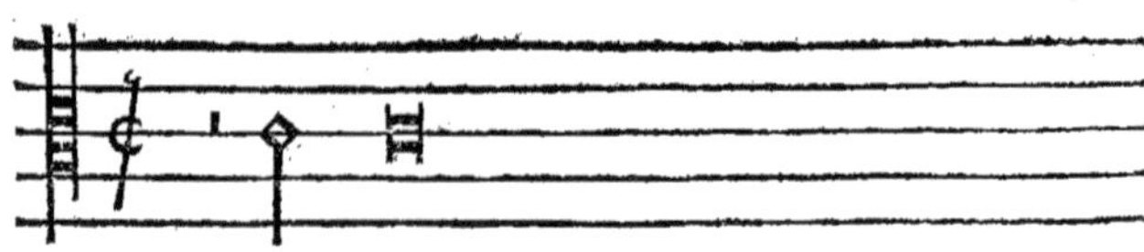

Tran Tran.

Semblablement celuy qui voudra houpper : & appeller son compagnon de la voix, doit houpper vn mot bien long ainsi,

Et s'il respond, il doit respondre en mesme voix longue.
Puis celuy qui voudra rappeller, redoublera sa voix en houppant en ceste maniere.

Voilà comme les Veneurs & piqueurs se doiuent appeller les vns les autres, tant de la trompe que de la voix.

Et notez que tant pour s'appeller l'vn l'autre de la trompe, que sonner pour Chiens, il en faut sonner du gresle : car en toute chose pour la chasse du Cerf, on ne doit point sonner du gros de la trompe.

Comme il faut sonner de la trompe pour Chiens, & aussi comme il faut parler à eux de la voix quand ils chassent.

Quand les piqueurs seront à la queuë des Chiens, estans les Chiens bien ameutez, ils doiuent souuent sonner de la trompe : & à chacun coup trois mots de moyenne longueur, comme ainsi.

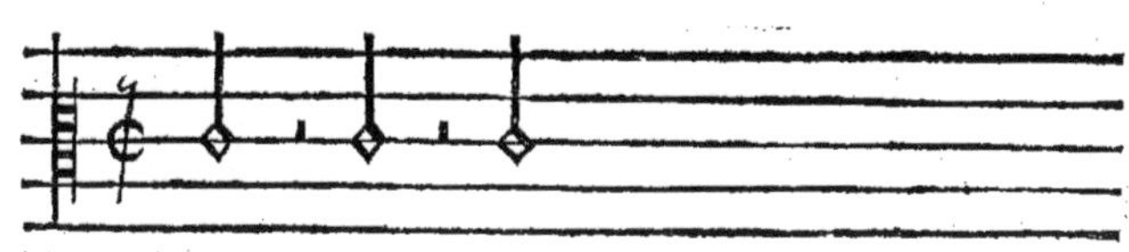

Semblablement quand le piqueur sera à la queuë des Chiens, estãs les Chiens bien ameutez, il doit parler à eux, ainsi.

*Autre maniere de forhuer & parler aux chiens auec la voix,
quand ils chaffent, & font ameutez.*

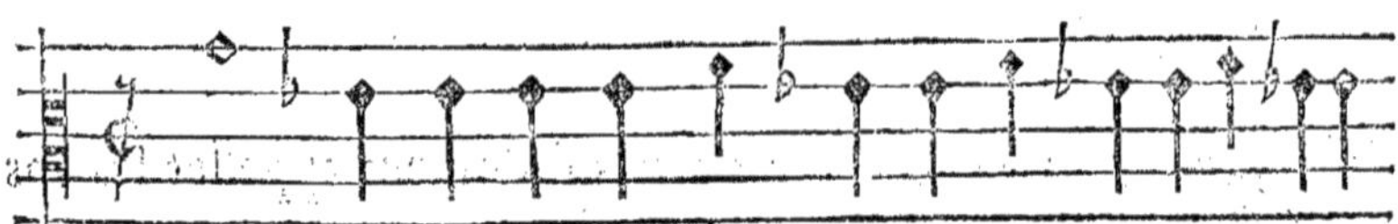

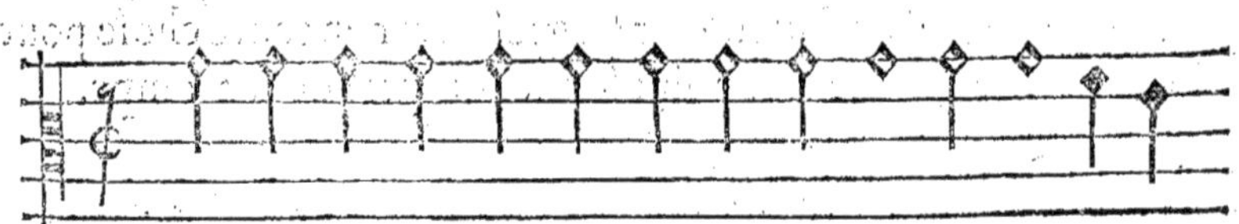

*Comme il faut fonner veue auec la trompe, & comme il faut parler
aux chiens auec la voix, quand on voit le Cerf a veue.*

Si les piqueurs fe trouuent au deuant de la meute, & qu'ils voyent
le Cerf à veuë, ils doiuent forhuer & fonner de la trompe plufieurs
fois, en mots longs ainfi.

Semblablement

Semblablement si les piqueurs se trouuent au deuant des Chiens,
& qu'ils voyent le Cerf, ils le doiuent laisser passer deuant eux, puis
forhuer & parler aux Chiens ainsi,

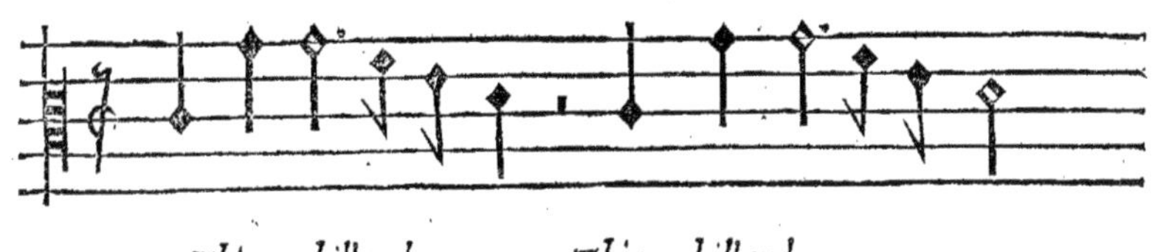

Et ne cesseront de forhuer, & crier, iusques à ce que les Chiens
soient venus à eux. Puis quand ils seront venus, le piqueur les doit laisser passer, & se mettre à la queuë, en criant,

Puis quand il sera en l'eau, ou qu'il l'aura passee, on doit crier ainsi,

*Comme il faut sonner de la trompe aux deffaux : & la maniere de parler de la voix
aux Chiens pour le deffaut, afin de les appeller à soy & releuer le deffaut.*

Si on veut faire retourner les Chiens à quelque ruse ou houruari: ou
bien qu'on eust laissé le relais, & que la meute fust en deffaut, qu'il fa-
N

luſt que le piqueur appellaſt ſes Chiens apres luy pour les ioindre, il faut qu'il ſonne trois ou quatre fois : appellant ſes Chiens apres luy pour les raſſembler, en cette ſorte.

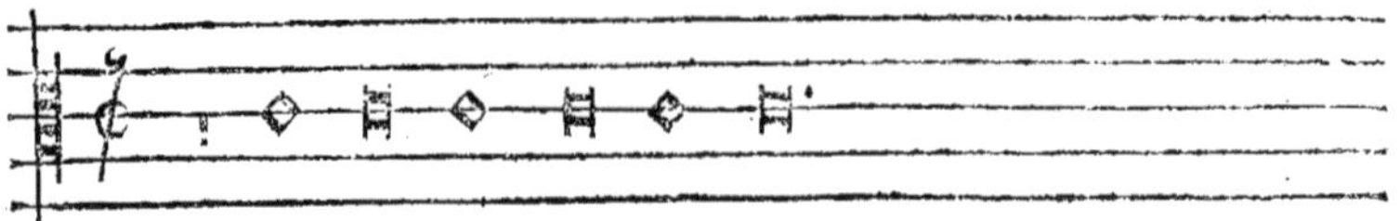

Tran, tran, tran, tran, tran, tran.

Pareillement ſi le piqueur veut rappeller les Chiens pour les faire retourner à luy, il les doit hucher ainſi auec la voix,

Hourua à moy theau il fuit icy.

Quand le Cerf ſe forpaiſt, le piqueur doit ſonner de la Trompe deux ſons longs en ceſte maniere,

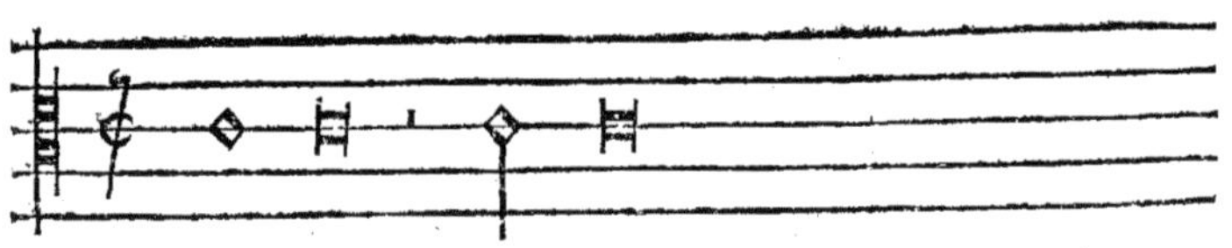

Tran tran tran tran.

Si le piqueur voit ſes Chiens en deffaut, il doit parler à eux, pour leur faire requeſter le deffaut & pour les reſiouir, ainſi,

Quand les Chiens ont releué le deffaut, il faut parler à eux, & nõ-
mer par leur nom ceux qui dreffent & font la pointe du relief, en les
nommant par leur nom.

Cy fuit à Myraud, à Briffaud, à Gerbaud.

Comme on deit crier, & forhuer, & parler aux Chiens, quand le Cerf
a fait vne rufe : ou quand vn Chien fe tranfporte.

Si le piqueur voit que le Cerf euft fait vne rufe en vn chemin, il doit
fonner de la trompe vn fon long : & puis crier & appeller fes Chiens,
en la maniere qui s'enfuit,

Vaulecy   horuari   le Cerf, Vauleci horuari , Vauleci
horuari la voye.

Puis fi le piqueur voit que l'vn de fes Chiens tranfporte le Cerf,&
qu'il en voye les fuittes, il doit crier en cefte forte, en iettant vne
brifee.

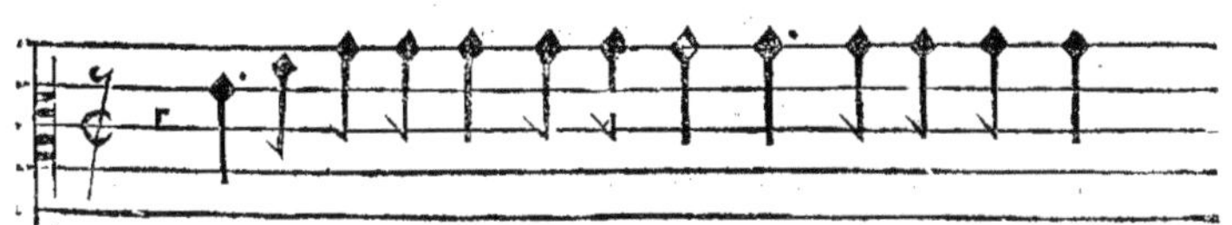

Vaulecy fuyant, il dit vray , Vaulecy fuyant,

Vaulecy fuyant.

Comme on doit sonner les abbois de la trompe, & parler aux
Chiens de la voix, quand le cerf sera aux abbois.

Quand le Cerf sera aux abbois, les piqueurs doiuent sonner de la
trompe six ou sept sons fort vistes & courts, & le dernier vn peu plus
long, & les resonner plusieurs fois, comme il s'ensuit.

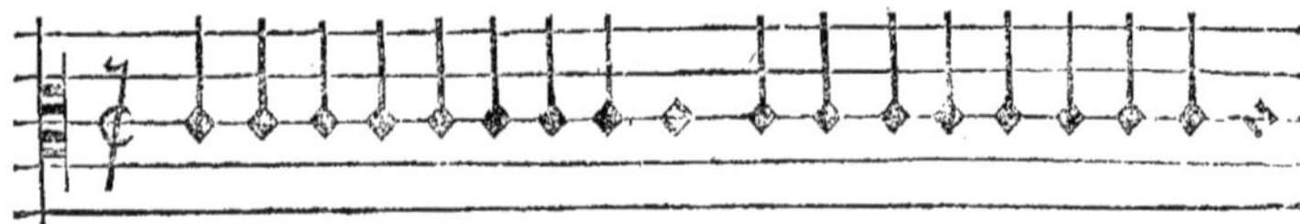

Tran. tr. tr. tr. tr. tr. tr. tr. tran, tr. tr. tr. tr. tr. tr, tr, tr. tr.

Aussi le piqueur, quand le Cerf sera aux abbois, doit parler à ses
Chiens en ceste sorte,

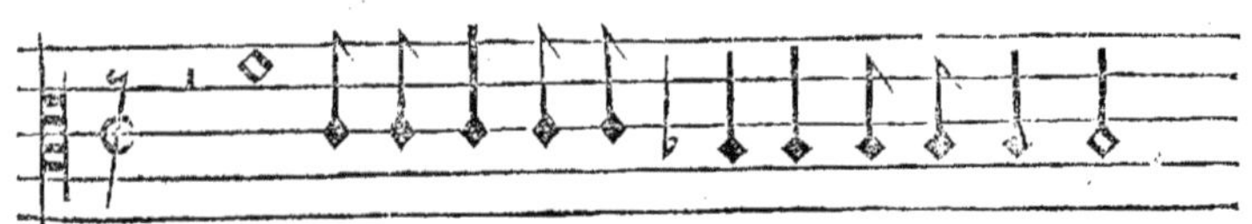

Hau halle Chiens, halle, halle, halle, halle.

Comme il faut sonner la trompe la mort du Cerf: & comme
à sa mort il faut crier & appeller les Chiens.

Quand le Cerf sera pris, tous les piqueurs doiuent sonner longuement, par sons longs, en ceste sorte & maniere.

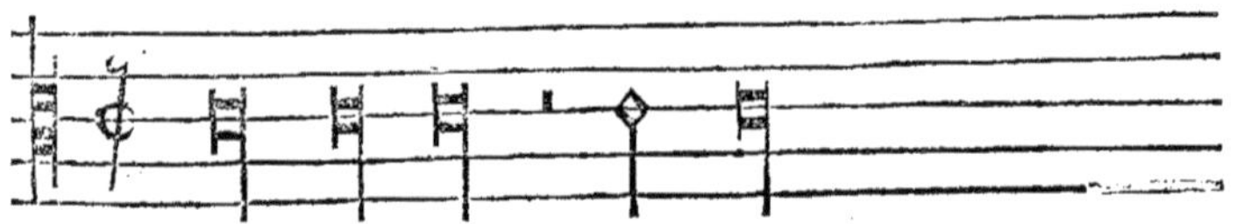

Tran, tran, tran, tran, tran.

Et aussi les piqueurs doiuent crier & appeller les Chiens à la mort
du Cerf, ainsi,

A la mort Chiens, à la mort, a la mort.

Comme il faut sonner la retraicte auec la trompe : & comme il faut crier & appeller les Chiens quand la chasse est faicte.

Quand la chasse sera finie, & que les piqueurs se voudront retirer, il faut sonner de la trompe trois mots fort longs : puis les redoubler par deux plus briefs, & vn tiers qui sera semblable aux deux premiers sons, comme pourrez voir noté icy dessous.

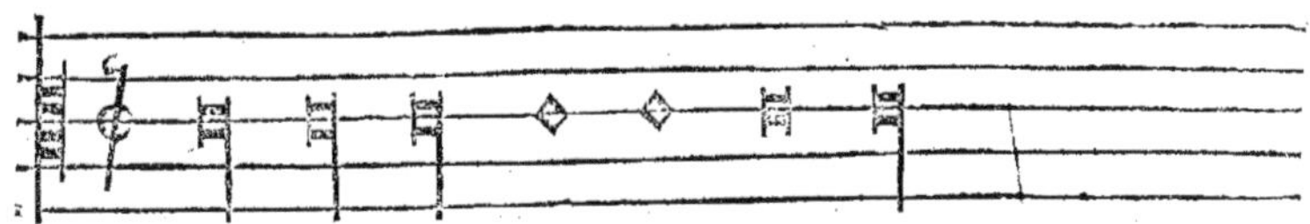

Tran, tran, tran, tran, tran, tran, tran.

Semblablement il faut crier & appeller les Chiens à la retraicte, en ceste maniere,

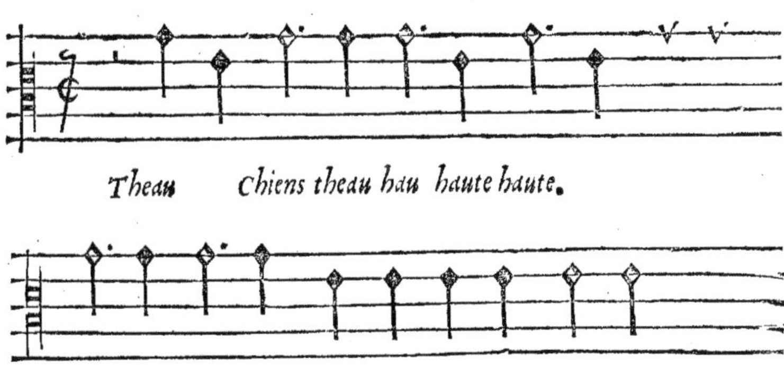

Theau   Chiens theau hau haute haute.

Thie   thie.   ha ha ha ha ha ha.

Comme il faut sonner de la trompe pour faire la curee : & comme il faut auec la voix forhuer les Chiens a la curee.

Quand on appellera les Chiens pour venir à la curee, il faut sonner auec la trompe, comme il est icy noté,

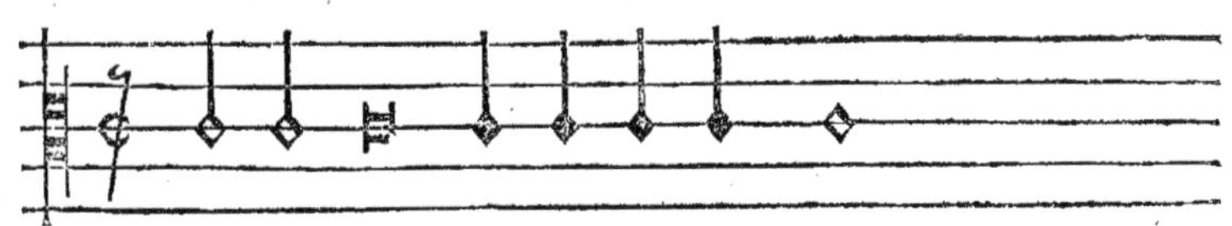

Tran tran tran tran tran tran tran tran.

N iij

Et auſſi quand les piqueurs voudront faire la curee aux Chiens,
faut qu'ils forhuent & crient, iuſques à ce qu'ils ſoient tous venuz,
en ceſte maniere,

Comme on doit parler aux Chiens, quand ils mangent la curee:
& de ce qu'il leur faut faire.

Quand les Chiens mangeront la curee, les piqueurs les doiuent
frapper de la main, en leur faiſant chere, & les appellãt par leur nom,
principalement ceux qui ont mieux fait leur deuoir en criant & parlant ainſi aux Chiens.

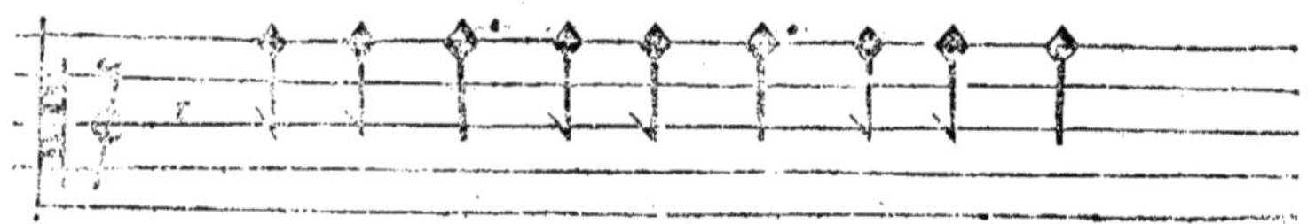

Comme il faut ſonner de la trompe apres la curee : & comme il
faut ſonner pour ramener les Chiens au Chenin.

Quand la curee ſera mangee, on doit renuerſer le cuir du Cerf ſur
les Chiens, en leur monſtrant la teſte du Cerf, & ſonner de la trompe
ne plus ne moins qu'aux Abbois comme pouuez voir cy deſſoubs.

Puis quand le tout ſera fait, & qu'on voudra ramener les Chiens au
Chenin, on doit ſonner deux briefs ſons à chacune fois en ceſte maniere.

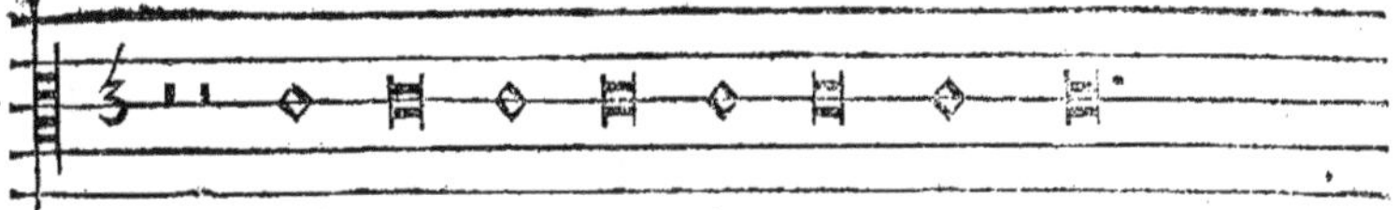

Voilà en brief vne partie du ſtyle de ſonner & crier pour Chiens, lequel les bons piqueurs doiuent ſçauoir & entendre. Et y pourront augmēter ſur chacun article tels mots & termes de parler & crier qu'ils voudront. I'en euſſe mis grand nombre par eſcrit, ſinon qu'il euſt eſté long & mal aiſé à noter. A cette cauſe il me ſuffiſt d'en eſcrire les ſons & mots les plus communs, pour en donner intelligence aux apprentifs. Et auſſi parce qu'il y a beaucoup d'hommes qui n'ont pas la voix à commandement, pour prendre les cris & termes de Venerie ſi hautains, ie m'en ſuis remis à la diſcretion de leur voix : toutesfois que les hautains & plaiſans cris ſont dediez pour la chaſſe du Cerf, & les bas rudes & furieux pour la chaſſe du Sanglier : comme de crier hou, veles cy aller, houla haula, & autres rudes langages : mais pour la chaſſe du Cerf, ils ſont defendus, ſur peine de deſroger à l'eſtat de Venerie.

Comme il faut tuer le Cerf quand il ſera aux Abbois, & de ce qu'il faut faire.
CHAP. XLIII.

Vand les cerfs ſont aux Abbois, ils ſont dangereux, principalement en la ſaiſon du Rut, car leur teſte eſt plus venencuſe qu'en autre tēps. Et pour ceſte raiſon, on dit en commun prouerbe, au Cerf, la biere, & au Sanglier, le barbier. Ce qui n'a eſté dit pour neāt, veu les accidēts qui en ſont arriuez, cōme lon peut voir par exemple. Nous liſons d'vn Empereur nōmé Baſile, lequel auoit gaigné maintes batailles, & fait de grandes proüeſſes en ſon regne, & toutesfois fut vaincu & tué d'vn Cerf, le voulāt aſſaillir aux abbois. O fortune, que tu és variable! Vn Prince ayāt fait tāt de vaillāces entre les hōmes, eſtre vaincu d'vne beſte. Et y a tāt d'autre exēples que ie laiſſe à cauſe de briefueté. Mais ceſtuy-cy doit ſuffire aux piqueurs, pour les faire cognoiſtre & entendre, qu'ils doiuēt aller ſagemēt aux abbois du cerf, cōme ie declareray cy apres. Et pource, il faut entendre qu'il y a difference des abbois de l'eau &

des abbois de la terre:car si le Cerf est en eau profonde,où le piqueur
ne peut aller à cheual,la premiere chose qu'il doit faire, c'est de cou-

pler les Chiens, pour beaucoup de raisons : car s'ils estoient longuement en l'eau , ils se refroidiroient & gasteroient : aussi , si c'estoit en
quelques riuieres ou estangs larges & grans,ils seroient en danger de
leur noyer : parce qu'vn Cerf mal mené ne cuide pas sortir de l'eau
quand il voit les Chiens & piqueurs apres luy,& nage volõtiers tousiours par le milieu,sans s'approcher de la riue : qui est la cause pourquoy le piqueur doit prendre ses Chiens, & se cacher, attendant le
Cerf à sortir:ce qu'il pourra faire,n'oyant point de bruit,ou biẽ il s'approchera de la riue,en lieu où le piqueur luy pourra donner vn coup
d'espee. Et si d'auanture le Cerf sortoit de l'eau , il le doit laisser esloigner assez loing , premier que de descoupler ses Chiens:car si le Cerf
oyoit si soudainement bruit apres luy , il pourroit encores retourner
dedans,& le piqueur n'auroit pas le loisir,ne l'espace de luy dõner vn
coup

coup d'efpee. Et f'il voyoit que le cerf ne vouluft fortir de l'eau, il doit
enuoyer querir vn bateau, ou bien f'il fçait nager, faut qu'il fe def-
pouille tout nud, ayant vne dague en l'vne de fes mains, & fe mettre
à la nage pour l'aller tuer: mais fe doit bien donner garde de l'affaillir,
fi ce n'eft en lieu profond, parce que fi le cerf prenoit terre, il le pourroit bleffer de fa tefte: mais en lieu profond il n'a force ne puiffance.

I'en ay tué en cette forte plufieurs fois en prefence de beaucoup
d'hommes: puis les pouffois à la riue en nageant. Autrement fi le cerf
tient les abbois à terre, & qu'il ait fa tefte frayee & brunie, le piqueur
doit bien regarder en quel lieu c'eft: car fi c'eft en lieu plain & defcouuert, où il n'y ait point de bois, il y eft dãgereux & mal-aifé à tuer
mais fi c'eft au long d'vne haye, ou en quelque fort de bois, ce pendãt:
qu'il s'amufe aux chiens, le piqueur mettra pied à terre, & ira fecrettement par le derriere des broffes, & le tuera aifement. Et s'il aduenoit que le cerf tournaft la tefte pour venir à luy, doit foudainement
prendre vne branche, ou vn fueillard, & le fecouer rudement: lors le
cerf ne faudra à retourner, fans luy faire mal.

Le piqueur le pourra bien tuer encores en vne autre maniere.

C'eft que quand il verra le cerf aux abbois: il doit haller & crier à
fes chiens, & lors qu'il verra qu'il tournera la tefte pour s'enfuir, il
doit piquer fon cheual, & l'accouër de plus pres qu'il pourra, afin que
il n'ait pas le loifir, ne le lãcs de tourner la tefte pour le bleffer, & ainfi le pourra tuer.

Comme on doit deffaire le Cef: & faire la curee aux Chiens.
CHAP. XLIIII.

Vand le Cerf fera pris, tous les Veneurs, & piqueurs, qui
là feront, doiuent hucher & fonner la mort, afin de faire affembler les compagnons de le Venerie, & les chiens.
Eux eftans affemblez, & que le Roy ou maiftre fera arriué, feront fouler le cerf aux chiens: ce faiét: les doiuent recoupler, puis la Veneur qui l'aura deftourné, doit prendre
fon coufteau, & leuer le pied droit, lequel il prefentera au Roy, en
la forte qu'il eft icy pourtraiét: puis auant que faire aucune chofe,
faut qu'ils couppent de la fueillee, laquelle ils efpandront par terre,
& mettront le cerf deffus, le couchant fur l'efchine, les quatre

                                                          O

pieds & le ventre contremont , & faut mettre sa teste soubs ses
deux espaules , comme pourrez voir par la pourtraicture icy presente. Ce faict il faut faire vne fourchette, qui ait l'vn des costez

plus long que l'autre, comme pourrez voir par ceste pourtraiture, dedãs laquelle fourchette faut mettre tous les menus droits qui appar-
tiennét au Roy, ou au Seigneur de la Venerie. Puis auant que défen-
dre le cuyr du cerf, la premiere chofe qu'on doit leuer, font les dyntiers, vulgairement appellez les couillons, aufquels il faut faire vn petit pertuis en la peau, pour les mettre à la fourchette. Apres faut qu'il
commance à defpouiller le Cerf en ceste maniere.

Premierement, il doit commancer à le fendre à la gorge, fuiuant
tout le long du ventre, iufques au lieu des dyntiers : puis le doit prendre par le pied dextre de deuant, & encifer la peau tout au tour de la
iambe, au deffous de la iointure, & la fendre depuis l'encifure iufques
au noyau de la poitrine: & en fera autant à chacune des autres iambes,
& fi faut qu'à celle de derriere les encifures finiffent au droit du vit, de
chacũ cofté. Apres faut cõmancer par les iambes, ou par les pointes
des encifures, à le defpouiller. Et quand il fera à l'endroit des coftez,
faut qu'il leue auec la peau vne forte de chair rouge, que no⁹ appellõs
le parement, qui viẽt par deffus la venaifon des deux coftez du corps.
puis apres que le cerf fera tout defpouillé, fors feulement la tefte, les
oreilles, la queuë, & le cul (lefquelles chofes doiuent demourer auec
le poil) auant que toucher au corps, le Veneur doit demander du vin,
& boire le coup: car autrement, s'il deffaifoit le cerf, fans boire, la venaifon fe pourroit tourner & gafter. Le Roy ou Seigneur doit faire ap-
porter fon vin auec la chaufrette pleine de charbon vif, & la faufe en
vne efcuelle bien affimentee, comme il eft requis : & ainfi comme il
verra deffaire le cerf au Veneur, doit prendre fes appetis, & chercher
les morceaux friands, pour les mettre fur la chaufrette, & faire fes
carbonnades, en beuuant, riant, & faifant grand chere, deuifant des
Chiens qui ont le mieux chaffé, pourchaffé, requefté, & reffauté, les
faifant venir deuant luy pour voir deffaire le Cerf, ainfi faifoient les
bons & anciens princes amateurs de la Venerie. Alors le Veneur prẽdra fon coufteau, & commencera à deffaire le Cerf en cette forte,
eflargiffant le cuir fur la fueillee.

Premierement, faut qu'il leue la langue, & la mette à la fourchette.
Apres doit leuer les deux neuds, qui fe prennent entre le col & les efpaules: il y en a deux autres qui fe prennent aux flançs, & pource on
les appelle flancars: tous ces quatre nuds fe doiuent mettre à la fourchette. Ce fait, faut qu'il leue l'efpaule droitte, laquelle appartient au
Veneur qui aura laiffé courre, puis leuer l'autre efpaule, qui appartiẽt

à tous les autres. Celà fait, faut leuer la hampe, qui appartient au grãd
Veneur, puis les fouls qui se prennent au bout de la hampe sur la poitrine du costé du col, ce qui appartient à celuy qui a laissé courre. A-
pres doit vuider le ventre, & oster le vit: puis oster la vene du cœur &
le franc boyau, & tout chaudement le tourner & nettoyer, & le mettre à la fourchette. Apres faut ouurir le cœur, & en oster l'os, & leuer
les nombles, qui se prennent entre les cuisses, puis doit leuer les cuisses : & apres faut leuer le cymier depuis le commancement des costez, & de longuer iusques au bout de la queuë, en eslargissant sur les
cuisses iusques aux ioints, laissant l'os corbin tout franc, en luy donnãt
deux coups de cousteau sur le haut des deux costez, pour monstrer la
venaison : & en faut oster du bout de deuers les costez, trois neuds,
qu'on appelle les cinq & quatre, qui appartiennent au grand Veneur.
Les nombles, cuisses, & cymier appartiennent au Roy. Apres faut leuer le col, qui appartient au valet de chiens : puis enleuer les costez,
lesquels appartiennent au Roy: apres leuer l'eschinee, qui appartient
au valet de Limier.

De la curee des Chiens courans: & premierement, des Limiers.
CHAP. XLV.

A curee des Limiers se doit faire en cette sorte.
Premierement, quand on deffera le cerf, il faut que
les Limiers soient presens à le voir deffaire, & qu'ils
soient tenus ou attachez en quelques lieux, où ils
ne se puissent battre & toucher les vns les autres.
Puis le Veneur qui l'aura destourné, doit prendre le
massacre ou teste du cerf, & le cœur: pour faire le
premier droit à son Limier, pour autant que l'honneur luy appartient. Apres auoir fait le deuoir à son chien, il donnera la teste à ses
compagnons, pour faire pareillement le deuoir à leurs Limiers. Ce
fait, s'en iront boire, pendant que les valets de chiens accoustreront
la curee pour les chiens courants, laquelle se peut faire en deux sortes. Dont la premiere est, qu'incontinent que le cerf est prins, les piqueurs ayans sonné & amassé les chiens de la meute pour se trouuer
à la mort, ils doiuent mettre pied à terre, & despouiller soudainement le col du cerf, cependant qu'il est chaut : puis luy donner sept
ou huit taillades de cousteau, afin que les chiẽs puissent auoir la chair

plus aifement,& tout chaudement leur faire la curee du col, & de la
ceruelle du cerf. Et deuez fçauoir que telles curees chaudes & foudai-

nement faites,font meilleures fans comparaifon que celles qui fe fõt
au logis,& mettent bien pluftoft & mieux les chiens à la chair. Celles
qui fe font au logis,qu’on doit nommer curees froides,fe fõt en cefte
maniere: Faut prendre du pain, & le decoupper par petis lopins en
vne poifle,auec du fourmage:puis prẽdre le fang du cerf, & en arroufer le pain,& fourmage.Alors qu’on verra le tout bien bruny de fang,
faudra prendre vne grande potee de laiƈt chaut,&arroufer &mefler
le tout enfemble.En aprcs eftendre le cuyr en quelque beau lieu fur
l’herbe bien nette, & mettre foudainement la curee deffus: parce que fi elle demeuroit longuement en la poifle, l’airain ou le laiƈt la
pourroient aigrir. Lors que la curee fera bien eftenduë fur le cuir,
faut mettre le maffacre ou tefte au milieu,& emplir vne poifle d’eau
frefche aupres de la curee,pour faire boire les chiens : puis faut met-
O iij

tre le forhu au bout d'vn baston, lequel doit estre bien vuide & net, depeur qu'il face mal aux chiens. Celuy qui le portera, s'en doit aller à cent pas de là. Puis le Roy ou Seigneur, ou celuy qui representera sa personne, doit commancer le premier à sonner de la trompe, & for-huer les chiens, pourautant que l'honneur luy appartient : & alors les Veneurs mettront tous la trompe à la bouche, pour sonner, for-huer, & resiouir les chiens. Le valet de chiens doit estre sur le milieu de la curee, auec deux houssines pour la defendre, afin que les pre-miers venus attendent les derniers.

Et incontinent qu'il les verra tous abboyans autour de luy, il se doit oster, & les laisser manger, en les resiouissant & faisant chere de la main : puis quand ils verront que la curee sera presque mangee, celuy qui a le forhu doit sonner & crier, Ty-a Hillaud. Les valets de chiens qui seront à la curee doiuent menacer les chiens, & les faire aller à luy, alors il leur monstrera le forhu : puis quand il les verra tous autour de luy, iettera son forhu par le milieu d'eux. Apres qu'ils l'auront mãgé, faudra les ramener sur le cuir, & sonner de la trompe en tournant le cuir sur eux, incontinent que la curee sera faicte, principalement quand elle est froide, il faut mettre les chiens au Chenin : car sils tra-uailloient apres, ils pourroyent rendre leur gorge : mais si la chair est chaude & pure, ils ne la cuident pas rendre. Et quand la curee sera fai-te, les compagnons s'en iront boire.

Fin de la chasse du Cerf.

De la chasse & proprieté du Sanglier.

CHAP. XLVI.

Pres auoir descrit la venerie du Cerf, selon l'intelligence de mon esprit, ie feray seulement icy vn petit traicté de la chasse & proprieté du Sanglier, combien qu'il ne doit pas estre mis au rang des bestes chassees à force de chiens courants, mais est le vray gibier des mastins, & leurs semblables: d'autant que c'est vne beste pesante, & de grande senteur, laquelle ne se fie qu'en ses dents & defenses, ne

voulant fuir ne s'esloigner des chiens, à ceste cause ne peut on cognoistre la bôté & vistesse d'iceux. Aussi à la verité, il me semble que
c'est grand dommage de faire courir à vne bonne meute de chiens
telles sortes de bestes, pour les raisons qui s'ensuyuent.

Premierement, le Sanglier est le seul animal qui peut tuer & ferir
d'vn coup: car si les autres especes esgratignent ou mordêt, il y a tousiours moyens de remedier à leur morsure, mais au Sanglier, s'il blesse
vn chien de la dent, au coffre du corps, il n'en cuidera iamais eschapper. Et a ceste malice, que s'il voit vne bonne meute de chiens, qui le
chassent de pres, il fuira dedans le plus grâd fort qu'il pourra trouuer,
là où il les pensera tuer à son aise. Ce que i'ay veu par experience plusieurs fois, & entre autres d'vn Sanglier, qui auoit cinquante chiens
courants apres luy, lors qu'il les voyoit tous bien ameutez & ensem-
blez, il tournoit sa hure deuers eux, & donnoit dedans le milieu de la
meute, de telle sorte qu'il tuoit aucunefois six ou sept chiês d'vne venue: & des cinquante chiens courants, il n'en fut point ramené dix
sains au logis. Et aussi que si vne meute de chiens est vne fois dressee
pour le Sanglier, ils ne veulent plus courir les bestes legieres, par ce
qu'ils ont accoustumé de chasser de pres, & auoir grand sentimêt de
leur beste: ce qui est du tout contraire aux bestes legieres. Pour ces
causes, ie veux conclure, que tout homme qui veut prendre le cerf,
cheureul, ou Lieure à force, ne doit point faire courir le Sanglier à
ses chiens. Mais parce que les hommes sont de diuerses opinions, &
cerchêt leur plaisir selon la commodité de leurs maisons, ie leur des-
criray icy la proprieté du Sanglier, & comme on le doit chasser, & le
moyen de le tuer auec l'espieu, & l'espee, comme on le pourra voir
par les pourtraits cy apres mis.

Du naturel & malice du Sanglier.
CHAP. XLVII.

LEs Sangliers sont de telle nature, que quand ils naissent &
sortêt du vêtre de la mere, ils apportêt toutes les dents qu'ils
auront iamais, & ne multiplieront plus leurs dents sinon en
grosseur & longueur. Ils en ont quatre entre autres, lesquelles se nomment defenses, dont les deux de dessus ne blessent
point, mais seruent seulement d'aguiser celles de dessoubs, des-
quelles ils blessent & tuent. S'il aduient que les Sangliers se creuêt les
yeux

yeux, ils gariſſent ſoudainement. Ils peuuent viure vingt & cinq ou trente ans. En Auril & May ils ſont plus aiſez à mettre aux toilles que en autre ſaiſon : la raiſon eſt, qu'ils dorment plus fort en ces deux mois qu'en autre temps, parce qu'ils mangent les herbes fortes, & la iette du bois, qui leur eſmouuent le ſang, & font monter les fumees au cerueau, ce qui les endort. Auſſi que le printemps leur renouuelle le ſang, qui eſt cauſe de leur grand repos. Les Sangliers vont au Rut enuiron le mois de Decembre, & dure leur grande chaleur pres de trois ſepmaines. Et encores que les Layes ſoient refroidies, les Sangliers ne bougent de leurs compagnies, qui ne ſoit enuiron le mois de Ianuier : alors ſe departent, & vont prendre leur buiſſon, ſe recelans aucuneſfois dedans leur fort deux ou trois iours ſans en ſortir, & principalement quand ils ont ouuert leur fouge, & qu'ils trouuent la racine de fougere douce. Les Sangliers ſortent aucuneſfois des foreſts, & vont cercher leurs mangeures bien loing, le plus ſouuent au temps de vendanges, & demeurent là où le iour les prend, ſans regarder le lieu, mais leur ſuffit ſeulement de demeurer en quelque gros hallier de ronces, ou d'eſpines, attendant la nuiƈt à venir. Ils eſcoutent l'homme de bien loing, quand ils ſont au deſſous du vent : mais quand ils ſont au deſſus, n'en ont ſentiment que bien peu. Les Sangliers viuent de toutes ſortes de beds, fruiƈts, legumes, comme pommes, poires, prunelles, faine, gland, & autres ſemblables, & de toutes racines, excepté de rabes & naueaux. Auſſi en Auril & May, ils mangent la gette du prunier, & du cheſne, & toutes bonnes fleurs qu'ils peuuent trouuer, principalement celle du geneſt. Ils vont aux charoignes du Cheual, & non d'autres beſtes. Il faut entendre que le Sanglier a ceſte proprieté, qu'il ne deuient iamais ladre, comme vn Porc priué. Quand les Sangliers ſont aux marets, ils viuent d'anguilles, d'achets, & autres choſes qu'ils peuuent trouuer.

A la coſte de la mer, ils viuent de toutes ſortes de coquilles, comme mouſles, huytres, & leurs ſemblables. Leur ſaiſon & venaiſon commance à la my-Septembre, & finiſt enuiron le commencement de Decembre, qu'ils commancent à aller au Rut. Communement les Sangliers ſe font abboyer aux Chiens en leur bauge, ou au partir d'icelle, & font pluſtoſt leurs demeures dedans les bois forts d'eſpines & ronces, qu'ailleurs. Et quand ils ſont chaſſez des Chiens, ils fuyent le fort pays, & couuert, ne ſe voulant desbucher de leur fort, qu'ils

P

ne fentent la nuict approcher. Et fi de fortune il y a vne compaigne
de beftes, & qu’il y en ayt vne qui fe desbuche par vn endroict, toutes
les autres la fuiuront, &fortiront par mefme lieu. Les Sangliers aban-
dõnent pluftoft les Forefts pour aller au loing chercher des buiffons,
que ne font pas les Cerfs: auffi dit on que le Sanglier n’eft qu’vn hofte.
Et fi d’auãture les Sãgliers font leur demeure en vn buiffon, & qu’ils
foient venus de quelque foreft loing de là, f’ils y font chaffez, ils f’en
retournerõt fur les mefmes erres par où ils font venus, & depuis qu’ils
fe desbuchent d’vn buiffon, ils fuyent toufiours, fans leur arrefter,
iufques à ce qu’ils foient au pays où ils ont efté nez, duquel ils font venus: là où ils eftiment leur fauue-garde, & le refuge de leur force. Ce
que i’ay veu par experience d’vn Sanglir, qui eftoit venu en vn buiffon, lequel dés le lendemain laiffé courre deuãt les Chiés, & tout foudain desbucha du buiffon où ie le lãcé, s’en retournãt fur ces mefmes
erres par où il eftoit venu, en vne foreft, qui eftoit à fept lieües loing
de là, & par les lieux où il paffoit, ie voyois les vieilles erres par où il
eftoit venu. Il eft vray, que s’il eft nourri en vn pays, & que les Chiés le
chaffent, il ne cuide pas desbucher de fon fort aifément, mais bien
mettra la hure hors du fort pour s’en cuider aller, en fentant & prenant le vent de toutes parts : puis s’il oyt quelque chofe, il retourne
foudainement fur luy : & apres quelque bruit que puiffent faire les
piqueurs ne les Chiens, il ne cuidera pas reffortir par ceft endroit, fi
ce n’eft vers le foir : mais s’il eftoit vne fois forty, ayant entreprins
fon chemin, il ne laiffe pour homme, ne pour bruit à paffer outre. Le
mafle ne cuide pas crier quand on le tuë, principalement vn grand
Sãglier, mais la femelle ouy Quand le Sanglier fuit deuant les Chiés,
il ne fait point de ruzes, d’autant qu’il eft pefant, & que les Chiens
le fuiuent & chaffent de pres. Ie trouue dedans le proprietaire, qu’on
cognoift la vieilleffe du Sanglier à la iambe, à laquelle y a force petites foffetes ou rides, & autant que la iambe en marque, il doit auoir
d’ans : mais quant à moy, ie ne m’arrefte qu’aux traces, à la hure, &
aux defenfes. Les femelles ne portent qu’vne fois l’an. Les Sangliers
font plus hardis, & s’addreffent pluftoft aux hõmes, pour leur courir
fus, quand ils font leur pouchaifon de noziles, & de faine, qu’ils ne
font pas quand ils la font de gland, ou d’autres mangeures. Vn ieune
Sanglier en fon tiers an, ne doit eftre affailly pour prédre à force: car
il coura beaucoup plus longuement que ne fera vn ieune Cerf portant, fix cornettes.

Des mots & termes qu'on doit vser pour le Sanglier.

CHAP. LVIII.

Ombien qu'en la chaſſe du Cerf, au chapitre 37. i'ay parlé quelque peu des mots & termes de venerie, qu'on doit
vſer pour la chaſſe du Sanglier, i'ay bien voulu icy en dō-
ner aux Veneurs plus ample intelligence. Premierement,
ſi vn Veneur ſe trouue entre les bons maiſtres, & qu'on
luy demande que c'eſt qu'vn Sanglier venant à ſon tiers an, il peut reſpondre, que c'eſt vne ieune beſte qui a laiſſé les compagnies ceſte annee, & que iamais Sanglier ne laiſſe les compagnies qu'il n'ait paſſé
deux ans. Puis ſi on luy demāde que c'eſt qu'vn Sanglier à ſon tiers an,
peut reſpondre que c'eſt vne beſte qui a trois ans accomplis, venant à
ſon quart an : puis ſi on luy demande que c'eſt qu'vn Sanglier en ſon.

quart an, il peut refpondre, que c'eft vne befte qui a quatre ans accomplis, venant au cinquiefme,

Et tout ainfi qu'on dict, Cerf de dix cors courable, au prealable
peut on dire, Sanglier en fon quart an courable, n'ayant point de refus. Puis fi on luy demande que c'eft qu'vn grand vieux Sanglier, il
peut dire que c'eft vn Sanglier, qui a laiffé les c̄ pagnies il y a plus
de quatre ans, ou autrement le peut dire, porc e... er, ou grand vieux
Sanglier. En apres fi le Veneur fait fon rapport, & qu'on luy demāde
où le fanglier a efté viure la nuict, il peut dire qu'il a efté faire fes
mangeures aux gaignages, qui fe prennent pour champs, & autres
lieux où croiffent toutes fortes de bleds comme i'ay dict. Mais s'il
voyoit qu'il euft fait fes boutis dedans des prez ou fraifcheurs, il doit
appeller cela vermiller : comme difant, le fanglier a vermillé en tel
lieu. Et fi de fortune il auoit fait fa nuict aux fouges, ou au parc, le Veneur doit dire, qu'il a fait fes boutis au parc ou à la fouge : car il faut
entendre que toutes efpeces de fruits qu'il peut manger fans fouger,
fe doiuent nommer mangeures, & toutes les autres chofes, où il leue
la terre auec le nez (autrement appellé boutouër) pour auoir les racines, fe doiuent nommer fouge : mais aux lieux frais là où il ne faict
que leuer vn peu la terre auec le bout du boutouër, cela fe doit nommer vermiller, qui eft autant à dire, que cercher les vers en la terre.
Il y a auffi muloter, qui eft, quand le fanglier va cercher les caches &
greniers des mulots, aufquels ils ont affemblé le bled, gland, & autres fruicts. Et quand ils vont aux prez, & autres lieux, paiftre l'herbe,
telle chofe fe doit nommer herbeiller, cōme difant: le fanglier a her-
beillé en tels lieux. Voilà comme le veneur doit fpecifier les termes
de la venerie du Sanglier, en faifant fes rapports.

*Des iugements que le veneur doit fçauoir pour cognoi-
ftre vn grand Sanglier : Et premierement,
du iugement du pied.*

CHAP. XLIX.

Ommunement on cognoiſt les grands vieux Sangliers aux traces, deſquelles les formes en doient eſtre grandes & larges, les pinces de la trace de deuant rondes & groſſes, les couppans des coſtez des traces vſez, ſans ſe monſtrer trenchants, le talon large, les gardes groſſes & ouuertes, deſquelles il doit donner en terre ſur le dur par tout où il marche. Les traces de derriere doiuent marcher au coſté, par le dehors de celles de deuant, demonſtrant la groſſeur des entrecuiſſes. Les rides qui ſont entre les gardes & le talon, ſe doiuent former en la terre, en demonſtrant l'eſpeſſeur & rudeſſe du poil, ſes alleures grandes & longues. La marche de la trace doit eſtre profonde & large, monſtrant ſa peſanteur.

Du iugement des boutis.

CHAP. L.

Vand le Sanglier fera des boutis dedans les hayes pour auoir d'vne racine qu'on appelle le parc, le veneur pourra cognoiſtre la groſſeur & longueur de ſa hure, en regardant la profondité & largeur des boutis. Auſſi il pourra cognoiſtre aux fraiſcheurs, là où il va faire les boutis pour vermeillier, & en autres lieux.

Le iugement du Souil.

CHAP. LI.

E Veneur pourra cognoiſtre par le Souil, ſi c'eſt vn grand Sanglier en voyant la longueur, & largeur, & grandeur d'iceluy ſouil:ou bien au partir du ſouil le pourra cognoiſtre aux entrees des forts, aux fueilles & aux herbes où le ſouil touchera, parce qu'alors qu'il en ſort il emporte la bouë & fange ſur luy, laquelle marque les fueilles en entrant dedans, par leſquelles on peut voir & iuger ſa hauteur & groſſeur. Ou bien aduient ſouuentesfois qu'apres que le Sanglier s'eſt ſouillé, il ſe va frotter contre vn arbre, auquel il marque sa hauteur. Et s'il a esté fasché des Chiens, ou qu'il soit despit de quelque chose, il donnera volontiers deux ou trois coups de ses dents ou defenses dedans l'arbre, côme si c'estoient coups de dagues : là où le Veneur en pourra auoir iugement, tant de sa hauteur, que de la grosseur & largeur des defenses. Il se peut iuger aussi par la bauge, car les grands Sangliers en leur venaison font leurs bauges profondes en la terre, & au partir d'icelles iettent leur fiante, qui se nomment en terme de venerie, lesses, lesquelles doiuent estre grosses & longues, demonstrant la largeur du boyau : car tant plus vne beste est vieille, & tant plus elle a le boyau large : combien que le veneur ne les doit point apporterà l'assemblee, mais doit suffire de les regarder aux lieux où il en trouuera.

La difference d'entre les Sangliers, & les Porceaux priuez.

CHAP. LII.

LA difference d'entre les Sangliers & Porceaux blancs, est telle, que les bestes noires en leurs alleures mettent tousiours la trace de derriere dedans celle de deuant, ou bien pres, & appuyent plus de la pinse que du talon, fermant l'ongle de deuant, & donnent communement des gardes en terre, lesquelles ils eslargissent par dehors, les costez des ongles des traces tranchants & couppants la terre : qui est au contraire des porceaux blancs : car ils ouurent les oncles de deuant, en laissant tout plein de terre entre deux, & font communement ronds & vsez, appuyant plus du talon que de la pinse. Aussi qu'aux porceaux blancs le pied de derriere ne marche point dedans celuy de deuant, & leurs gardes se fichent toutes droictes en la terre, sans s'escarter, & les costez des ongles ne font que fouler la terre, sans la trancher. Aussi que le dessoubs de la solle des porcs blancs est plein de chair, qui ne peut pas applanir la forme de la trace, comme fait celle du Sanglier. Il y a pareillement grand difference aux boutis : car vne beste noire les fait plus profonds, à cause qu'elle a la hure plus longue, & quand elle arriue dedans les champs semez, elle suyt volontiers vn rayon nazillant & vermillant tout le long d'vn scillon, iusques à ce qu'elle soit au bout : ce que ne font les porceaux blancs, car ils ne suiuent pas leurs boutis comme font les Sangliers, mais seu-

lement en font vn en vn endroit, l'autre plus loing, en trauerfant les
feillons, fans que leurs boutis f'entretiennent l'vn auec l'autre: Semblablement on les peut cognoiftre l'vn de l'autre aux gaignages, quãd
ils vont au grain: car les Sangliers abbatent le bled tout en rond, là où
les porceaux blancs ne le font pas.

La difference des Sangliers entre le masle & la femelle.
CHAP. LIII.

C Ombien que les Veneurs veulent dire qu'il n'y a iu-
gement ne cognoiffance aux beftes de compagnies
qui font foubs l'aage de deux ans, pour cognoiftre
les mafles d'auec les femelles : fi eft-ce que i'ay veu
plufieurs fois des cognoiffeurs en ces pays de Poictou, qui cognoiffoiẽt le mafle d'auec la femelle entre les cochõs nez de l'ãnee, fuiuãs la mere, defquels
ay voulu entendre les raifons, qui font : Que les mafles eftans apres la
mere, f'efcartent cõmunement plus loing que les femelles, & võt na-
ziller & vermiller à douze ou à quinze pas loing de la mere, parce
qu'ils ont plus grand hardieffe que n'ont les femelles, lefquelles fõt le
cõtraire, car elles fuiuent la mere de plus pres qu'elles peuuent, d'autãt que elles n'ont pas le cœur ne la hardieffe de leur efcarter, comme
les mafles. Et le cognoiffent encores aux alleures difans que tout mafle eflargift plus les iãbes de derriere en marchant, que la femelle, &
que communemẽt ils mettent la trace de derriere fur le bord de celle de deuant par le dehors, à caufe des entre-cuiffes, & des fuites qui
leur font eflargir les iambes de derriere : ce que les femelles ne font
pas: car elles font vuides entre les cuiffes, qui les caufe marcher plus
eftroit, & au dedans les alleures. Auffi le peut on cognoiftre aux gardes: car le Sanglier mafle les a cõmunemẽt plus groffes, plus grãdes, &
plus pres du talõ que n'a la femelle laquelle les a hautes, couuertes,
deliees, & pres l'vne de l'autre, qui eft la caufe pourquoy bien fouuẽt
elle ne donne point des gardes en terre, & encores qu'elle en touche,
elles fe montrent fort petites & déliees, fans f'efcarter que bien peu.
Auffi communement la femelle ne fait pas fi bon talon que fait vn
ieune Sanglier, & a les ongles plus longs & aigus deuant, & plus ouuerts que n'a vn ieune Sanglier. La femelle a les traces & les folles de
derriere plus eftroictes que celles du mafle.

CHAP. LIIII.

L faut entendre qu'on ne doit iamais affaillir vn ieune Sanglier en fon tiers an, pour le prendre à force: car il courra plus longuement qu'vn Cerf ne portant que fix cornettes. Mais quand il a fon quart an, il fe peut prendre à force, tout ainfi que le Cerf de dix cors, toutesfois qu'il court plus longuement. Dont fi le Veneur deftourne au matin vn Sanglier en fon quart an, il doit regarder f'il f'eft retiré de bonne heure au fort: car communement Sangliers qui attendent le iour à leuer pour fe retirer en leur fort, fuiuans longuement les routes & chemins, principalement en pays ou y a de la nouzielle, & de la faine, dequoy ils font leurs māgeures, font volontiers meurtriers de Chiens, & hardis. De telles beftes le Veneur ne doit point craindre d'approcher, & les deftourner le plus court qu'il pourra: car ils ne f'en cuideront pas aller pour luy: mais f'il reuoit d'vn Sanglier qui fe fouille fouuent, & qu'il face vn boutis en vn endroit, puis à vn iect d'arbalefte vn autre, tirant pays fans f'arrefter, c'eft figne que c'eft vne befte effrayee, qui s'ē va en quelque lieu demeurer. Tels Sangliers qui font ainfi effrayez, fe retirent communement deux ou trois heures auant iour en leur fort. Et faut bien que le Veneur fe donne garde d'approcher d'eux, car s'ils prenoient le vent de luy, & de fon Chien, ils s'en iroyent, & ne les cuideroit iamais rapprocher.

Quand vn Sanglier veut demeurer en vn fort, il fait toufiours à l'entree d'iceluy fa rufe, en quelque route ou chemin, puis entre dedans fon fort pour fe mettre à la bauge: & par ainfi le Veneur eftāt au matin au bois, pourra iuger de la malice des Sangliers, & felon ce qu'il verra, dreffera fa mute de Chiens au laiffez-courre: car à vn grand Sanglier malicieux & de repos, il le faut changer de Chiens d'arriuee, & que les piqueurs foiét toufiours meflez parmy eux, en le preffant le plus fort qu'ils pourront, pour luy ofter le cœur: d'autant que s'ils ne luy donnoient que huit ou dix Chiens, il n'en feroit cas. & quād ils l'auroyent vn peu efchauffé, il reprendroit fon cœur, & ne feroit que tenir les abbois, en courant fus à tout ce qu'il verroit deuant luy. Mais quand il fe voit chargé de Chiens & de piqueurs d'arriuee, qui le preffent vn

petit

petit, il s'eſtonne, & perd le cueur, alors eſt contraint de fuir & dreſſer pays.

Il faut mettre des relais, mais ce doiuẽt eſtre des plus vieux & ſages
Chiens des meutes:d'autant que ſi on mettoit les ieunes chiens viſtes
& vigoureux aux relais, alors que le Sanglier auroit accourcy ſes fuytes, il les pourroit tuer en telle furie. Mais ſi c'eſtoit quelque Sanglier
fuyard, qui euſt accouſtumé de prendre les campagnes, & tirer pays,
on ne luy doit donner que huiẽt ou dix Chiens de meute, & mettre
les autres au relais, à l'entree du pays où il voudra aller: car tels Sangliers ne cuident pas tenir les abbois qu'ils ne ſoient forcez: & quand
ils les tiennent, les piqueurs y doiuent aller le plus ſecrettement qu'ils
pourront ſans mener bruit : & puis quand ils ſeront aupres du lieu où
ſera le Sanglier, ils ſe doiuent eſcarter tous autour du lieu où il eſt, allans d'vne courſe droit à luy: & n'eſt poſſible qu'ils ne luy donnent vn
coup d'eſpee. Et ne faut pas qu'ils tiennent la main baſſe, car ils don-
neroient dedans la hure, mais faut qu'ils leuent la main haute, & qu'ils
donnent les coups d'eſpee en plongeant, ſe donnant garde le piqueur
de donner au Sanglier du coſté de ſon Cheual, mais de l'autre coſté:
car du coſté que le Sanglier ſe ſent bleſſé, il tourne incontinẽt la hure, qui ſeroit cauſe dequoy il tueroit ou bleſſeroit ſon cheual.

Que s'il eſt en pays de plaine, il doit mettre vn manteau deuant
les iambes de ſon cheual:puis doit tuer le ſanglier à paſſades ſans s'arreſter.

C'eſt vne choſe certaine que ſi on met des colliers chargez de ſonnettes au col des chiens courants, alors qu'ils courent le Sanglier, il ne
les tue pas ſi toſt, mais il s'en fuyra deuant eux, ſans tenir les abbois.

Q

Fin de la chaſſe du Sanglier.

La chaſſe du Lieure.

Lɪᴇᴠʀᴇ ie ſuis de petite ſtature,

Donnant plaiſir aux nobles & gentils:

D'eſtre leger & viſte de nature,

Sur toute beſte on me donne le pris.

Q ij

*De la proprieté du Lieure, & pour cognoistre le masle
d'auec la femelle.*

CHAP. LV.

IE commenceray aux vertus & proprietez du Lieure, lefquelles font grandes: felon la ftature de la befte.

Premierement, le fang du Lieure eft grandement deflicatif: fi vous l'appliquez fur quelque rōgne ou dartre, il la deffeche & guarift. Le lieure a vn petit os dedans la ioincture des iambes, lequel eft fouuerainement bon pour la colique-paffion. Sa peau bruflee & mife en poudre, eft vn fouuerain remede pour arrefter le fang d'vne playe, en l'appliquant deffus.

Le lieure nous a monftré l'herbe de la Cicoree fauuage, laquelle eft fort bonne aux melancholiques: pour autant qu'il eft l'animal le plus trifte & melancholique que nul autre:& pour fe guarir de fa trifteffe, s'en va gifter volontiers deffous icelle herbe, laquelle les anciés ont nommee *Palatium Leporis*, dit palais du lieure.

Le lieure de fa nature, cognoift de vingt & quatre heures en vingt quatre heures la mutation du temps. Quand il va au gifte, il ne veut point que l'efgail ny l'eau luy touchent, à cefte caufe il fuyt les grands chemins & voyes. Et bien fouuent la femelle fait de petits fentiers, en couppāt l'herbe & petites branches auec les dents. Et pour autāt que il y en a quelques-vns qui font ladres, qui fuiuent les eaux, ceux là ne font point de fentiers, & ne fuyuent gueres les chemins, mais font leurs ruzes dedans les eaux. Et deuez fçauoir qu'on ne trouue guerres de femelles ladreffes, comme on fait des mafles: à cette caufe le piqueur pourra iuger quel lieure c'eft, où il fera gifté, en voyant fa nuit.

Les lieures vont au rut communément en Ianuier, Feurier, & Mars, allans chercher les femelles, iufques à fept ou huit lieües loing d'où ils font nez, fuiuans les grands chemins, comme ie declaireray cy apres.

Le mafle attend mieux les Chiens & de plus pres au gifte, que ne fait pas la femelle, à caufe qu'il fe fent plus vifte, le corps plus difpos & hardy.

Si au partir du giste le Lieure leue les oreilles, ne fuyant point de puiſſance,& qu'il retrouſſe la queüe ſur l'eſchine, c'eſt ſigne d'vn fort & malicieux lieure.Combiẽ que Phebus dye qu'il n'y a point de iuge-ment entre le maſle & la femelle des lieures : ſi eſt ce que ie luy prou-ueray le contraire.Car le maſle a communément ſon repaire ou ſes crottes plus petites, plus ſeches, & plus aiguillonnées au bout,que non pas la femelle, laquelle les fait groſſes, rondes, & non ſi ſeches que le maſle. La raiſon eſt,que la femelle ne fait pas tant de païs la nuit,& auſſi qu'elle eſt beaucoup plus grande:qui eſt la cauſe qu'elle iette ſes crottes plus groſſes.Par autre moyen cognoiſtrez le maſle aux Chiens, en deffaiſant ſa nuit:car il bat plus les grands chemins & carrefours,prenant plus grãd païs en lieux deſcouuerts, que la femel-le,& fait ſes ruzes plus ſottes,& de plus grand eſpace : la femelle, les fait plus courtes, & par lieux plus couuerts, en tournoyant comme vn Connil autour des broſſes. Et ſi la femelle va faire ſa nuit dedans les bleds verts,elle ne trauerſe gueres les ſcillõs, mais les ſuit de long, & ſ'arreſte aux plus fortes broſſes du blé pour viander:ne luy ſuffiſant pas d'en manger ſon ſaoul : car elle le coppe , & laiſſe dans les ſeillons.

Plus,on cognoiſt le maſle,en le voyant partir du giſte , par ce qu'il a le derriere tout blancheaſtre,comme s'il auoit eſté plumé. Ou bien le cognoiſtrez par les eſpaules, leſquelles ſont communément rou-ges,ayant parmy quelques poils longs.

Semblablement le cognoiſtrez à la teſte, laquelle il a plus courte & plus ioffuë que la femelle,le poil &barbe des iouës long,&a volõtiers les oreilles courtes, larges, & blancheaſtres, qui eſt au contraire de la femelle,car elle a la teſte longue & eſtroite, & les oreilles grandes: le poil de deſſus l'eſchine d'vn gris tirãt ſur le noir.Et volõtiers quand les Chiens chaſſent la femelle, elle ne fait que tournoyer autour de ſon païs,paſſant ſept ou huict fois par vn meſme lieu, ſans ſe vouloir iamais forpayſer.Le maſle fait le contraire:car ſi les Chiẽs le chaſſent, & qu'il y ait fait deux tours autour de ſon giſte, alors il prend congé de ſa meute,& ſ'en va aucunesfois trois ou quatre lieües loing ſans ſ'arreſter,en quelque païs où il aura eſté autre fois,duquel il pourroit eſtre venu : car les lieures vont aux paſſages à ſept ou huit lieües loing,& les pourrez cognoiſtre en ceſte maniere.

Quand vous verrez que voz Chiens trouuerõt la nuict d'vn Lieure dedãs les carrefours ou chemins, & qu'il aura fort ruzé ſur quelques

petits couſtaux ſecs, ſans auoir gueres faict de païs, ne ſ'eſtre pourme-
né dedans les bleds, c'eſt ſigne que c'eſt vn Lieure qui n'eſt que venu,
lequel ſe ſera arreſté au plus haut lieu, pour regarder le païs & le lieu
où il ira faire ſon giſte, & pour ſe ſauuer, ſi les Chiens, ou autres choſes le rencontroient.

Vous le pourrez encore cognoiſtre en ceſte ſorte.

Communément les Lieures de paſſage, font leur giſte au couuert
par autãt qu'ils ſont en doute & crainte : & quand les Chiens les trouuent, ils font les rompus, ſe faiſans relancer deux ou trois fois : par ce
qu'il leur faſche de ſortir du fort, ne ſachant le païs : mais alors qu'ils
voyent que les Chiens les preſſent, ils prennent les chemins par où ils
ſont venus, & ſ'en retournent en leur païs. Par ainſi, ſi vn Lieure ſe fait
relancer deux ou trois fois aupres de ſon giſte, c'eſt ſigne que c'eſt vn
Lieure de paſſage, qui pourra amener les Chiens bien loing.

Des fineſſes & malices des Lieures, que les piqueurs doiuent entendre pour les prendre à
force. CHAP. LVI.

IE veux biẽ dire la chaſſe du lieure eſtre plus plaiſante
& de plus grand eſprit, pour les Gentils-hõmes, que
de nulle autre beſte, d'autant qu'ils trouuẽt leur plaiſir à toutes heures, & auec petis frais, voyãt touſiours
courir leurs Chiens deuant eux : parquoy peuuent iuger, ſans prendre grand peine ne trauail, leſquels ſont
les meilleurs, & mieux chaſſans, requerans & forcenans. Et auſſi que
c'eſt grand plaiſir de veoir l'eſprit de ce petit animal, & des ruzes qu'il
fait pour ſe deffaire des Chiens. Et faut que les piqueurs y ſoyent fins,
& d'eſprit, pour entendre ſes ruzes, & malices : ce que i'ay pratiqué
toute ma vie, qui m'a cauſé mettre par eſcrit vne partie des experiẽ-
ces qu'en aurois peu veoir, cognoiſtre, & entendre :

Premierement, le piqueur qui ſera apres les Chiens, doit regarder
au partir du giſte pluſieurs points. Sçauoir eſt, quel temps il fait : car ſi
c'eſt vn temps de pluye, le Lieure dreſſe & ſuit plus les chemins qu'en
autre temps, & ſ'il arriue à quelque bois taillis, il n'entre pas dedans,
mais ſe relaiſſe au bort, & laiſſe paſſer les chiẽs : puis quand ils ſont ou-
tre-paſſez, il ſ'ẽ retourne ſur ſes meſmes pas par où il ſera venu, au païs

où il aura esté poussé : parce qu'il ne peut pas entrer dans les forts , à cause de l'égail , qui est parmy le bois.

A telles ruzes le piqueur doit demeurer à cent pas pres du bois par

où le lieure sera venu, car il ne faudra point à le voir retourner sur ces pas droit à luy : & pourra à l'heure le piqueur forhuer ses Chiens , & les rappeller, d'autãt qu'il seroit malaisé qu'ils redressassent telles ruses, parce qu'ils ne cuidẽt pas que le Lieure soit retourné sur luy : aussi qu'ils penseroient que ce fust le contrepié. Plus doit regarder en quel lieu on trouuera le giste du Lieure, & de quel vent il s'est caché : car si c'est du vent de Galerne ou Hautain, il ne cuidera pas fuir le nez dedans, mais le coustoyera , ou luy tournera le cul. Aussi que s'il fait son giste en l'eau , c'est signe qu'il est ladre : à tels Lieures le piqueur doit prendre garde tout le iour , dedans les eaux : car ils y font volontiers leurs ruses & finesses. D'auantage, le piqueur regardera si c'est vn masle ou vne femelle, & s'il est nourry au pays : ce qu'il pourra co-

gnoiſtre par ce que i'ay declaré cy deſſus:car c'eſt vne choſe certaine
qu'vn Lieure nourry au pays,principalemēt la femelle, ſi le piqueur
regarde le premier pays & cerne qu'il prēdra la premiere fois au partir du giſte, eſtant deuant les Chiens, tous les autres qu'il fera tout le
iour feront par meſmes lieux,& feront par meſmes paſſez & muſſes:
ſi ce n'eſt,cōme i'ay dit, quelque Lieure maſle qui fuſt venu de loing,
ou biē que les chiens l'euſſent ſi mal mené & laſſé, qu'il fuſt contraint
d'abandonner ſon pays, & ſe forpaiſer : ce qu'ils font volontiers quād
ils ont eſté chaſſez deux heures ſans deffaut.Au commencement que
les Chiēs chaſſent les Lieures, ils ne font que tournoyer, paſſans cinq
ou ſix fois par vn lieu, & ſur leurs meſmes pas.Et faut entendre que ſi
les Chiens courans faillent à prendre vn Lieure vn iour, le piqueur
peut bien regarder le pays, & les lieux par où il aura paſſé · car ſi vne
autrefois il le retrouue,& que les Chiens le chaſſēt,il paſſera par meſmes lieux, & fera meſmes ruzes qu'il aura faites le iour qu'il ſe fera
ſauué : & par ce moyen pourra cognoiſtre ſa malice, & le pays où il
voudra aller,& beaucoup aider à ſes Chiens.

I'ay veu vn Lieure ſi malicieux, que depuis qu'il oyoit la trōpe, il ſe
leuoit du giſte,& euſt il eſté giſté à vn quart de lieuë de là,&s'en alloit
nager en vn eſtang, ſe relaiſſant au milieu d'iceluy ſur des ioncs, ſans
eſtre aucunement chaſſé des Chiēs:puis à la fin ie deſcouury ſa fineſſe,car ie m'en allay cacher ſecrettement au long de l'eſtang,pour ſçauoir qu'il deuenoit,lors allay faire découpler les Chiens là où ie le pē-
ſois trouuer,& incontinent qu'il ouyt la trompe,il ſe leua d'effroy, &
ſ'en vint deuant moy ſe relaiſſer au milieu de l'eſtang, & pour pierre
ou motte que ie luy ſceuſſe ietter,ne vouſūt bouger de là: alors ie fus
contraint me deſpouiller pour le faire deſloger,&attendit preſque à
eſtre pris auec la main , premier que vouloir bouger.me voyant pres
de luy, il ſe met à la nage, & ſortit deuant les Chiens, où il courut encores l'eſpace de trois heures, premier que d'eſtre pris, nageant &
faiſant toutes ſes ruzes dedās les eaux.I'ay veu courir Lieure biē deux
heures deuant les Chiens,qui apres auoir couru venoit pouſſer vn autre,& ſe mettoit en ſon giſte.I'en ay veu d'autres,qui nageoient deux
ou trois eſtangs, dont le moindre auoit quatre vingt pas de large.
I'en ay veu d'autres apres auoir eſté bien courus l'eſpace de deux heures,entroient par deſſous la porte d'vn tect à brebis, & ſe relaiſſoient
parmi le beſtail. I'en ay veu,quand les Chiens les couroient qui s'al-
loyent mettre parmy vn trouppeau de brebis, qui paiſſoit par les
champs.

champs, ne les voulans abandonner ne laiſſer : dont fus contraint de
coupler mes Chiens, & faire toucher les brebis à la Bergere iuſques
dedans le teſt : & alors qu’il vit les maiſons, ſe depart, & ſ’en va : là ie
decouple mes Chiens, & le pris. I’en ay veu d’autres, & que quand ils
oyoient les Chiens courants, ſe cachoiĕt en terre. I’en ay veu d’autres
qui alloient par vn coſté de haye, & retournoient par l’autre, en ſorte
qu’il n’y auoit que l’eſpeſſeur de la haye entre les Chiens & le lieure.
I’en ay veu d’autres, quand ils auoiĕt couru demye heure, ſ’en alloient
monter deſſus vne vieille muraille de ſix pieds de haut, & ſ’alloient
relaiſſer en vn pertuis de chauffaut, couuert de lierre. I’en ay veu d’au
tres qui nageoient vn riuiere, qui pouuoit auoir huit pas de large, &
la paſſoient & repaſſoient, en la longueur de deux cens pas, plus de
vingts fois deuant moy.

A ceſte cauſe, faut que le piqueur ſoit caut, & fin, pour chaſſer le
Lieure : car il eſt certain que ſi les Chiens ſçauent bien prĕdre le lieure
à force, ils pourront courir toutes beſtes : & eſt le vray principe &
commancement pour les dreſſer & affiner le nez,

Puis quand on les veut dreſſer pour le Cerf, ils habandonnent aiſément le lieure, par ce que la venaiſon du cerf eſt plus friăde que celle
du lieure, & plus deſirée des Chiens courants, auſſi que le Cerf a
plus grand vent & ſentiment. Les lieures ne viuent que ſept ans pour
le plus, & principalemĕt les maſles. Ils ont ceſte malice, que ſi le maſle
& la femelle ſont accompagnez enſemble en vn pays, iamais n’y laiſ-
feront demourer autres lieures eſtranges, ſ’ils peuuent, ſi ce n’eſtoiĕt
ceux qu’ils ont engendrez. Et pource dit on : Tant plus on chaſſe en
vn pays, & plus on y trouue de lieures : parce que ceux des autres
pays y viennent.

Comme on doit dreſſer les ieunes Chiens pour le Lieure.
CHAP. LVII.

Remieremĕt, à la chaſſe du lieure, il eſt requis qu’il
n’y ait que deux ou trois piqueurs, pour le plus :
dont faut qu’il y en ait vn qui menace les Chiens
qui demoureront derriere : les autres les doiuent
faire chaſſer & requeſter : car ſ’ils eſtoient grand
nombre de piqueurs qui parlaſſent aux Chiens, ils
romproient les erres du Lieure, ou bien eſtonneroient les Chiens aux

R

deffaux:parce que le lieure, fait tant de ruzes que les Chiens ne ſçauent aucunes fois où ils en ſont:& ne font que leuer la teſte, pour demander ſecours à leur maiſtre:lequel alors doit prendre ſes cernes &
enceintes autour du deffaut, en les reſiouiſſant: ce qu'il ne ſçauroit
faire s'il eſtoit foulé des piqueurs. Celuy qui dreſſe & fait chaſſer les
Chiens,doit porter vne grande gibbeciere de toile, pleine de friandiſes pour leur donner, afin qu'ils le cognoiſſent: car les Chiens veulent ſur tout cognoiſtre leur maiſtre,ſa voix,& ſa trompe:& alors qui
les forhuera, il cognoiſtra qu'ils viendront pluſtoſt à ſa voix qu'à celle d'vn autre,laiſſans toutes choſes pour venir à luy : auſſi ne les doit il
iamais forhuer,n'appeler en faute.

Et s'il aduient qu'il vueille faire retourner ou venir les chiens à luy,
pour les faire entrer en quelque taillis ou fort, il les doit appeller en
ceſte ſorte.

Horua à moy The-hau.

En ſonnant de la Trompe vn ſon bien long,comme ainſi,

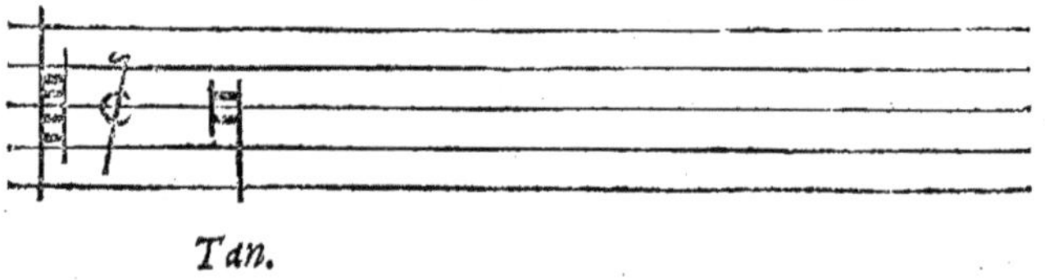

Tan.

Puis quand les Chiens ſeront tous arriuez à luy, il doit regarder
quelque belle muſſe ou paſſée,pour les faire entrer dedans le taillis:
à laquelle muſſe il doit ietter vne poignée de petites friandiſes de ſa
gibbeciere,en frappant de ſa gaule,& criant ainſi,

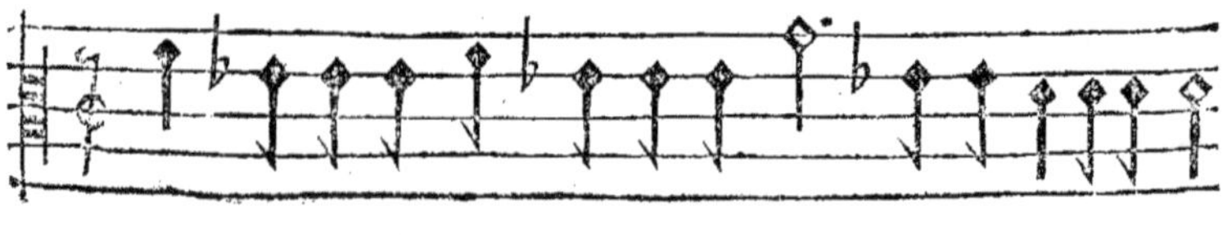

Aguerecy aguerecy hau il ha paſſé icy.

Et faut entendre qu'on ne doit iamais fonner en quefte le grefle de
la trompe, mais bien le gros tant qu'on voudra, fi ce n'eftoit que le piqueur vouluft appeller fesChiens à luy : ou bien qu'il les vouluft faire
retourner d'vn pays pour aller en vn autre, côme i'ay dit deffus : alors
pourroit fonner vn mot loⁿg, tout feul, du grefle de la trompe.   Et
quand les Chiens feroient venus à luy, il ne faut pas qu'il s'oublie de
leur ietter quelq̃s petites friãdifes, à fin de ne fe moquer point d'eux.
Car alors qu'il fonnera le grefle, il faut que fes Chiens entendent que
le Lieure eft debout, & que leur maiftre les appelle ou forhue, pour
autant que s'il fonnoit le grefle, en la quefte, les Chiens n'entendroiẽt
& ne cognoiftroient la difference d'entre la quefte & le forhu.

Il faut icy noter deux fecrets dont le premier eft:Que fi le piqueur
a vne ieune meute de Chiens à dreffer, il doit regarder le pays où il
leur fera les premieres curees, & dequoy : car felon les lieux où ils feront dreffez au commancement, & felon les beftes qu'on leur voudra
faire courir, & dequoy on leur fera curee, il leur en fouuiendra toufiours. A cette caufe, fi au cõmancement qu'on dreffe de ieunes chiens,
on leur accouftume d'eftre defcouplez & dreffez aux plaines, f'ils y
pouffent des lieures, & qu'ils ayent plaifir, toute leur vie il leur en fouuiendra, & alors qu'on les defcouplera dedans les bois, ils ne feront
cas d'y quefter, mais iront cercher les plaines & champs où ils auront
accouftumé d'auoir plaifir, & trouuer les Lieures.   Ne plus ny moins
en feront ils aux boucages, fi au commencement ils y font dreffez, &
qu'ils y ayent eu palifir, penfant y trouuer toufiours leur gibier.

Et par ainfi il eft befoin de dreffer les Chiens dedans le pays où l'on
fe veut tenir: car Chiens courans qui font nourris aux plaines, ne peuuent accouftumer les bocages : ne plus ne moins que ceux qui font
nourris aux bocages ne peuuent accouftumer les plaines. L'autre fecret eft, qu'il ne faut iamais dreffer n'accouftumer les Chiẽs à chaffer
les matinees, à caufe de la rofee & fraifcheur de la terre: d'autant que
fi vous les accouftumez telles fraifcheurs & humiditez, & qu'apres
vous les voulufliez mener à la chaffe fur le haut du iour, & qu'ils fen-
tiffent la chaleur du Soleil, & la rofee tombee, ou quelque petit vent
arre, ils ne voudroiẽt chaffer ne quefter, mais f'en iroient cercher les
ombres pour fe cacher.   Et par ainfi, il eft befoin d'accouftumer &
dreffer les Chiens fur le hault du iour, & non aux matinees. La droite
faifon pour commancer à dreffer ieunes Chiens, eft en Septembre,
Octobre, & Nouembre : parce que le temps eft temperé, & que les

M ij

chaleurs ne font trop veheméces, & auffi que les ieunes Lieures font
fots, & n'ont point de corps, ne fçachan sfaire encores leurs rufes &
maliçes, & fe font relancer plufieurs fois deuant les Chiens, lefquels y
prennent fort grand plaifir, & fe dreffent mieux qu'ils ne feroiĕt pas
f'ils fuyoient, & s'efloignoient d'eux.

Il eft tout certain que les Lieures ont plus grande fenteur, & font
mieux courus des Chiens quãd ils viandĕt & paiffent les bleds verds,
qu'en toutes autres faifons de l'ãnee. Toutesfois il y en a qui de nature
ont plus grand fenteur les vns que les autres, qui font plus defirez des
Chiens comme les grands Lieures de bois, & ceux qui fon ladres, lefquels fe tiennent prés des eaux. Mais les petis lieures rouges, qui font
du genre des Connils, n'ont pas fi grand fentiment, & ne font pas
tant defirez des Chiens courants que les autres. Ceux qui viandĕt fur
les pelouzes ou petits couftaux, d'vne herbe qui fe nomme Serpolet,
ou poliot, font communement forts Lieures, & courent longuemĕt.
Auffi il y a des Lieures plus malicieux les vns que les autres, & principalement les femelles, car elles font leurs ruzes plus courtes, & plus
fouuent, que ne font pas les mafles, ce que les Chiens n'ayment pas,
par ce qu'il fafche à Chiens vigoureux & de cueur, de tournoyer fi
fouuent, d'autant qu'ils defirent vne befte qui fuye deuant eux, pour
courir à leur force. A tels Lieures qui rufent fi fouuent, il eft requis de
faire les cernes grands, à fin d'entĕdre toutes leurs rufes, & n'en trouuer que la fortie : ce faifant on abbrege bien leur force, & les cõtraint
on de ne rufer plus. Il y en a auffi qui fuyent les chemins & voyes, defquels les Chiens ne peuuent auoir fentiment, à caufe qu'il n'y a branche, herbe, ne aucune humidité où ils touchaffent du corps, par où
les Chiens en peuffent affentir, ainfi qu'ils feroient s'ils eftoiĕt en autres lieux couuerts, comme bois, bleds & autres fraifcheurs. Et pource quand le piqueur trouuera tels Lieures, & qu'il verra le deffaut de
fes Chiens en vn chemin, il les doit pouffer outre tout le long du chemin, les fuiuans toufiours iufques à ce que les Chiens en trouuent la
fortie, ou biĕ qu'il ait trouué vne petite valee ou fraifcheur par le milieu du chemin, où les Chiĕs en peuffent auoir fentiment. Et luy mefme doit mettre pied à terre, regardant en la poudre, ou autres lieux,
pour en reuoir par pied: ce qu'il cognoiftra aifement, car la forme du
pied du Lieure eft aiguë, & faite à la femblance d'vne pointe de coufteau, ayant fes petits ongles fichez tous droits en terre, qui marque-
ront tout au tour, venant toufiours en appointiffant : d'autant que ia-

mais le lieure, quand il fuit, n'ouure les ongles, comme font les beftes puantes, mais tient toufiours fa pate ferree, en forme d'vne pointe de coufteau. Il y a auffi certains pays & faifons ou les chiens n'ont
aucun fentiment des lieures: comme en hyuer, au pays des plaines, ou
les terres font graffes, & fortes: par ce que le lieure a la patte pleine de
poil, & quand il fuit, la terre qui eft graffe fe prent contre, laquelle
il emporte auec le pied, qui couure & ofte tout le fentiment que les
Chiens en pourroient auoir. Et auffi qu'aux pleines il n'y a ne brãches
ny herbes ou il peuft toucher du corps, non plus que dedans les chemins. D'auantage, il faut entendre qu'il y a auffi certains mois efquels
les chiens n'ont point de fentiment, comme à la faifon du printemps,
à caufe de la vehemente odeur & fenteur des fleurs, qui outre paffe
celle du lieure. Semblablement, faut fe donner garde de mener les
Chiens à la chaffe quand la terre eft gelee: car ils fe deffoleroient les
pieds, & perdroient les ongles: qui eft au contraire des lieures, qui
courent mieux en ce temps là, qu'en autre, à caufe qu'ils ont les pieds
fourrez. Il faut parler aux Chiens quand ils chaffent en mefmes termes qu'on parle à la chaffe du Cerf, fors au forhuz: car en lieu de crier
Thia Hillaud, il faut crier, Voy-lecy aller: & mefmes fons de trompe,
excepté en la quefte, auant que le lieure foit bouté: car on ne doit fonner que le gros, comme i'ay dit cy deffus.

Vous deuez entendre ce fecret, qui eft, que quand on dreffera des
Chiens courants, on ne leur doit iamais dõner curee auec les leuriers
parce que fi on accouftume de faire prendre les lieures aux leuriers
deuant les Chiens courants, depuis qu'on criera & forhuera, les chiẽs
courants ne feront que leuer la tefte, penfant toufiours voir le lieure
deuant les leuriers, fans vouloir mettre le nez en terre, ne faire femblant de quefter ne chaffer. Mais les droittes curees qu'on doit donner à ieunes Chiens, doiuent eftre auec vieux chiens courans, fages,
lefquels les drefferont & apprendront à faire leurs cernes.

R iij

En quel temps & saison on doit chasser le Lieure pour le prendre
à force, & comme il le faut faire quester, requerir,
& lancer aux Chiens.
CHAP. LVIII.

A droicte Venerie & saison pour prendre le Lieure à force, auec les Chiens courants, commance à la my-Septembre, & finist à la my-Auril, à cause des fleurs, & vehementes chaleurs, qui commancent à regner, qui oste aux Chiens le sentiment du Lieure. Dont en Septembre les piqueurs doiuent commancer à donner curee à leurs Chiens, & les renouueller: car en ce téps là, les Lieures sont ieunes & foibles, comme i'ay dit, & ainsi que la saison se passe, leur force & vertu s'augmente. Ne plus ne moins est-il des Chiens, car tant plus ils courent,

& ont de curées, plus font ils meilleurs & vigoureux: & auſſi que
l'hyuer ſ'aproche,qui augmente les fraicheurs.Et lors que les Chiens
ont paſſé deux ans,on les peut champayer, & mener à la chaſſe trois
fois la ſepmaine:car ils en valent mieux.

Quand le Seigneur voudra aller à la chaſſe, le valet de Chiens doit
regarder le temps & la ſaiſon où il ſera,à fin d'aller cercher le lieure
aux gaignages,ſelon qu'ils feront en celuy temps, comme aux menus bleds,auoines,prez,& autres lieux auſquels il doit deſcoupler ſes
Chiens.Puis s'il y a quelques Chiens qui viennent à rencontrer de la
nuict du lieure, le piqueur ſe doit arreſter tout court,& ne les laiſſer
faire. Et lors qu'il verra qu'ils commanceront à leur aſſembler , &
eſchauffer tous enſemble,il les doit reſiouir en parolles ioyeuſes , &
nommer ceux qu'il verra qui feront le mieux, comme diſant, Hau
Gerbaut,hau Myraut,où eſt il allé?

Il eſt tout certain que les Chiens ont plus grãd ſentiment au viandy
du lieure, qu'ils n'ont pas quand il en ſort pour aller en ſon giſte,
combien qu'il s'en aille de meilleur temps. La raiſon eſt, quand vn
lieure eſt aux champs,& qu'il viande, il s'aſſied volontiers, & touche
du corps à terre : auſſi qu'il paſſe pluſieurs fois par vn lieu, & en paſſant & prenant ſon viandy, il donne ſenteur aux herbes de ſon haleine,ou bien y laiſſe ſes crottes,ou repaire: qui eſt l'occaſion pourquoy les Chiens y ont plus grand ſentiment qu'ils n'ont pas quand il
en ſort:parce que quãd il ſort de ſon viandy pour aller au giſte, il ſuit
volontiers les grands chemins, routes ou ſentiers,y faiſant ſes ruzes
& malices, en bondiſſant & allant le plus legerement qu'il peut. A
ceſte cauſe, quand le piqueur verra que ſes Chiens auront deffait
la nuict du lieure au viandy, & qu'ils commanceront à trouuer la
ſortie par ou il dreſſe pour aller à ſon giſte, ce qu'il fait communémẽt
par quelques petis ſentiers ou chemins,il les doit laiſſer faire, & aller
tout bellement apres eux,ſans ſe haſter : & s'il veoit que ſes Chiens
tombent en deffaut, c'eſt ſigne que le lieure a fait vne ruſe, & qu'il
eſt allé & venu ſur luy. Alors doit crier, Hau ou eſt il allé, Horua à
moy Theau, ſans bouger du lieu ou il ſera, car s'il approchoit pres
d'eux, il les feroit outrepaſſer les erres du lieure, & là les doit faire,
requeſter,en les regardãt faire,& les reſiouiſſant de ſa bouche, & s'il
aduenoit que ſes Chiẽs ne peuſſent deffaire les ruzes dedãs les routes
ou chemins,il doit prẽdre ſes cernes autour de là, par les fraicheurs
& lieux plus commodes pour le nez de ſes Chiens , parce que s'il

trouue la fortie des ruzes que le lieure pourroit auoir faictes dedans les chemins, pour entrer en quelque taillis ou fort, lors fes chiens le pourront aller querir aifement,& luy mefmes doit battre les broffes auec la gaule pour leur aider à le bouter. Et s'il aduient qu'il trouue quelque vieux gifte, il doit mettre la main à la gibbeciere, & ietter quelque friãdifes dedans, & appeler tous fes chiens à luy, en criant: aguerecy, Theau voy le lict. Et faut noter que le piqueur doit auoir vn loppin de lart grillé, eueloppé en fa gibbeciere, de quoy il doit frotter le bout de fa gaule : car par là pourra accouftumer fes chiés à venir fétir le bout d'icelle. Et alors qu'il les voudra faire paffer à vne muffe, il n'aura qu'à mettre le bout de fa gaule en terre, & les appeller:ils ne faudront à venir incontinent, fe battans à qui paffera le premier. Et fi d'auanture les chiens ne trouuoyent le lieure forty de fes cernes, le piqueur doit ramener tout bellemēt fes chiens au lieu où aura efté fon deffaut, & regarder de quel cofté le lieure auoit la tefte tournée quand il eft entré dedans le chemin:& s'il l'auoit tournée aual, il doit appeller fes chiens & les faire quefter des deux coftez fort longuement : car aucunesfois les lieures fuiuent les chemins, pour faire les ruzes, plus d'vn grand quart de lieuë, fans en vouloir fortir.

En tels lieux les Chiens n'en peuuent auoir fentiment, à caufe de la pouffiere, & autres raifons que i'ay dites cy deffus, & les lieures demeurent fouuent fur le bord des chemins, ou bien pres de là, à cefte caufe celuy qui menera les chiens les doit faire quefter aux coftez. Et fi tous ces cernes ne pouuoient encores redreffer les chiens, le piqueur peut bien penfer que le lieure a fait vn houruary fur luy,& pourra rappeller fes chiens de là ou il vient, en foullant & battant tout au tour, en prenant fes cernes plus grands:& n'eft poffible que les Chiens ne redreffent les erres, ou qu'ils ne le boutent, toutesfois qu'ils pafferont bien fouuent deffus quelques lieures, premier qu'ils vueillent fortir de la gifte, ou bien fe laifferont prendre dedans. Combien que ie louë grandement de voir deffaire la nuict du lieure aux Chiens, & l'aller querir & pouffer en la gifte, fi eft-ce qu'il me femble que c'eft vne chofe trop longue,& de peu de plaifir, pour autãt qu'ils ne font que balancer & troller. Mais feroit beaucoup plus court,& de plus grand plaifir, de le trouuer & chercher en la maniere qui f'enfuit.

Quand trois bons piqueurs feront enfemble, & qu'ils verront que les Chiens rencontreront de la nuict d'vn lieure, en quelques bleds, ou autres gaignages ils doiuent regarder la faifon ou ils feront,& quel
temps

temps il fera: car si c'est au printemps ou esté, les Lieures ne se gistent
pas au fort, à cause des Fourmis, & autres Barbots, & des Serpents &
Laisards, qui les chassent des forts, alors sont contraints de leur gister
dedans les bleds, guerets, & lieux foibles. En hyuer ils font le contraire, car ils se gistent en quelques gros halliers ou forts, principalement quand les vents de Galerne & Hautain regnent, lesquels ils
craignent grandement. Or donc selon le temps & les lieux où ils
verront que les Lieures seront au giste, ils doiuent appeller leurs
Chiens, & battre tout de rang, & en accoustrant les Chiens à telles
questes, ils trouueront plus de Lieures, & auront plus de plaisir, que
non pas de leur apprendre à deffaire la nuict. Et pourrõt dresser leurs
Chiens de telle sorte, qu'en frappant vn coup de gaulle sur les brosses.
les chiens se battront à qui entrera le premier comme font les chiens
d'oiseaux à la remise des Perdrix.

Quand le Lieure sera lancé & bouté, le piqueur s'en doit aller sur les
voyes, & appeller tous ses chiens, en forhuant, & sonnant de la trompe, sans bouger du lieu où il sera, iusques à ce que ses chiens ayent
tous passé deuant luy. Puis quand il les verra tous outre-passez, & a-
meutez sur les erres du Lieure, il les doit suiure tout bellement sans
approcher d'eux, ne les presser, & sans gueres crier, ne sonner de la
trompe, parce qu'au commencement que les chiens l'ont bouté, la
chaleur les transporte volontiers, & si le piqueur les pressoit, il les eschaufferoit encore d'auantage, qui seroit cause qu'ils outrepasseroiẽt
les erres. Mais quand ils ont couru l'espace d'vne heure, & qu'ils
sont bien eschauffez sur les fuites, il pourra approcher de ses chiens,
pour autant qu'ils auront perdu la chaleur, & qu'ils commanceront à
courir sagement. Et sur tout, il doit regarder les premieres ruzes &
malices que fera le Lieure, comme i'ay dit cy dedans, & se gouuerner
tout le iour par là : car toutes les autres qu'il fera sembleront à icelles.
Et selon les ruzes qu'il verra, & le pays ou il sera, il doit faire ses cernes,
grands ou petits, longs ou estroits, en cerchant les lieux les plus commodes, & plus fraiz pour le nez de ses chiens.

Il y a deux façons de prendre le Lieure à force, qui sont, que les vns
le prennent sans forhuer, mais suiuent seulemẽt les chiens par ou ils
vont sans abbreger les ruzes. Et me semble que ceste prise est la plus
honorable, d'autant qu'on cognoist la bonté, force & vigueur des
chiens.

Les autres le prennent autrement, car depuis qu'ils ont veu faire le

S

premier cerne à vn Lieure, & qu'ils ont eu cognoiſſance du pays qu'il
tient en ſes fuites, ils vont gaigner les deuants pour le voir à veuë, &
en ceſt endroit forhuent leurs Chiens, abbregeans les ruzes. Et
quand les Chiens ſont dreſſez en ceſte ſorte, ils ſont de ſi bonne
creance, qu'ils laiſſent leur droit pour aller au forhu, qui eſt cauſe
que les Lieures ne courent que bien peu deuant eux. Et certes qui
veut faire grande execution de prendre Lieures, ie louë grandement
les Chiés qui prennent de grands cernes en leurs deffauts: toutesfois
que pour bien voir chaſſer, il n'eſt que chiens qui ſuyuent le droiĉt.
Mais pour abreger les Lieures, ie donne la louange à ceux qui prennent les grands cernes, parce qu'ils enueloppent dedans, toutes les
ruzes & malices de Lieures.

I'euſſe deſcrit plus amplement le moyen de bien haller les chiens,
mais d'autant que i'en ay donné l'intelligence, tant en la venerie du
Cerf, qu'aux chapitres cy deuant, traitans des malices & ruzes des
lieures:par leſquels chapitres les piqueurs peuuent cognoiſtre entierement les ſecrets & moyens de ſ'y gouuerner, & auſſi qu'il y a tant
de bons maiſtres qui entendent l'eſtat, ie me ſuis deporté d'en faire
plus ample recit.

C H A P. LIX.

Vand le Lieure ſera pris, il faut que le valet de
chiens couppe de petites gaules ou houſſines bien
delieés à vn arbre, puis prendra le Lieure, & le portera en quelque beau lieu,ſus de l'herbe la plus nette qu'il pourra trouuer. Alors le piqueur deſcédra
de cheual, qui ſonnera la mort du Lieure, pour appeller tous ſes chiés. Ce fait le valet de chiens, defendra la curee des chiens,auec ſes gaules,leſquels abboirõt tous autour de luy.Le piqueur ſonnera touſiours, cõme deſſus, en frottãt ſes
chiens auec la main,leur mõſtrant le Lieure en diſant,Va le mort.Puis
le prendra & l'ouurira, apres le deſpouillera deuant eux, en luy oſtant
le pas,le poulmon,& la peau,leſquels il encruchera en quelque arbre,
de peur que les chiens en mangent, parce qu'ils leur ſont fort contraires, tellement qu'ils en tombent malades. Quand le Lieure

fera defpouillé & ouuert, le piqueur prendra le pain, fourmage, &
autres friandifes, lefquelles il mettra dedans le corps du Lieure, àfin

de les arroufer & brunir de fang. Puis prendra le Lieure duquel o-
ftera les efpaules & la tefte, qu'il mettera en la gibbeciere, pour donner à quelqu'vn de fes ieunes Chiens, lequel n'aura ofé approcher de
la curée. Alors le valet de Chiens aura fa corde toute prefte pour
bien attacher le Lieure par quatre ou cinq lieux, à fin de faire tirer
fes Chiens, & qu'vn n'emporte pas tout : puis le cachera, & s'en ira à
cent pas de là, porter fon fourhu. Ce pendant le piqueur eftendra fa
curée de fourmage, & autres friandifes, brunies du fang du Lieure,
fur l'herbe nette, & la defendra des Chiens auec fa gaule. Celà fait, il
commancera à fonner pour Chiens, & leur laiffera manger la curée,
en les refiouiffant, & frottant les coftez, fonnant inceffamment pour
Chiens. Quand la curée fera prefque acheuee le valet de Chiens
qui fera, comme dit eft, à cent pas loing du piqueur, doit forhuer fes
S ij

Chiens auec la trompe : foudain le piqueur les menacera, & feſſera
auec la gaule, en criant, Eſcoute à luy valet. Alors le valet de Chiens
leur monſtrera le lieure, le tenant le plus haut qu'il pourra auec les
mains: & doit tenir ſa corde par vn bout, à laquelle le lieure ſera atta-
ché par l'autre bout. Puis quand il verra ſes Chiens tous autour de
luy, il iettera ſon lieure au milieu d'eux, & leur laiſſera manger : apres
les doit mener boire auant que les coupler. Et encores pour bien faire, les faut ramener au logis tous deſcouplez, à fin de les laiſſer paiſtre, parce qu'ils ſont ſubiets à eſtre malades quand ils ont mangé de
la chair de lieure: puis doit auoir du pain, pour leur donner apres la
curee, s'ils en veulent manger, de peur qu'ils ayent mal au cœur, &
qu'ils rendent leur gorge.

Fin de la chaſſe du Lieure.

Chasse des Renards,
& Tessons.

Comme il faut dresser les petits Chiens de terre, pour la chasse
des Renards & Tessons.   CHAP. LX.

Pres auoir parlé de la chasse des Chiẽs courants,
ie feray icy vn petit traitté de la chasse des
Chiens de terre, & comme on les doit dresser
pour prendre Renards, Tessons, & leurs semblables.

Il faut entendre premieremẽt, que nous auõs
de deux especes de Bassetz desquels nous dirons
la race estre venuë des pays de Flandres & d'Artois: dont les vns ont

les iambes torfes,& font cõmunémcnt à court poil:les autres ont les iambes droites, & font volontiers,à gros poil, comme Barbets. Ceux qui les ont torfes, coulent plus aifément en la terre que les autres, & font meilleurs pour les Blereaux, d'autant qu'ils y demeurent plus longuement, tenans mieux fans fortir. Ceux qui ont les iambes droictes, ferment à deux meftiers, parce qu'ils courrent fur terre comme Chiens courants, & entrent de plus grand fureur & hardieffe en terre que les autres, mais ils n'y demeurent pas fi longuement, d'autant qu'ils fe tourmentent à combatre les Renards & Teffons, ce qui les contraint d'en fortir pour prendre l'air. Il s'en trouuent de bons & de mauuais des deux efpeces. Or par ce que la chaffe en eft belle, & furieufe, fans grand trauail ne peine, i'ay bien voulu icy defcrire le moyen de dreffer les baffets, & les mettre à la chair.

Premierement, on doit commancer à dreffer les Baffets de l'aage de huit à dix mois, car fi vn Baffet n'entre en terre à fon an, à peine luy pourra on iamais faire entrer. Et fe faut bien donner garde au commancement qu'on les dreffe, de les rudoyer, ne que les Teffons ou Renards les bleffent en terre, pour autant que s'ils y eftoyent battus ou outragez, ils n'y voudroient plus retourner. A cefte caufe, on ne doit iamais faire entrer les Baffets és terres où il y ayt de vieux Teffôs ou Renards, que premier ils ne foient dreffez, & qu'ils n'ayent leur an accomply. Encores faut il mettre toufiours vn vieux Baffet deuãt eux, qui endurera la fureur des Teffons. Vous pouuez dreffer les Baffets, & mettre à la chair, en plufieurs manieres, dont la premiere eft: Qu'en la faifon que les Renards & Teffons ont leurs petits, il faut prendre tous les vieux Baffets, & les laiffer aller en terre: puis alors qu'ils cõmãceront à abboyer, on doit tenir tous les ieunes aupres des pertuits,vn à vn,de peur qu'ils fe battent,& leur faire efcouter les abbois. Apres que les vieux Renards ou teffons feront pris, & qu'il n'y aura plus que les petits, faut prendre tous les vieux Baffets, & les coupler, puis laiffer aller les ieunes, les hardiffant en terre,en criant, Coule à luy Baffet, Coule à luy, hou, prenez prenez Et alors qu'ils tiendront quelque ieune Teffonneau ou renardeau, il leur faut laiffer eftrangler dedans la tranchée ou pertuis,fe prenant biẽ garde que la terre ne tombe fur eux, de peur qu'elle leur nuife. Ce faict, faudra porter tous les petits Teffonneaux ou Renardeaux au logis, & en faire fricaffer les foyes & le fang, auec du fourmage, & de la greffe: puis leur en faire curée, en leur monftrant la tefte de leur gibbier.

Apres que les Baffetz auront mangé la curee, ou bien au parauant il
les faut lauer d'eau tiede, auec du Sauon, pour faire tomber la terre,
qui fera meflee entre le poil & la peau : car autrement ils pourroient
deuenir galleux, d'vne galle qui feroit fort difficile à guarir. On les
peut encores dreffer en vne autre maniere, fçauoir eft, il faut faire
prendre de vieux Renards ou Teffons tous vifs, par les vieux Baffetz,
& auec des tenailles propices à ce faire, comme vous pourrez voir
en portraicture cy apres, le prendre, & leur coupper toute la mafchouëre de deffouz, là où font fichez les grands crochets, & ne toucher point à celle de deffus, pourautant qu'elle monftrera toufiours
la fureur de la befte, fans pouuoir bleffer ne faire mal. Apres faut faire
faire des terres en vn pré, lefquelles doiuēt eftre affez larges, afin que
les Baffetz ayēt efpace de leur tourner & virer, & entrer deux tout de
front, puis couurir les terres d'ais, & de gazons. Celà fait, on doit mettre le Teffon dedans, & lafcher tous les Baffetz, ieunes & vieux, leur
donnant courage, & les enhardiffant, comme l'art le requiert. Et
quand ils auront affez abbayé, faut frapper fept ou huit coups de bef-
che au cofté pour leur donner hardieffe quand on befchera. Puis faudra leuer les aiz à l'endroit ou fera le Teffon, & le prendre auec les
tenailles, en le tuant deuant eux, ou bien le faire eftrangler à quelque
Leurier, pour leur en faire curee. Et faut auoir du fromage en vne
pochette, pour leur ietter foudainement fur leur gibbier, quand il
fera mort. Et fi d'auenture on ne vouloit rompre la machouëre de
deffouz du Teffon, il luy faut coupper tous les crochets, & toutes les
maiftreffes dents, de peur qu'il morde, & face mal.

Du naturel & complexion des Renards & Blereaux.

CHAP. LXI.

TOut ainſi qu'il y a deux eſpeces de Baſſetz, il y a ſemblablement deux eſpeces de Teſſons & de Renards, ſçauoir eſt des
Teſſons, de Porchins, & de Chenins, & des Renards, de
grands & de petits Goupils. Combien que pluſieurs veulent dire, que les Teſſons ſont tous d'vne meſme ſorte, &
qu'il n'y a point de difference entre les Porchins & Chenins, ſi eſt ce
que ie leur prouueray le contraire, tant par la couleur & façon des
beſtes, que par leur naturel

Le naturel des Porchins eſt tel, qu'au ſortir de leurs terres ils ſõt volõtiers leur fiante:& ne la ſont iamais qu'ils ne facent vn petit pertuis
auec le bout du nez, ou bien auec l'ongle:puis fiantent dedans, ce que
ne ſont

ne font pas les Chenins : & font les Porchins plus communément leurs cauernes dedans le fable,& autres terres aifées à mouuoir,qu'ils ne font pas ailleurs , & en lieux defcouuers,pour auoir la chaleur du Soleil, dormans inceffamment : auffi y prénent ils plus de greffe que les Chenins. Quant au pelage, les Porchins font plus blancheaftres, & ont le poil de deffus le nez , & de deffouz la gorge beaucoup plus blanc que n'ont pas les Chenins, & fi le corfage en eft vn peu plus grand,la tefte & le nez plus gros:combien qu'il y a peu d'apparence, fi on n'y regarde de bien pres.

Le naturel des autres, qu'on appelle Chenins, eft tel, & les cognoiftra on en cefte maniere:C'eft qu'ils vōt aux porchats plus loing que les autres,faifant leur fiante au loing,de telle façon que celle des Renards.Ils fe tiēnent volontiers dedans les fortes terres, ou dedans les rochers , faifant leurs foffes & cauernes plus profondes & eftroit-tes que non pas les prochins : toutes fois qu'il n'y a pas tant de meres ne de carrefours qu'en des porchins, d'autant qu'ils ne peuuent pas mouuoir les terres fortes & rochers , comme les autres font le fable, & les terres mouuantes. Ces deux efpeces ne fe tiennent point enfemble,& à peine les pourra on trouuer à vne lieüe pres l'vne de l'autre.Les Chiens de terre craignent bien plus les Chenins que les Porchins : car ils font plus mauuais, & plus puants. On les pourra encores cognoiftre au pelage, lequel eft tel. Les Chenins ont la gorge,le nez,& les oreilles iaunaftres, comme la gorge d'vne Martre, & font beaucoup plus noirs,& plus hauts fur iambes,que les autres.Les deux efpeces viuent de tous chairs , & mefmes vont aux charongnes. Ils font grand dommage aux Garennes,& principalement aux petits lapreaux,qui font dedans les raboulieres: car ils percent droit deffus la robouliere,là où le Renard fuit du long. Ie leur ay veu prendre deuant moy les petits cochons de laict, lefquels ils trainoient tous vifs en leur terrier.C'eft vne chofe certaine qu'ils en font plus friands que de toutes autres chairs: car fi on paffe vn carnage de porceau par deffus leurs terriers ils ne faudront iamais de fortir pour y aller. Ils viuent de toutes fortes de gibbiers, comme oyes, poulets, & leurs femblables:ie le fçay par experience : car i'en ay nourry de priuez, iufques en l'aage de quatre ans. Ils font plaifans & de bonne nature, fans mordre ne faire aucun mal, ne faifant que iouër auec les petis Chiens, & dormir le refte du temps : & quand ie les appellois, ils venoient à moy comme Chiens,me fuiuant la part où i'allois.Ils font

T

fort froidureux, & si on les laisse en quelque chambre où il y ait du
feu, ils s'en iront coucher dedans, & se brusleront les pieds, lesquels
sont fort difficiles à gaurir. Ils se nourrissent de pain, de petits osselets,
fromage, fruitage, raisins, barbots : somme, ils mangent de tout ce
qu'on leur veut donner. Quand il nege, ou fait autre fort temps, ils
ne sortent point hors de leurs cauernes, aucunesfois de deux ou trois
iours, ce que i'ay veu par experience : quand la nege estoit tombée
deuant leurs pertuis, ie ne trouuois point qu'ils fussent sortis, & y suis
allé par deux matins ensuiuans, & au dernier les trouuay sortis, où ils
alloiĕt pourchasser leur vie. C'est plaisir de leur veoir amasser le bourre, comme paille, fougere, fueilles, & autres choses, ils assemblent
tout en vn monceau, puis auec les quatre iambes & la teste, emportĕt
& trainĕt autant en vn coup en leurs cauernes, qu'vn homme en sçauroit porter d'vn bras sous son aisselle. Ils ont ceste malice, qu'alors que
ils se voyent abboyez des Bassetz, ils fermĕt les pertuis de leurs cauernes apres eux, de peur que les Bassets les suiuent. Et si on les fait abboyer deux ou trois fois dedans les terres, ils remuent leur menage,
& s'en vont en vn autre lieu. Ils viuent longuement, & quand ils sont
bien vieux, les vns deuiennĕt aueugles, qui ne peuuent sortir de leurs
fosses : si se sont les masles, les femelles les norrissent, & si se sont les
femelles, les masles font le semblable. Ils meurent aussi de dartres qui
leur viennent par tout sur la peau, comme l'on veoit venir aux Chiĕs :
qui est la raison pourquoy on doit lauer les Bassetz, comme i'ay dit cy
dessus, parce que la terre engĕdre les dartres. I'ay veu toutes ces choses cy dessus mentionnées par experience.

Les Tessons sont de dure vie : car i'ay veu plusieurs fois de bons &
forts Leuriers apres des Tessons, qui les mordoiĕt si asprement qu'ils
faisoient sortir leurs trippes hors du ventre, encores se defendoient,
& ne vouloient pas mourir. C'est vne chose certaine que les Tessons
craignent le nez grandement, aussi ne leur sçauroit on donner si petit
coup de baston dessus, qu'ils ne meurent soudainement.

Quant à la chasse des Renards, il y a peu de plaisir, principalement
en la terre, par ce que depuis qu'ils sentent les Bassets qui les abboyĕt,
ils bouclent, & sortent soudainement dehors, excepté en la saison
que les femelles ont leurs petits, lesquels ils ne veulent abandonner.
Ils font volontiers leurs terriers en lieux mal-aisez à becher, comme dedans des rochiers, ou sous quelques arbres, & n'ont qu'vne
mere, qui va fort loing, laquelle est fort estroitte.

Quand les Baſſets ont vne fois acculé les Renards, ils ſe defendent
quelque peu, mais ce n’eſt pas de telle vigueur & hardieſſe que les
Teſſons, & n’ont la morſure ſi dangereuſe. Si on prend vne Renarde
en la ſaiſon qu’elle eſt en amours, & qu’on luy couppe la nature, & le
boyau qui la tient, auec les petits roignons, qui ſont cauſe de l’engé-
drement, qui eſt ce que les Chatreux oſtent aux Chiennes quand ils
les ſennent, puis mettre le tout couppé par petits lopins en quelque
petit pot, tout chaudement, & prendre du Galbanum, & le mettre
dedans, en meſlant tout enſemble, & couurir le pot, de peur que le
tout s’eſuente, celà ſe pourra garder toute l’annee, qui ſeruira alors
qu’on voudra faire quelque trainee pour faire venir les Renards, en
prenant du cuir ou coüanne de lard, la mettant ſur le gril, puis quand
elle ſera bien grillee, & toute chaude, il la faut tremper dedans le pot
où eſt la nature de la Renarde, & le Galbanum, & en faire toutes les
trainees, alors vous verrez que les Renards vous ſuiuront par tout:
mais il faut que celuy qui fera la trainee, frotte la ſemelle de ſes ſouliers de bouze de Vache, de peur qu’ils ayent le vent de ſes pieds. Voilà comme il faut faire venir les Renards pour les prendre au pege, &
pour les tuer au ſoir auec l’arbaleſte. C’eſt vne choſe certaine, que ſi
on frotte vn Baſſet de ſouffre, ou d’huile de Cade, & qu’on le face entrer en des terres, où il y ait des Renards ou Teſſons, ils ſe remueront
de là, ſans y retourner de deux ou trois mois.

*Comme il faut beſcher & prendre les Renards & Teſſons, & des
inſtruments qu’il faut auoir pour ce faire.*

CHAP. LXII.

Ous Seigneurs qui voudront exercer la chaſſe des Chiens
de terre, il faut qu’ils ſoient equippez & garnis des choſes
qui s’enſuiuent. Premierement, d’vne demie douzaine de
forts hommes pour beſcher, d’vne demie douzaine de bõs
Chiens de terre, pour le moins, qui ayent chacun vn collier au col,
large de trois doigts, & garny de ſonnettes, pour l’entree des terres, à
fin que les Teſſons s’acculẽt pluſtoſt, & auſſi que les colliers les garde-
rõt d’eſtre bleſſez. Et à l’heure qu’on verra les Teſſons acculez, ou que
les Baſſets ſoient las, & hors d’aleine, ou bien que les ſonnettes fuſſent

pleines de terre, il faudra prendre les Baſſets, & leur oſter les colliers:
mais au commencemẽt ils ſeruent grandement, d'autant que le Teſ-

ſon ſ'en accule pluſtoſt. plus, pour reuenir au propos, le Seigneur doit
auoir ſa petite charrette, là où il ſera dedans, auec la fillette, aagee de
ſeize à dixſept ans, laquelle luy frottera la teſte par leschemins. Il doit
auoir demy douzaine de mantes, pour ietter contre terre, à fin d'eſcouter l'abboy des Baſſets: ou bien pourra porter vn lict plein de vẽt,
lequel on pourra faire en ceſte maniere. Il faut coudre des peaux enſemble, en carré, & de la grandeur d'vne paillace, & que les couſtu-
res en ſoient auſſi ſubtiles que celles d'vne bale: puis quand tout ſera
bien couſu tout autour, il faudra mettre à vn des coings vn petit buf-
fet, en façon de celuy d'vne bale ou d'vne cornemuſe qui ſe ferme de
luy-meſme quãd le vent ſera dedans, puis l'emplir auec vne ſeringue,
ou auec vn bon ſouflet, fait à la ſemblance de celuy d'vn Orfeure.
   Toutes les cheuilles & paux de la charrette doiuent eſtre garnis de

flaccons & bouteilles, & doit auoir au bout de la charrette vn coffre
de bois, plein de coqs d'Inde froids, iambons, langues de bœuf,& autres bons harnois de gueule. Et si c'est en temps d'hyuer, il pourra faire porter son petit pauillon, & faire du feu dedans pour se chauffer,
ou bien donner vn coup en robbe à la Nymphe. Les instrumens pour
bescher, doiuent estre, premierement des Tarieres, de deux sortes de
pietes: sçauoir est, de larges & d'estroites, vn coupant faict en façon
d'vne piete, lequel doit estre acceré pour coupper les racines, vne Besche fort large, pour tirer la terre, vne Racle pour ouurir les meres &
goulets, de laquelle on tirera la terre hors, des Tenailles pour arracher & tirer les Tessons des pertuis, des paesles de fer & de bois, des
sacs pour mettre les Tessons vifs dedans, vne paesle ou autre vaisseau
pour faire boire les petits Chiens. Et faut que le Seigneur marche en
bataille de ceste façon, equippé de tous les ferrements cy dessus mé-
tionnez, à fin d'aller dõner l'assaut aux gros Tessons&Vulpins en leur
fort, & rompre leurs chasmates, plocu, paraspets, & les auoir par mine, & contre-mine, iusques au centre de la terre, pour en auoir les
peaux à faire des carcãs pour les arbalestiers de Gascongne. I'ay pour-
traict cy apres la forme & façon de chacun des ferrements.

T iij

Les Ferrements.

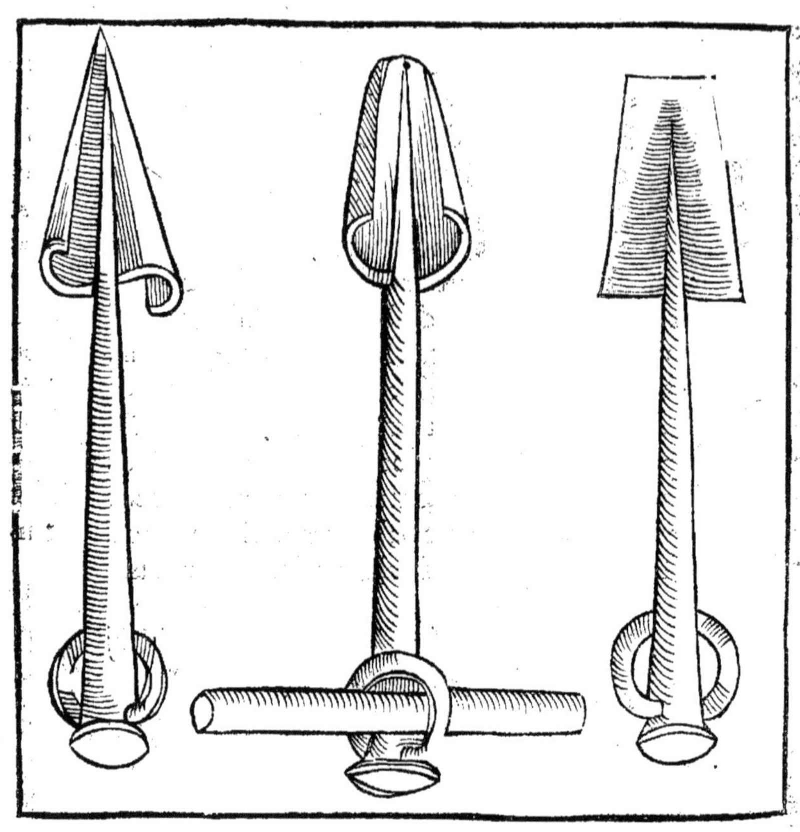

Tariere pointuë, pour faire la premiere perce.

Tariere ronde, pour percer & enleuer la terre.

Tariere platte, pour fermer les meres.

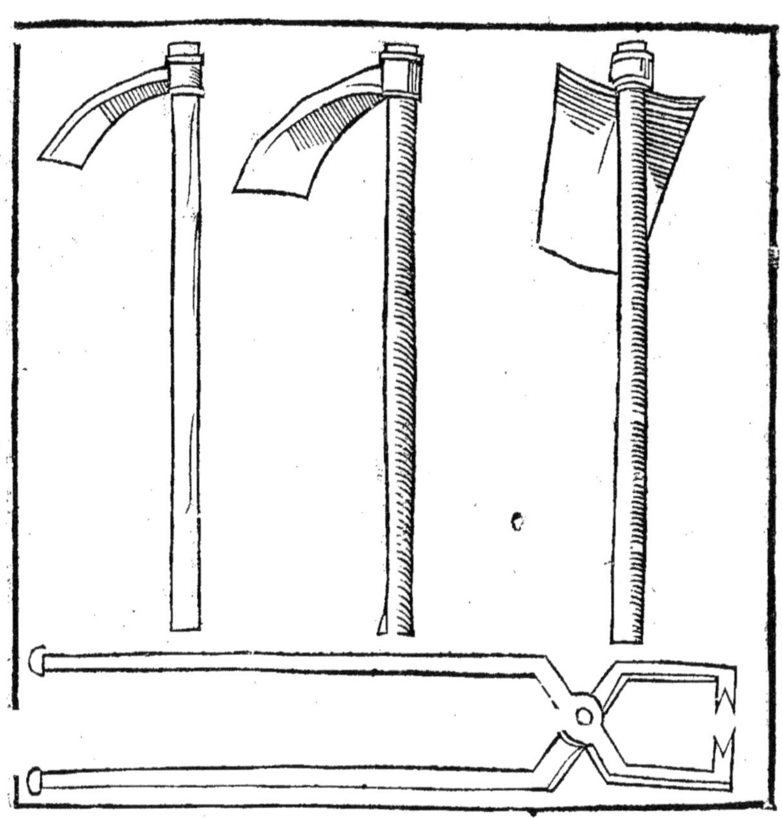

Piete eſtroitte, pour beſcher la terre.

Piete large, pour beſcher la terre.

Bezoche large, pour tirer la terre.

Tenailles, pour prendre les Teſſons.

Paesle de fer, pour bescher.

Racle, pour nettoyer les meres, & pertuis.

Coupant aceré, pour coupper les racines.

Paesle de bois, pour ietter la terre.

Comme

Comme on doit laſcher les Baſſets ſelon les terres qu'on voit:
Et ce qu'on doit faire pour beſcher & miner les Teßons.

CHAP. LXIII.

L faut icy entendre, que premier que laſcher les Baſſetz, on doit regarder les terres quelles elles ſont,
& le lieu où elles ſont ſituees, & là où ſont les acculs,
car autrement on feroit tout au rebours de la chaſſe,
d'autant que ſi les terres eſtoient en pante de couſtaux, il eſt requis de mettre les Baſſets par les deſ-
ſoux, deuers la vallee, à fin d'acculer les Teſſons ſur le
haut du coſtau, là les terres ne ſont pas ſi profondes, pour les beſcher plus aiſément. Autrement ſi les terres eſtoient en vne motte,
& qu'elles fuſſent toutes rondes, la motte eſtant aſſiſe en lieu plat,

V.

il faut mettre les Baffetz aux pertuis qui font les plus hauts, fur la fommité de la motte. Mais premier que de les lafcher en telles terres, on doit frapper vingt, ou trente coups de la tefte des pietes fur le haut des terres, à fin de faire defloger les Teffons du milieu d'icelles, pour les faire defcendre aux acculs, qui font au bas de la motte. On doit toufiours lafcher à l'entree deux ou trois Baffets, à fin qu'en leur fureur ils puiffent defbrâler & departir les Teffons, qui feront enfemble, & les chaffer aux acculs. Ils ont vne malice de fe faire abboyer aux carrefours, & tiennent fort en tels lieux contre les Baffets. A l'heure qu'on voit qu'ils font aux abbois en tels endroits, il eft requis frapper deux ou trois coups de piete, & f'ils ne veulent defloger pour telle chofe, il faut foudainement mettre la tariere ronde pour les defcouurir. Et alors qu'on verra qu'ils feront à l'accul, on ne doit pas percer au droit d'eux, mais faut percer au droit de la voix du Baffet, pour autant que fi on perçoit droit fur eux, ils retourneroient dedans les grandes terres, & forceroient le Baffet, à cefte caufe, il faut percer comme i'ay dict, au droict de la voix du Baffet, auec la tariere ronde, car elle enleue la terre fans qu'elle tombe dedans: puis foudainement mettre la tariere platte dedans le pertuis du rond, à fin qu'il ferme la mere tout au trauers, de peur que le Teffon reculaft fur le Chien. Et f'il eft poffible d'enfermer le Chien par le derriere de la tariere, il feroit fort bon, car fi c'eftoit par le deuant, les Teffons le pourroient battre & rudoyer: parce qu'aucunesfois il f'en trouue en vn accul fix ou fept, qui pourroient battre & rebuter le Chien. Quand la mere eft fermee de la tariere platte, il faut faire foudainemét la tranchee auec les pietes & paelles, à fin d'auoir efpace pour ranger vn homme dedans: & à l'heure laiffer entrer les Baffets en la tranchee, & les faire abboyer en ce lieu là, où on voit batailles & affaux de toutes façons. Il fe faut donner garde que les Teffons ne fe couurent de terre, ce qu'ils font volontiers quand ils font acculez, tellement que les Baffets font aucunesfois deffus, & ne fçauent où ils font allez. Puis quãd on a defcouuert leur cafmate & fort, il faut auoir les tenailles pour les arracher: mais il y a myftere à les prendte, parce que fi on ne les prent qu'au corps, ils mordent & bleffent les Chiens quãd on les tire dehors, toutesfois on les peut prendre en cefte forte: Il faut ouurir les tenailles, & leur en mettre la moitié en la gueule, l'autre moitié par le deffous de la mafchouëre, puis ferrer les tenailles, & vous les tiendrez par les mafchouëres de deffous: car fi vous le pre-

niez par la mafchouere de deffus du cofté du nez,il mourroit foudainement Et alors que le tiendrez auec les tailles,il le faut tirer & mettre dedans le fac , puis le porter en quelque court ou iardin ren-
fermé de muraille,& le laiffer aller, mettant les petits Baffets apres
quand il fera efchauffé,il viendra affaillir les hommes comme fait vn
Sanglier.Et à telle chaffe il eft requis d'eftre botté : car plufieurs fois
ils m'ôt emporté le lopin de la chauffe, & la chair qui eftoit par deffouz. I'euffe traitté plus amplement de cefte chaffe, mais par ce que
peu d'hommes y prennent plaifir, i'en ay efcrit fuccinctement.

Fin de La Venerie.

V ij

Es Chiens sont subiets à plusieurs maladies, mais la plus grande de toutes, c'est la rage, dont il y en a sept especes. La premiere est appellee la rage chaude, & desesperee, laquelle ne se peut guarir, parce qu'elle est tant ennemie du sang, qu'incontinent que le venin est meslé parmy, il le brusle & infecte soudainement : & alors que la ceruelle sent les fumees de ce venin, elle se tourmente de telle façon que soudain elle fait desesperer & trauailler le corps de ces pauures animaux, cóme on peut veoir par experience. On cognoist les Chiens qui ont ceste espece de rage, en plusieurs sortes. Premierement, quand ils courent,ils leuent la queuë toute droite, ce qu’ils ne font pas en toutes les autres rages.Ils courent fus à tout ce qu’ils trouuent deuant eux, tant aux beftes d’aumaille,qu’autres, fans regarder par où ils paffent, foit au trauers des riuieres ou eftangs:& fi ont la gueule fort noire,& fans efcume.De cefte efpece de rage,ils ne courent que trois ou qua-tre iours pour le plus,à caufe du mal & trauail que leur donne cefte maladie.Quand ils ne peuuent plus aller, ils hurlent vne façon d’hur-lement tout caffé & rance,non pas naturel,comme f’ils eftoient fains. Toutes les beftes qu’ils morderont, tant Chiens qu’autres animaux, f’il en fort du fang,ils enrageront fans aucun remede.

La feconde efpece de rage,fe nomme rage courante, laquelle eft femblablement incurable, mais la morfure n’eft pas fi veneneufe ne dangereufe enuers les autres animaux,que de l’autre,parce qu’elle ne tient pas inceffamment. Et quand vn Chiē eft enragé de cefte efpece de rage,le premier Chien qu’il mord au commancemēt du iour,em-porte tout fon venin,& fera en danger d’enrager: mais tous les autres qu’il mordera apres le refte du iour,ne cuidèront pas enrager.Quand ils ont telle rage,ils ne courent à beftes,ne à hommes,qu’aux Chiens, & f’en vont efcoutans pour iouïr les abbois des autres Chiens,à fin de les aller desbrayer & mordre.Ils fuiuent les grands chemins, & met-tent la queuë entre les iambes, trottans comme fait vn Renard:ils peuuent viure neuf mois pour le plus. Ce deux efpeces de rage, font les plus dangereufes de toutes les autres.Et quand les Chiens veulent enrager de ces deux efpeces,on le cognoift en cette forte.

Premierement, ils ne mangent que bien peu.Ils fentent les autres Chiens,& apres les auoir fentis ,ils les mordent en les cheriffant, & demenant la queuë.Ils font de grands foufpirs en foufflant du nez, ils ont vn regard de trauers,& trifte : ils courent les moufches & papil-lons.Et y a d’autres fignes fort apparans, que ie laiffe à caufe de bre-ueté.Quand on voit tels fignes, il les faĩt ofter d’auec les autres, & les enfermer: car leur haleine pourroit infecter,& faire enrager les autres Chiens,parce que telles maladies fe prennent entr’eux, com-me la pefte entre les hommes.

Les autres cinq efpeces de rage ne font pas fi dangereufes de beau-coup:car les Chiens n’en courent, & n’en mordent point, dont ie les penfe pluftoft maladies que rage : combien que Phebus & plufieurs autres ont nommé toutes les fept efpeces,rages incurables, fi eft ce que i’ay guary des Chiens de rage de cinq efpeces cy deffous mentiō-

nees, auec les receptes que mettray en apres par escrit. Ces cinq especes de maladie ou rage, se nomment en ceste sorte.

La premiere s'appelle rage mue, laquelle tient dedans le sang, & la
cognoistrez en ceste façon. Les Chiens qui l'ont ne veulent point
manger, & ont tousiours la geule ouuerte, mettans la patte dedans,
comme s'ils estoient enossez, & se çachent volontiers en lieu frais, &
humide.

La seconde rage s'appelle la rage tombante, parce qu'alors que les
Chiens l'ont, s'ils sont debout, & qu'ils cuidẽt marcher, ils tõbent par
terre, cõme s'ils auoiẽt le mal de S. Ieã: ceste rage les tiẽt en la teste.

La tierce rage s'appelle flastree, parce que le mal est dedans les
boyaux, qui les fait retirer de telle sorte qu'ils sont si plats qu'on les
perceroit auec vne aiguille.

La quarte s'appelle la rage endormie, laquelle vient d'vn espece de
petits vers, qui leur viennent dedans l'orifice de l'estomac, & sont engendrez d'vne corruption d'humeurs, dont les vapeurs & fumees
leur montent au cerueau, qui les fait dormir incessamment, ainsi
meurent en dormant.

La cinquiesme & derniere espece de rage, s'appelle reumatique,
parce qu'alors qu'elle tient les Chiens, la teste leur enfle grosse, & ont
les yeux iaunes, de la couleur d'vn pied de Milan.

Quand les Chiens sont malades de ces maladies, ils ne cuident pas
manger, & viuent huit ou neuf iours sans faire aucun mal, puis meurent de faim. Car il faut entẽdre que le chien a ceste nature, qu'alors
qu'il sent mal au dedans du corps (i'entens des maladies qui leur sur-
uiennent sans estre blessez) ils ne mangent iamais qu'ils ne soient guaris. Et par exemple le pouuez voir, quand quelque Chien est malade,
& qu'on luy donne de la gresse, il ne la mange que premier il ne soit
allé paistre de l'herbe, & qu'il n'ait rendu sa gorge, & soit guary.

Il y a plusieurs hommes qui ont voulu dire que le ver qui vient sous
la langue du Chien, est la cause de le faire enrager; ce que ie leur nie:
combien qu'on dye que le Chien ne court pas si tost en ceste maladie, quand il a le ver osté de la langue. Ie m'en rapporte à ce qui en est.

Ces maladies prennent entre les chiens pour s'halener & frequen-
ter les vnes auec les autres. Et est besoing, si quelque Chien a ces maladies en vn Chenin, d'oster tous les autres, & les remuer en vn autre lieu, car comme i'ay dit cy dessus, telles maladies se prennent entre les Chiens, comme la peste entre les hommes.

Les receptes pour guarir des cinq especes de rages.
Et premierement, de la rage mue.

QVand vn Chien aura la rage mue, pour le guarir il faut prendre le poix de quatre efcuz du iuft de la racine d'vne herbe nommee Spatula putrida, dicte Paffe-rage, laquelle a la fueille comme Iris, toutesfois qu'elle eft vn peu plus noire : & mettre ce iuft en vn petit pot plombé, puis prendre le poix de quatre efcuz du iuft des fueilles d'vne herbe nommee l'herbe du Cru, autrement Helebore noir, puis le poix de quatre efcuz du iuft de l'herbe de la Ruë. Si les herbes ne rendoient iuft, faut prendre la decoction d'icelles. Et quand tous les iufts feront enfemble, il faut mettre autant de vin blanc comme de iuft de Ruë. Puis faudra paffer tous les iufts des herbes, & le vin blanc, en vn beau linge net, & mettre tout en vn verre. Ce fait, faut prendre deux dragmes de Scamonee fans eftre preparee : & la mefler parmy tous les iufts : puis prendre le Chien auec feruiette, & luy ouurir la gueule, en luy mettant dedans vne ouillette, ou entônoir, ou en vne corne de Bœuf percee, & luy faire aualler le tout en luy tenant vn peu la tefte leuee, de peur qu'il rende fa gorge. Apres luy auoir baillé cefte medecine, on le doit faigner auec vn coufteau, comme l'on faigne les Chenaux, en la gueule : fçauoir eft, aux denteleures, qui font en la mafchouëre de deffus au pallais, qui eft par le dedans de la gueule, & luy coupper deux ou trois denteleures, à fin qu'il faigne plus fort. Puis mettrez repofer le Chien fur la paille, & il guarira. Vous noterez que l'herbe que le vulgaire appelle corne de Cerf, ou toute dent de Chien, eft fouueraine pour rage, fi on fait boire au Chien huit dragmes du iuft d'icelle herbe, auec vn peu de fel.

Recepte pour la rage tombante, qui pro-
cede du cerueau.

IL faut prêdre le poix de 4. efcus du iuft de la fueille ou graine d'vne herbe qu'on nôme pæonia, en François, peaune, i'entens de celle qui porte graine. Puis prendre le poix de quatre efcus du iuft de la racine d'vne herbe nômee Bryonia, en François, du parc, laquelle herbe vient dedans les hayes, & a la racine groffe comme la iambe d'vn homme. Puis prendre le poix de quatre

efcuz du iuſt d'vne herbe qu'on nomme Croiſette, en Latin, Crucia-
ta, puis prendre quatre dragmes Deſtafiacre bien broyé en poudre,
& le meſler auec tous les iuſts des deſſuſdictes herbes, & faire boire le
iuſt au Chien, comme deſſus. Celà fait, il luy faut fendre les oreilles
pour le faire ſeigner, ou bien le ſaigner des deux venes qui viennent
par le dedans des eſpaules des iambes de deuant, qu'on appelle pour
les Cheuaux, les arcs. Et ſi d'auanture on voyoit que la medecine fiſt
peu d'operation pour la premiere fois, il la faut reiterer.

Renez le poix de ſix eſcuz du iuſt d'Abſinte, & le
poix de deux eſcus d'Aloé en poudre, le poix de
deux eſcus de poudre de corne de Cerf bruſlee auec
deux dragmes d'vne drogue nommee Agaric, puis
meſlez les iuſts, & les poudres enſemble. Et ſi vous
voyez qu'il y ait faute de iuſt, & que les poudres fuſſent trop eſpoiſſes, pour faire aualler au Chien, il
faut mettre du vin blanc iuſques au poix de quatre ou ſix eſcus, puis
faire aualler le tout au Chien, comme deſſus.

L faut prendre le poix de ſix eſcus du iuſt ou decoction de la racine de Fenoil, le poix de quatre eſcus
du iuſt ou decoction de Guy, qui croiſt dedans les
Aubepins, le poix de quatre eſcus du iuſt ou decoctiõ
de Lierre, le poix de quatre eſcus de poudre ou marc
de la racine de Polipode, qui croiſt dedans les chef-
nes, & mettre le tout dedans vn petit poiſlon, & le
faire bouillir auec du vin blanc, puis quand il ſera refroidi vn peu, il le
faut ſoudain faire aualler au Chien, comme deſſus.

Quant

O VANT à la rage flaftree, qui tient dans les boyaux, & plufieurs autres maladies, comme gouttes, eftrufleures, refroidiffemens, & toutes autres maladies engédrées de froides caufes, elles fe guariffent par bains & eftuues dont la recepte s'enfuit.

Recepte des bains pour guarir les Chiens des maladies venues de froides caufes.

IL faut prendre deux grandes poilles, tenátes chacune fix feaux, efquelles vous mettrez en chacune d'icelle dix iointées de chacune efpece des herbes qui s'enfuyuent: Sçauoir eft, dix ioinctées d'vne herbe nommée Armoife, dix ioinctees de Romarin, dix ioinctees de Sauge menuë, dix iointees de racines ou fueilles de Guymauues blanches, dix ioin-tees de racines ou fueille d'hiebles, dix iointees de fueilles ou racines de Fenoil, dix iointees de Marachemin blanc, ou de Meliffe, dix ioin-tees de Ruë, dix iointees d'Enula-campana : fçauoir eft, fueille & ra-cine, dix iointees de Lapaces, dix iointees de Bugloffe, & de Melilot: & mettre le tout dedans les fufdites poilles, lefquelles faut emplir de deux parts d'eau, & le tiers de vin, & faire le tout bouillir enfemble, iufques à ce qu'il foit confommé du tiers, puis quand les herbes ferõt bien cuittes, il faut prendre les poiles, & ietter toutes les herbes & leur decoction en vne pippe, en laquelle faut mettre quatre feaux de bonne & forte lie de vin, puis prendre lefdites poilles, & les remettre fur le feu, comme elles eftoient auparauant, les empliffans le tiers de vin & eau, comme deffus. Apres faut auoir vn fac neuf, & aller cer-cher des fourmieres & gros fourmis rouges, lefquels faut prendre auec les œufs, & toutes leurs coques : puis les mettre bouillir & con-fommer dedans lefdites poiles, auec trois ou quatre picotins de fel: & quand le tout fera bien confommé iufques à la tierce partie, & que l'eau fera biẽ graffe, il faut verfer le tout dedãs la pipe où a efté verfee la premiere decoction, & laiffer repofer toutes les chofes fufdites en-femble, iufques à ce que le tout foit vn peu plus chaut que tiede : & à l'heure mettrez les Chiens malades dedans, les faifans baigner l'efpa ce d'vne bonne heure, fans fortir. Mais il fe faut donner garde d'eux, en les tenãt, de peur qu'ils fe noyent, ou euanouiffent dedãs la pippe, Puis apres les faudra mettre en quelque lieu bien chaudement, là où

X

ils ne prennent point de vent, de peur qu'ils fe morfondent & refroidiffent:& les faut baigner par quatre ou cinq iours enfuiuans, en faifant rechauffer l'eau , car cefte premiere decoction pourra feruir
pour tous les baings. Et auant que de mettre les Chiens malades, la
premiere fois dedans le baing, il les faut purger en cefte forte.

Recepte pour purger les Chiens auant que les me-
tre dedans le baing.

Renez vne once & demie de caffe, bien mundee,
deux dragmes & demie Deftafiacre en poudre,
deux dragmes & demie de Scamonee, preparee dedans du vinaigre blanc, auec quatre onces d'huille
d'oliues, & deftrempez le tout enfemble, en le faifant vn peu chauffer fur le feu, puis le faites aualer
au Chien, vers le foir, fans luy donner à manger , &
le lendemain le mettrez dedans le baing à ieun.

Baing pour lauer les chiens, quand ils ont efté mords des Chiens
enragez, de peur qu'ils enragent.

Vand les Chiés font mords ou desbrayez de Chiens
enragez, il faut incontinent emplir vne pippe d'eau,
puis prendre quatre boiffeaux de fel, & les ietter dedans, en meflât fort le fel auec vn bafton pour le faire fondre foudainement:& quand il fera fondu, faut
mettre le Chien dedans, & le plonger tout, fans qu'il
paroiffe rien, par neuf fois:puis quand il fera bien la-
ué, faut le laiffer aller, celà l'empefchera d'enrager.

Autre recepte par mots preferuant la rage.

'Ay appris vne recepte d'vn Gentil-homme, en Bretaigne , lequel faifoit de petits efcriteaux , où n'y auoit feulement que deux lignes , lefquels il mettoit en vne
omelette d'œufs, puis les faifoit aualler aux Chiens qui
auoient efté mords de chiens enragez, & y auoit dedãs
l'efcriteau, Y RAN QVIRAN CAFRAM CAFRATREM CAFRA-

T R O S Q V E. Lefquels mots difoit eftre finguliers pour empefcher les Chiens de la rage, mais quant à moy ie n'y adioufte pas foy.

Des malades de la gale, des dartres, gratelles,
& rongnes des Chiens.

IL y a quatre efpeces de galles: fçauoir eft, la galle rouge & menue, qui enfle les iambes des Chiens. La galle dartree, laquelle vient large comme la paume de la main, qui enleue le cuir des Chiens. La galle commune appellée rôgne. La galle noire, qui eft fouz le cuir, laquelle faict tomber tout le poil. Defquelles galles la rouge eft la pire: & plus malaifee à guarir, par ce qu'elle eft engendrée de morfondeures, que les Chiens prennent l'hiuer en paffant les eaux, & à coucher en lieux humides, fans eftre chauffez ne fechez : ou bié leur vient pour eftre nourris aux boucheries à manger le fang des Bœufs & Vaches, qui leur efchauffe le corps. Telles efpeces de galles fe doiuent guarir en cefte forte. Il faut premierement purger le Chié, de la medecine que i'ay mife cy deffus pour le baing : puis le lédemain luy tirer enuiron deux onces de fang, d'vne vene qui eft entre la corde du iaret & l'os de la iambe, puis à deux iours de là, on le doit frotter d'vn ongnement fait felon la Recepte qui s'enfuit.

Recepte pour faire guarir les Chiens de la galle, des
dartres, gratelles, & rongnes.

IL faut prendre trois liures d'huile de noix, vne liure & demie d'huile de Cade, deux liures de vieux oingt, trois liures de miel commun, de vinaigre vne liure & demie: le tout bien bouilli enfemble, iufques à la confommation de la moitié dudit vinaigre: puis y adioufterez de la poix ou gemme, & poix refine, de chacune efpece deux liures & demie, de cire neufue demie liure. Et ferez fondre le tout enfemble, en le mouuât toufiours auec vn bafton de palme, ou de canne. Et quand le tout fera fondu, il y faut mettre les poudres qui s'enfuiuent, eftant le tout hors du feu: & premier, vne liure & demie de fouffre, deux liures de couperofe recuitte, douze onces de verdet, en mouuât toufiours le tout iufques

X ij

à ce qu'il foit froit. Ceſt vnguent peut guarir toutes eſpeces de gai-les,tāt forte ſoient elles,& faut premierc que de frotter les Chiens de ceſt onguent, les lauer auec de l'eau & du ſel, pour leur mondifier le cuir:puis mener les Chiens aupres d'vn grand feu , & les frotter, & enfondre bien ceſt onguent:celà fait les attacher aupres du feu,auec vne chaine de fer, & les laiſſer ſuer là l'eſpace d'vne bōne heure & demie,en leur donnant de l'eau à boire tout leur ſaoul.En apres, les faut nourir de bons potages, & de chair de mouton, bouilluë auec quelque peu de ſouffre,pour leur reſchauffer le corps,&auec de bon-nes herbes,en leur continuant l'eſpace de huit iours.

Autre recepte pour les dartes.

A galle dartreuſe prouient à aucuns Chiens,de nature, ou de race,ou biē de vieilleſſe:laquelle galle ſepeut gua-rir en ceſte ſorte.

Il faut premierement prendre le Chiē,& oſter le poil des endroits où ſont les dartres,puis faut auoir du lexif, du vinaigre , & du ſel,& le frotter fort iuſques à ce que les dartres ſai-gnent:puis quand elles ſaigneront,faut prendre d'vn onguent,dont la recepte s'enſuit.

Prenez vne liure d'onguent appelé vnguentum Enulatum , demie liure d'vn autre onguent appellé Pomphiligos,deux liures d'huile de noix, poix ou Geme vne liure, vne liure d'huile de Cade , demie liure de ſuye,demie liure de ſouffre,demie liure de vitriol vert, litar-ge d'or quatre onces,ceruze quatre onces,verdet quatre onces , alun de glads ſix onces : le tout bien mis en poudre, bouilly & incorporé enſemble,auec demie liure de vin aigre. Et ſera vn onguent propice pour la maladie ſuſdite,en frottant les Chiens,comme deſſus.

Recepte pour la rongne commune.

A rongne cōmune prouiēt aucunesfois par faute que les Chiens n'ont point d'eau nette pour boire à leur heure,& en ſouffrent ou bien prent pour coucher ſa-lemēt,comme és lieux où ſont les Porceaux, ou ſur de la paille ſalle,où auroient couché d'autres Chiens galleux, ou bien vient ceſte galle de morfondure. Telles galles ſont aiſees à guarir , ſans les frotter de drogues,mais feulement du iuft ou decoction d'herbes, dont la recepte s'enfuit.

Prenez deux iointees de Creſſon ſauuage, autremẽt appellé Berne, & deux iointees d'Enula campana, vulgairemẽt appellee Leaune, des fueilles ou racine de Lapace, de la racine de Roerbe, de chacune deux iointees, & des racines de Frodilles, peſant la quantité de deux liures: puis piller toutes ces herbes & racines, & les faire bien bouillir auec du vinaigre, & vn peu de lexif. Apres que tout aura bien bouilly faut paſſer la decoction, ou bien le iuſt d'icelles herbes & racines. & adiouſter parmy leſdits iuſts ou decoction deux liures de Sauon commun, & le faire fondre dedans: puis quand il ſera fondu, lon en frottera & lauera les Chiens par quatre ou cinq matins enſuiuans, & ils guariront.

Les receptes ſont veritables, car ie les ay eſprouuees.

Receptes pour guarir les Chiens de louppes.

L ſuruient aucunesfois aux Chiens des louppes, & pour biẽ les guarir, il faut regarder les lieux où elles ſon, d'autant que ſi elles eſtoient en endroits ſur le corps du Chien, où il y euſt abondance de venes ou arteres, celles ſeroient fort difficiles à oſter en tels endroits. Celuy qui les oſtera, ſe doit gouuerner en ceſte maniere.

Il faut premierement entendre, qu'il y a deux manieres de les guarir, l'vne par inciſion, & l'autre par recepte, comme ie declareray cy apres. Celuy qui voudra vſer d'inciſion, doit regarder combien il y a de venes qui entrent dedans ou deſſus la louppe, puis faut qu'il ait vne aiguille laquelle doit auoir la pointe carree, & vn peu courbee, & l'enfilera de bon filet, en paſſans ſon aiguille par deſſous la vene, & la tirera, quand le filet ſera par le deſſous, il le nouëra par deſſus la vene, en l'eſtraignant le plus qu'il pourra, puis coupera le filet, & laiſſera la vene bien liee, & en fera autant à toutes les autres venes, qui ſeront dedans la louppe, de peur qu'elles rendent du ſang quand il fera ſon inciſion. Et alors qu'il verra toutes les venes bien liees, il prendra ſon razouer, & cernera la louppe tout autour, laiſſant la lieüre des venes par dehors de ſon inciſure: car il faudra que les venes ſoient liees au commancement des racines de la louppe, puis couppera & en leuera ſa louppe, & tout incontinent prendra vn fer chaut pour cauterizer les petites fibres & arteres. Puis il fera ſon premier appareil de ſang de

Dragon, de moyeux d'œufs, de la poudre de linge bruſlé, broyé auec
du vinaigre:& faut emmuſeler le Chien, de peur qu'il arrache le filet,
qui tient les venes attachees. Et faut penſer le Chien tous les iours,
auec du lard fondu en l'eau, meſlé auec du Pompiligos battu en vn
mortier de plomb:mais il ſe faut bien prendre garde que les venes ne
ſaignent.

Autre recepte à ce meſms, approuuee.

L faut prẽdre trois groſſes eſpines noires, alors qu'elles ſeront toutes vertes,& fraiſchement cueillies, faites les tremper vingt & quatre heures dedans le ſang
des fleurs des femmes, puis les greſſez toutes trois de
ce venin,& les piquez dedãs le milieu de la loppe,tant
qu'elles y pourrõt entrer,& ſi d'auanture elles ny pou-
uoïet entrer,il faut faire ouuerture auec vn poinſſon,ou vne groſſe eſ-
pingle,& ficher les eſpines dedans,ſans les bouger, qu'elles ne tõbent
d'elles-meſmes,ce fait,les louppes mouront peu de temps apres.

Recepte pour faire mourir les puces,pouls,& vermines des
Chiens,& les nettoyer.

IL faut prendre deux iointees de fueilles de Berne,& deux iointees
de fueilles de Lapace,& deux iointees de Mente:leſquelles herbes
ferez bouillir en lexif de ſarment, & adiouſterez parmy deux onces
Deſtafiacre en poudre: puis quand le tout aura bouilly, faut paſſer les
herbes ſubtilement, & prendre la decoction,en laquelle adiouſterez
dex onces de Sauon,auec vne once de Safran, & vne iointee de ſel,
& meſlerez le tout enſemble,& en lauerez le Chien.

Recepte pour faire mourir, & tomber les vers.

IL faut prendre des eſcorces ou eſchalles de noix, autrement appellees Tam,& les pilez bien fort, eſtans bien macerees & trempees,
les mettrez en vn pot,auec vne chopine de vin-aigre par deſſus, & les
laiſſerez tremper enuiron deux heures.Ce-fait, ferez bouillir au feu,
deux ou trois ondes,voz drogues ſuſdites:puis les paſſerez en vn beau
linge blanc,& en mettrez la decoction en vn pot, en y adiouſtant les

poudres qui s'enfuiuent:fçauoir eft,vne once d'aloé eupatic,vne once
de corne de Cerf bruflee, vne once de poix refine, en braffant toutes
les poudres parmy la decoction : en apres prendre le Chien, & auec
la pointe d'vn cofteau faire tomber quatre ou çinq vers, & mettre le
iuft dedans, & ils tomberont & mourront foudainement.

Autre recepte à ce mefme.

IL faut prendre du fiel de bœuf, de la poix refine en poudre, aloé
en poudre, chaux viue en poudre, foulfre vif en poudre, & deftrẽ-
pez le tout dedans le fiel, en faifant comme deffus, & les vers tomberont & mourront.

I'euffe bien mis par efcrit les receptes des anciens, lefquels met-
toient le poil des Chiens nomper dedans vn frefne,ou cormier,mais
telles chofes abufent les hommes.

Recepte pour les Chiens mords de Serpens & Viperes.

Renez vne poignee d'herbe nommee la croifette,ou Cru-
ciata, vne poignee de ruë vne poignee de la fueille d'vn ar-
briffeau nommé Caffis,autrement poiure d'Efpagne, vne
poignee de l'herbe de Boillon blanc : autrement appellee
Blonde, vne poignee de Genets, vne poignee de Mente, & pilez
fort toutes les herbes fufdites, puis quand elles feront bien pilees
& conquaffees, il faut prendre vn verre de vin blanc, & faire le tout
bouillir, vne onde feulement, en vn petit pot plombé, & en prendre
le iuft ou decoction, auec le pois d'vn efcu de Teriacle mefle parmy:
puis prendre le Chien & luy en faire aualler vn plein verre, & luy en
lauer la morfure, mettant vne fueille de Bouillon blanc par deffus,
liee d'vne branche de Genets, & il guarira.

Recepte pour faire guarir les Chiens de la morfure des San-
gliers & beftes mordantes.

Es Chiens font fouuent bleffez des Sangliers en plufieurs
parties de leurs corps, & felon les lieux & endroits où ils
feront bleffez, il fe faut gouuerner pour les penfer: car fi
c'eft au ventre & que les trippes luur tombent, fans eftre offenfees ne

rompues, le valet des Chiens doit foudainement prendre le Chien, & luy remettre les trippes bien doucement dedans le ventre, auec le bout des doigts, en la maniere que fait vn chatreux quand il fene les Chiennes : puis coupper vne petite laifche ou plataine de lard, & la mettre au dedans du ventre, au droict du pertuis, & faut qu'il ait vn carrelet tout preft, & coudre la peau par deffus : mais faut entendre qu'à tous les points qu'il fera, il doit nouër fon filet, car autrement s'il n'eftoit notié, & que le filet pourrift en vn des points, tous les autres fe laifferoient aller, & par ainfi il eft requis de nouër & coupper le filet à chacun point. Autant en pourroit il faire par toutes les bleffeures, qui feront aux autres lieux, y mettãt toufiours vn lardon, & coudre comme deffus, entretenant toufiours la playe graffe de lard, ou de greffe feulement : parce que le Chien fe guarira plus toft de fa langue, s'il fe peut lecher, que de tous les vnguëts dequoy on le fçauroit frotter. L'aiguille doit eftre arree vers la pointe, & ronde depuis le milieu iufques au chas ou pertuis : telles fortes d'aiguilles fe nommẽt carrelets, defquelles les Barbiers vfent. Les valets de Chiens ne doiuent point aller à la chaffe du Sanglier, qu'ils ne foient garnis de telles aiguilles, auec du lard pour mettre dedans les playes.

L aduient aucunesfois que les Sangliers foulent les Chiens du bout de la hure, fans les bleffer, comme aux endroits des coftes, aux hanches & lieux nerueux. Si de fortune ils auoient quelque chofe demoli ou rompu, on les doit faire habiller : mais s'ils n'eftoient que foulez, on doit faire vne emplaftre auec les drogues qui s'enfuyuent.

Prenez de la racine d'vne herbe appellee Symphiton, vulgairemẽt Confolide, emplaftre de Melilot, poix, au Geme, & huile rofat, autãt pefant des vns que des autres : lefquelles dites drogues vous meflerez toutes enfemble, & ferez vne grãde emplaftre fur de la toille, puis vo⁹ coupperez le poil au droit du lieu où fera la douleur du Chien, & y appliquerez voftre emplaftre, la plus chaude qu'il la pourra endurer, & il guarira.

Recepte pour les Chiens qui ont des vers dedans le corps,
lesquels ne peuuent vuider.

L aduiét aucunesfois que lesChiens ont de grãds vers,qui leur sortent du fondement,lesquels il ne peuuent vuider.A telles maladies faut faire la recepte que s'ensuit. Prenez du iust d'Absinthe, le poix de deux dragmes, deux dragmes d'aloé eupatic, deux dragmes Destasiacre,& vne dragme de corne de Cerf bruslée,vne dragme de souffre, le tout pilé &incorporé ensemble,auec de l'huile de noix, iusques à la valeur de demy verre, & faictes aualler toutes les choses susdictes au Chien, & il garira soudainement.

Restraintif pour les Chiens aggrauez.

Vand les Chiés sons aggrauez& dessolez,on leur doit faire les restraintifs en ceste maniere.

Prenez vne douzaine de iaunes d'œufs, lesquels vous battrez auec quatre onces du iust ou decoctiõ d'vne herbe qui vient sur les rochiers , appellée Pilozelle,vulgairement oreille de Chat, ou bien auec du iust ou decoction de pommes deGrenades,bouillies auec du vinaigre & en defaut desdites choses pourrez prendre le vinaigre tout simple:puis quand les œufs seront bien battus, vous y adiousterez de la suye bien subtilement broyee en poudre , & meslerez le tout ensemble,& en frotterez les pieds des Chiens les enueloppans auec du linge. Ce fait,laisserez reposer les Chiens tout le long du iour & de la nuict,& ils guariront.

Recepte pour faire mourir les Chancres , qui viennent
aux oreilles des Chiens.

Renez du Sauon, le poix d'vn escu, d'huile de Tartre, le poix d'vn escu , de Sel armeniac, le poix d'vn escu, du Soufre & verdet, le tout soit incorporé ensemble auecques du vin-aigre blanc, & de l'eau forte,& en frotez par neuf matins le chancre.

Y

Receptes pour garder les Chiennes d'entrer en chaleur.

Onnez à manger à vne Chienne, auant qu'elle ayt porté de sCheaux, par l'espace de neuf matins, par chacun matin, neuf grans de poyure, & elle n'entrera iamais en chaleur. Et les luy ferez aualler auec du fromage, ou autre chose.

Recepte pour faire pisser les Chiens.

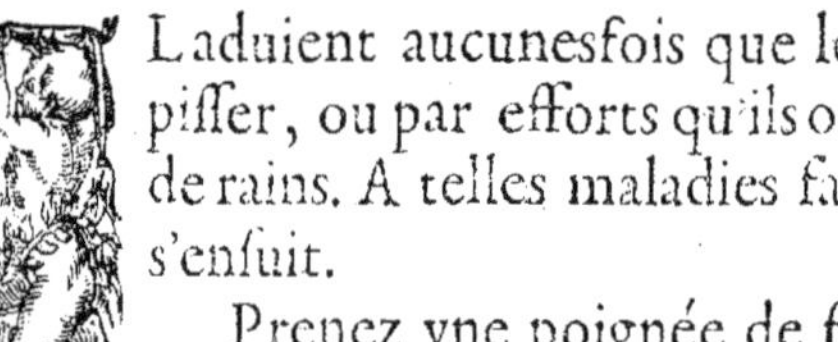

Laduient aucunesfois que les Chiens ne peuuent pisser, ou par efforts qu'ils ont faits, ou par chaleur de rains. A telles maladies faut faire la recepte qui s'ensuit.

Prenez vne poignée de fueilles de Guimauues, autant de fueilles ou grenes d'vne herbe nommee Archaquange, laquelle se trouue communement par les Vignes, racines de Fenoil, racine de Ronces, autant pesant des vnes comme des autres, & ferez le tout boillier ensemble auec du vin blanc, iusques à la consommation de la tierce partie, puis le ferez boire & aualler au Chien, & il pissera, & sera guari.

Recepte pour les Chiens qui ont mal dedans les oreilles. |

Renez du veriust, & le mettez en vne escuelle, puis le faictes vn peu chaffer, & adiousterez dedãs de l'eau de fueille & fleur d'vn arbrisseau, vulgairement appellé Troesne, ou de l'eau de la fleur de Cheurefueil, qui croist parmi les hayes, auec du miel, aussi gros comme le bout du doigt, lequel meslerez parmi les eaux. Et mettrez toutes lesdites choses dedans l'oreille du Chien, en le mouuãt tousiours, puis luy ferez pendre l'oreille pour faire tomber ce qu'aurez mis dedans. Celà fait, vous prendrez de l'huille Lorin, laquelle ferez chauffer, & la mettrez dedans l'oreille, en l'estouppant auec du cotton trempé en icelle huille: luy faisant toutes lesdictes choses par cinq ou six matins, & il guarira: mais il faut prendre garde qu'il ne se gratte.

Recepte approuuee pour faire n'ourir tous chancres, dartres, & fics.

L faut prendre vne dragme de Sublimé en poudre, & la mettre en vn mortier de plomb, auec
le iuſt & le dedans d'vn Citron, ſans l'eſcorce: &
quand le tout ſera bien broyé, il faut mettre dedans vn peu de vinaigre, & d'eau : puis prendre
d'Alun le poix d'vn eſcu, & autant de Sauon : leſquels broyerez & meſlerez auec les autres choſes deſſuſdites, & faites bouillir le tout en vn pe-
tit pot, iuſques à la conſommation du tiers, puis appliquerez voſtre-
dicte decoction ſur les dartres & chancres qui ſeront ſur la peau, &
aux oreilles. Mais aux chancres qui ſont ſur la chair viue, comme au
dedans de la peau du vit, il faut faire bouillir le ſublimé, & en ietter la
premiere eau, afin qu'elle ne ſoit ſi corroſiue, en faiſans côme deſſus.

Recepte pour les playes des Chiens.

E iuſt de la fueille du Chou rouge eſt le ſouuerain
baume pour les playes des Chiens : car ſi vn Chien
eſt blecé, en appliquant le iuſt du Chou rouge ſur la
playe, il la côſolidera ſoudainement : la raiſon eſt,
que la chair du chié eſt chaude & ſeiche, & le Chou
de ſa nature, eſt chaud & humide.
    I'euſſe mis pluſieurs autres Receptes, mais crai-
gnant qu'on les trouuaſt ennuyeuſes, i'ay ſeulement eſcrit & mis les
principales & plus neceſſaires.

Fin des Receptes

Y ij

L'ADOLESCENCE DE
L'Adolescence de Iacques du Fouil-
LOVX, ESCVYER, SEIGNEVR
DVDIT LIEV EN GASTINES
Pays de Poictou.

Endant le temps que le noble François
Faisoit ployer la France sous ses loix,
Tendre orfelin, sortant de la retine,
Transporté fus dehors de ma Gastine
Dans vn pays de bois & de rochers,
Lieu bien hanté de Cerfs & de Sangliers:
En seruitude en ce lieu fu long temps,
Et à Linieres, où ne perdy mon temps:
Ains euitant sans cesse la paresse
A ce plaisir exerçay ma ieunesse,
Qui est commun aux Princes & Seigneurs,
Comme auoient fait tous mes predecesseurs:
Car volontiers nostre Genealogie
Les filles ayme, Armes, & Venerie.
  Or fu ie esclaue enuiron de quinze ans,
N'ayant encore emotion & sens.
Quand i'eu vingt ans, il me print vne enuie
M'emanciper, viure à ma fantasie,
Comme vn Sanglier à trois ans se depart,
  L'homme à vingt ans se met aussi à part.
  De bon matin m'en allay de ce lieu,
N'oubliant rien, sinon à dire à Dieu:
Prens mon Limier, m'en vois à l'aduenture,
Et ma bouteille attachee à ma ceinture.
Tant cheminay par forests & bocages,
Que rencontray du Cerf dans les gagnages,
A la Bourdaine alors il viandoit,
La iette aussi dans la taille cruçoit:
Puis il s'en va tout le long d'vn chemin
Faisant sa ruze à l'esgail du matin.
  Apres si tant de mon Chien Tire-fort
Que le rendi d'asseurance en son fort:

Où le brisay pour prendre les deuants
A son ressuy de mon Chien eu les vents.
 Ie le trou uay d'vne enceinte sorti,
Et d'vne Biche il s'estoit depary:
Le frappe à route, & me mets sur les voys
Du Chien, de moy, eussiez ouy la voix,
Sus, Voileci, allez, vay auant:
Par la famee il s'en va de bon temps:
Voilecy par les portees,
Voilecy par les foulees,
Voilecy aller le Cerf,
Voilecy aller le Cerf,
A route à luy valet
Sus apres luy valet.
 Par les forests maint escot resonnoit
Par la faueur d'Echo qui respondoit.
 Or venoit il ce gentil vent de Mer,
Qui me rendoit le corps & pied leger,
Et si sentois la fleur de l'Aubespine
Que ce doux vent apportoit de Gastine.
Apres mon Cerf me mis par les campagnes,
Où le brisé au pied de deux montagnes.
 Dessus vn tronc, regardant ma bouteille,
Prenant repos vne heure ie sommeille.
On oyoit la le vent cytharizer,
Qui me donnoit vn aguillon d'aymer
Comme de voix doucettes & menues,
Et me sembloit qu'elles venoient des nues.
 Ie m'esueillay, & reprenant mes voix
Ie rencontray le Cerf sortant des bois:
Tant le suiuy par rochers & espines,
Que le rendi aux forests de Gastines:
Et le voyant d'entree viander,
Par la iugeay qu'il deuoit demourer,
Où le brisay aux genests de verdure,
En le laissant reposer à nature.
 Quand ie senti du genest les douceurs
Soudain m'endors dedans ces douces fleurs:

Y iij

En sommeillant ouy sur vn rocher
Vn chant diuin, qui me vint allecher:
De m'approcher ie ne craigny mes peines,
Afin d'ouyr ces gentiles Serenes,
Qui de chansons doucement entonnees
Resiouïssoient montagnes & vallees.
   Quand i'aduisay ce gay troupeau assis
Sur vn rocher, voir paistre ses brebis,
Chacune ayant dessus son beau tetin
Gentillement la quenouille de lin:
Il me sembla apres ce mien reueil,
Voyant leur face, auiser le Soleil.
I'en choisi vne où mon cœur eut desir
Soudainement de prendre son plaisir.
   Or faisoit-il vne pluye doucette
Qui luy rendoit la couleur vermeillette,
Là elle estoit en vn lieu a souhait,
Plein tout au tour de fleurs de serpou'et:
Chantant ainsi a qui chanteroit mieux
Vn chant si doux qui transperçoit les Cieux.
M'approchant pres pour mieux les regarder,
Soudain fus prins de l'aiguillon d'aimer,
Voyant la gaye & mignonne Bergere
Ayant le teint & la couleur si clere.
Car point n'auoit de fart ne de ciuette,
Mais tout ainsi que nature l'a faicte.
   Point de tourets n'auoit a son sommeil
Fors seulement la clarté du Soleil:
Elle n'estoit point cherement enfermee,
Ains aux fureurs des vents abandonnee.
Point elle n'auoit ambre, musc, n'odeurs,
Sa douce ha'eine luy seruoit de senteurs.
Point ne portoit fleur, benioyn, gnacelle,
Oncques parfuns elle ne porta sur elle:
Mais elle alloit, quand le temps estoit gay
Entre les fleurs & rosee de Mai.
Point ne portoit gans de Chamois, mitaines,
Ains en tout temps a descouuert ses veines.

Ne portoit point de calçons ne patins,
L'esgail lauoit ses pieds tous les matins :
Point ne trompoit le monde de ses cheueux,
Mais les siens vrais luy tomboient sur les yeux
Pour se coëffer ne luy faut point d'empois,
De mirouer ny de teste de bois :
N'auoit carquans, velours, ne chapperons,
Qu'vn couure-chef tout plié à grillons :
Ny bucs encore de soye violette,
Qu'vn godillon de simple laine verte.
Elle n'auoit au lieu de faux manchons
Qu'vn linge blanc, sur les petits bras blonds :
Ny iazerans, anneaux, ne bracelets,
Sur son gent corps, & ses testins refaits.
D'eau de mourron, de febue, ne saliue
Ne se fardoit fors que de claire eau viue :
Eau de gourgoude à elle point ne touche,
Pour adoucir son visage & sa bouche.
Point ne portoit de ce liege semelle
Pour amoindrir son seing & sa mammelle :
Vasquine nulle, ou aucun pliçon
Elle ne portoit, ce n'estoit sa façon.
Point ne prenoit vin blanc pour se baigner,
Ne drogue encore pour son corps alleger :
Mais s'en alloit esbattre sur l'herbette
Dedans les prez au long de la Viette.
Nourrie estoit non delicatement,
Des elements estoint son aliment.
Car le Soleil qui rend par tout splendeur
La contentoit, & nourrissoit son cœur,
En luy rendant le deuoir de nature,
Contente estoit de telle nourriture,
Et sa beauté en rien n'amoindrissoit,
Mais au contraire en beauté reluisoit,
Qui me rendoit vn amoureux desir
D'vn iour me voir pres d'elle à mon plaisir.
Quand ie l'eu veue à mon gré longuement,
Mon cœur d'vn feu fut espris viuement,

Apparceuant la beauté du visage,
Et son parler, qui sentoit son ramage:
  Or i'estois là caché pres d'vn rocher,
Et ne m'osois de plus pres approcher,
Car mon esprit estoit en grand pensee
Si droit à elle m'en irois d'arriuee.
Mon cœur me dit, ne te haste d'aller,
Elle pourra de ce roc auualler.
Lors approcher te pourras à l'emblee,
Et à ton gré voir toute l'assemblee:
Ce que i'ay fait, ayant la patience,
En attendant l'heure de iouïssance.

  Bien tost apres comme estois en propos
Voir la Bergere, tout vint bien à propos:
Au ciel ouy grand tempeste & tonnerre,
Soudain ie vy la Nymphe sur la pierre,
Chantant vn chant si haut & amoureux
Qu'esclarcir fist le Soleil & les Cieux.
Mon cueur alors commença l'ouuerture,
Le sang esmeu domina sur nature.

  Me hazardé pour aller droit à elle,
Mais elle eut peur la gentille pucelle,
Et de droit s'en va où estoient ses compagnes:
Puis ie descens tout au pied des montagnes,
En grand tristesse enuiron de trois iours
Ie fu ainsi sans d'elle auoir secours.

  Au bout du temps ouy vne musette
Dedans vn pré sur la mesme herbette:
Vers le rocher ie tourne le visage,
Si ie verrois les brebis au gangnage.
  Lors i'aduisay la gentille fillette,
Qui escoutoit le son de la musette:
Vous eußiez veu chacune s'approcher
De ce sonneur : il commence à marcher,
Tousiours sonnant doucement les attire,
Mene la danse, & apres se retire,
Prenant plaisir voir faire petits sauts
Aux gays bergiers, dansans bransles nouueaux

Sur la Viette, riuiere de renom,
Qui en Gastine a sur toutes le nom:
Où font seiour des serenes facondes.
Et de leur chant resiouissent les ondes.
    D'ouyr le chant ie fus tant resiouy
Qu'incontinent mis tristesse en oubly:
Tant fus ioyeux d'entendre leur musique
Que fis clameur du pais magnifique.
Noble pays, qui sur toute la France
Auez produit des filles d'excellence,
On ne sçauroit en aucun ieu de pris
Autres trouuer qui emportent le prix:
Soit a chanter & danser par mesure:
Car ces dons là procedent de nature.
    Ie voy les Rois & Princes estrangers
Estre apprentifs de voz bransles legers.
    Or ne desplaise au Tybre, ny au Rosne,
Ny au grand Nil, ny aussi a la Saune,
Fleuues qui ont par l'vniuers grand bruit,
Car la Viette apporte plus beau fruit:
D'vn Simois & Xante de renom
Nostre Viette a surmonté le nom:
Digne d'auoir ses sources immortelles,
Puis que ses eaux nourrissent les pucelles.
    Or chantez donc , & dansez les fillettes,
Vostre doux chant excede les musettes.
Chere Gastine, auant la mort me donne
Le coup du dart , qu'auant ie t'abandonne.
    Donques i'estoy mussé dans des espines
Pour contempler leur façon & leurs mines:
Au coing du roc, au bout de la prairie,
Estois tout coy pour voir la Bergerie.
La se prenoit entre eux tant de soulas,
Tant a danser qu'inuenter autres esbats
Qu'il n'est possible aux viuans curieux
Plus en auoir, sans le transport des Cieux.
    Pendant le temps qu'estois en ce plaisir,
Voyant la Nymphe où estoit mon desir,

Vous conteray du long de point en point
Qu'il m'arriua, dont fus en piteux point.
Ma robbe estoit de bonnes peaux de loups,
Qui me venoit assez mal à propous,
Car vn faux Loup rauit vne Brebis:
Lors les Bergiers firent de si hauts cris
Que i'eu frayeur, & du lieu me desparts.
Voicy venir mastins de toutes parts,
Courans au bruit, & m'ont tranché chemin,
M'ont attrappé chacun prend son lopin
De mon habit, & l'ont mis à l'enuers:
I'aduisay lors mes genoux descouuerts,
Dont m'escrié à haute pleine teste,
Voyant ma robbe, ils me prenoient pour beste
Maint aiguillette arrachent de l'eschine,
Qui me causoit faire piteuse mine:
Mais Dieu voulut que la douce fillete
Ouit mon cry, & court toute seulette,
Et me voyant tout rompu, vint descendre,
Prent sa quenouille, & aide à me defendre,
En elle alors mon cœur fut imprimé,
Et bien ioieux d'estre ainsi deliuré
D'elle m'aproche, & pres d'elle rangé
Ie me sentis beaucoup soulagé:
Car le doux vent de sa soue fue haleine
M'amoindrissoit de mes plaies la peine.
En souspirant commence à l'embrasser,
Et doucement son visage baiser,
Vous merciant la gentille fillette
Dont vous m'auez esté amie parfaiĉte:
En cheminant tenois sa blanche main,
Parlant à moi d'vn cueur doux & humain.

    En me disant, y sceu priqueu marrie
De vostre enneu, & gronde fascherie,
Igle vouz-ant pardingue foit graud mau,
Que fasiant morts les Chens qui sont itau.
So vou plaiset de venir chez mon pere,
Y vou donrai de vin à bonne chere.

Ie luy respons, Ma douce & grande amie
De bien bon cœur humblement vous mercie,
Et pour autant que i'ay fort bon vouloir
De vous aimer, & vostre grace auoir,
Ie vous suppli de prendre ce pendant
Du bon du cœur ce mien petit present.

Sur ces propos iettay sur la verdure
Deux beaux anneaux lacez d'vne ceinture:
Elle commence adonc à soy cliner,
Et les anneux en son blanc sein serrer.

Il estoit temps d'emmener ses aigneaux,
Car desia lors s'en alloient à troupeaux
De tous costez ses compagnes si bien
Que n'eusmes point de plus parler moyen.
Prenant congé, me presenta la main
Me promettant reuenir lendemain.

Sur cest à Dieu de moy s'est separee,
Où la cogneu du dart d'amour frappee,
Car s'en allant, souuent tournoit sa face,
En me disant de si fort bonne grace:
S'ra tou demoin enuiron de dix houre,
Ne faillé pas de vous trouuer à l'houre,
E da bon ser, adé, adé vous dy,
Or à Dieu donc la belle fille aussi.

Lors attendant l'heure de la promesse,
Par les boquets me pourmenois sans cesse,
En escoutant le doux chant des oiseaux,
Qui resonnoient à l'entour des ruisseaux:
Où ie songeois ès mignard ses vaines
Q'incessamment font les dames mondaines,
Pour deceuoir leurs maris & amis
Du deceptif langage d'Amadis,
Ne monstrant rien de leurs corps que la langue,
Langue d'aspic, pour dresser leur harangue,
Et leur fournaise aussi puante que souffre,
Maudit soit il qui dira bien du gouffre.
Mais les troupeaux des Bergeres viuans
Au clair Soleil, & aux cieux reluisans,

Sont à aimer, tant pour leur doux langage,
Que leurs banquets de fruict & de laictage,
Entretenant vne beauté certaine,
Et de leur bouche alenant douce aleine.

Lors quand ie vy qu'il estoit pres de l'heure,
M'en allay voir des Brebis la demeure,
Sur vn coutaut en vn petit pasty,
Pres d'vn rocher, la Bergere attendy.

Tantost l'ouy ses brebis erodans
Qui de sa voix faisoit des plaisans chants:
Car la coustume est ainsi en Gastines,
Quand vont aux champs de hucher leurs voisines,
Par mesme chant que mets cy en musique,
Rendant ioyeux tout cœur melancolique.

Comme les Bergeres erodent leurs Brebis.

Z iij

Le chant & huchement des Bergeres.

Ou, ou, ou, ou, oup, ou, ou, ou, ou, oup.

Responce de la Bergere compagne.

Ou, ou, ou, ou, ou, ou, ou, oup, ou oup.

Apres qu'elle eut son doux chant acheué
D'elle me suis de bien pres approché,
L'entretenant de parolle ioieuse,
Lui promettant vn iour la faire heureuse.
    Elle fut prompte à me prester l'oreille,
Son petit cueur souspirant à merueille.
    Lors la prié dans les genets nous seoir,
Entre nous deux se rangea bon vouloir.
    Ia le Soleil longuement esleué
Le sien chemin auoit presque acheué,
Lors Cupido nous donna l'auantage
Dans le vert bois tout rempli de fueillage:
En vn beau lieu feutré d'herbe & de mousse
Va despouiller des espaules sa trousse:
Et fismes vn liét sans plume ne couuerte
De douces fleurs, & de fougere verte:
Puis son bel arc, bien tendu, destendit
En ce beau lieu son gentil corps tendit
De tout son long, sans point estre contrainte:
Feit son cheuet de la ve dure peinte.
Lors me sentant si tres pres de la belle
Faueur d'amour me va pousser sur ell:
En ce beau lieu fut faite l'ouuerture
Pour accomplir les œuures de nature,
D'vne tant douce & loiale amour,
Qui a duré mainte annee & maint iour,
Viuant au bois comme vn tres bon hermite,
Au monde n'a vie plus benediéte.
    Ie fus ainsi quelque espace de temps
Auec Bergers me donnant du bon temps,
Qui sont ioieux, & n'ont autre sommeil,
Quand le bruit court, que trouuer le prcueil,
La où se voit de Gastines les perles,
Plus plaisantes & resiouyes que Merles,
Tant bien dansans au son des cornemuses,
En ce plaisir souuent ell' font leurs muses
D'esprit ramage, & cueur en gayeté,
En conspirant toute ioyeuseté.

Là vous verrez ces iolis Bacheliers
Faire gambade, & des faux à milliers,
Iettant œillade, & aussi regards maints,
Dessus les filles, & qui n'en font pas moins,
Voilà comment sans aimer à moitié:
Les deux amans ont pris leur amitié:
Priant le Dieu de tous vrais amoureux,
Qu'ainsi que moy soient en Gastine heureux.

　　　　　Fin de l'Adolescence.

Aa

COMPLAINTE DV
CERF, A MONSIEVR DV
FOVILLOVX PAR GVIL-
laume Bouchet.

SI pour sauuer des Chiens ma vie fugitiue
A l'homme ie me rends, & de mon gré le suiue:
Si à luy i'ay recours, à fin de m'esloigner
Des Limiers, que ie sens à ma mort s'escharner:
Pourquoy Seigneur Fouilloux, est ce que tu les cornes?
Si à l'homme me rends, en rabaissant mes cornes,
Pourquoy luy aprens tu, auec mille instrumens,
Tendre toiles & rets, pour me mettre dedans?
Pourquoy l'enseigne tu? est ce à fin qu'il me prenne,

Ou pour soudain mourir dans les rets il me mene?
Mes larmes, & mon poil, mes cors tousiours croissans,
Luy profitent assez, sans qu'ore auant mes ans
Mes forces par ses mains me soient du tout rauies:
Car ma corne guerist autant de maladies
Que de fois on la voit sur le haut de mon front
Renaistre tous les ans faisant vn nouueau tronc.
L'on en chasse, bien tost, la douleur qui vironne
Dans le cerueau esmeu, & ses esprits estonne:
Si estant bien pilee vne dragme on en boit
L'on en purge l'humeur, & le trop qui croissoit.
Aux talons escorchez on fait la peau reprendre,
L'on fait mourir les cors qui veulent loing s'estendre.
Le mal long & tardif de l'humeur trop puissant
Par ma corne est gueri, rendant le corps poisant.
Quand l'humeur froid ou chaud l'vn sur l'autre maistrise,
Ma force & ma vertu empesche l'entreprise.
De la femme on retient l'amarry & les fleurs,
Si peu elle se purge, ou trop, seruant aux deux.
Guerist le mal des yeux, quand d'vne obscure nue,
Croissant, il veut voiler & veut siller la veue.
La rate l'on remet, qui espand par le corps
Vne iaune poison, appaise les efforts
De l'humeur chaut & froid, qui enragement blesse
Les tendres nerfs des dents, l'humeur tombant sans cesse.
De la froide colique on sent fuir les vents,
Allongeans les boyaux auec mille tourments.
Si quelqu'vn s'est bruslé, ma corne mise en poudre
Le soulage aussi tost, & sa peau fait resoudre.
Elle soulage aussi vn homme empoisonné
Que l'auare heritier, las! aura bouconné,
Resistant au venin: dessechant elle tue
Tous les vers formillans d'vne chair corrompue.
Mais quoy? Ie chante en vain de ma corne l'honneur,
Et l'honneur qui me nuist. Ie sens desia la peur
Me mettre vne aisle au pied, afin que ie me cache
Par le couuert des bois, où ma vie i'arrache
Des dents de gros clabaux, me talonnant de pres.

Aa ij

Le cor empliſt le ciel, ie voy deſia les rets,
Et ie voy le Veneur, qui la fleſche dreſſee
Meſure, en encochant mon flanc à ſa viſee:
Et à fin qu'il ne faille à me rendre aux abbois?
Ie voy bien le Fouilloux, la crainte de noz bois,
Luy remarquer au doigt mes traces & ma couche,
Afin que ſeurement il me ſuiue & me touche:
Comme dedans la trompe il doit le ſon hauſſer,
Quand il veut en fuyant aux dogues m'eslancer,
Et corner, à la fin, la priſe pour m'occire,
Et ce qui s'en enſuit, las! que ie ne puis dire.
Peut eſtre qu'il pretend trouuer dedans mon corps
Des remedes autant comme dedans mes cors:
Car vſant de ma moelle, on appaiſe les peines
Quant le ventre eſt preſſé de ſes plus fortes geines:
Et par ma moelle encore, & mon ſuif ſont remis
Les membres & les nerfs, quand ils ſont refroidis.
Soit que mon eſtomach pour medecine apporte,
Des pierres, empeſchans que la femme n'auorte.
Ou ſoit que ma nature à vn lict de Venus
Eſchauffe les maris trop couards & recreus.
Ou bien que dans mon cueur vn petit os on treuue
Qui engarde trembler ceux qui en ſont eſpreuue.
Soit que ma tendre chair on preſente au repas
Des Roys & des Seigneurs, entre les premiers plats,
Si qu'en mangeant ſouuent, peu à peu l'on conſume
Des fiebures la chaleur, qui aux veines s'allume:
Et qui plus eſt ma chair fait prolonger les ans,
Qui poiſent ſur le chef des hommes vieilliſſans.
Mais, homme mal-heureux, ſi mon aage te paſſe,
Veux tu que contre Dieu le tien allonger face?
Faut-il, en me mangeant, celuy là auier,
Qui par ma dure mort veut ſa vie allonger?
Si tous ces grands biens là viennent de mon dommage,
Qu'apres ma mort ce ſoit, ie ne vy plus d'vn aage:
Si c'eſt pour le plaiſir, les beſtes pourſuy donc
Leſquelles nul profit, mais dommage te font.
Sinon, puiſſe eſtre ainſi, que des Dieux la puiſſance

Autant que toy à nous, te face de nuisance:
Et plus iustes encores, qu'il t'enuoye souuent
La guerre, la famine, & la peste suyuant:
Afin que retenu en ce malheur contraire
Tu ne nous vueille plus, ou nous puisse meffaire.
Mais si tu demourois en tes maux courageux
Despitant la puissance, & le courroux des Dieux,
Puisse tu rencontrer Diane Cynthiene
Toute nue baigner dedans quelque fontaine:
Et ainsi qu'Actéon, comme moy Cerf tourné,
Bramer deuant ton Chien dessus toy attiné,
Qui succera ton sang, iusques à tant que lon pense
Ceste peine cruelle esgaller ton offence.

Fin de la complainte du Cerf.

Aa iij

AVX PRINCES, SEIGNEVRS ET
Gentils-hommes de France.

Ntre les honneſtes exercices & labeurs delecta-
bles des hommes, il ne ſ'en trouue aucun mieux
excuſé d'oiſiueté & de peché que le plaiſir de la
Chaſſe, Venerie, & Fauconnerie : & ſur toutes les
liberales occupations qu'auons entre nous, il n'y
en a point qui plus recrée l'eſprit, agilite le corps,
aguiſe l'appetit, & ſe donne du bon temps, que le
deduit de la chaſſe, & le vol de l'oiſeau. Car ſans blaſonner aucunement, en tels exercices on peut fuir les ſept pechez mortels : on
eſt mieux addreſſé à cheual pour cognoiſtre & entreprendre mieux
les voyages par pays, & ſe defendre en conflits. Bref, en ce monde les
Veneurs viuent plus ioyeuſement que autres gens : car quand ils ſe
leuent au matin, ils voyent la tres-belle matinée & le temps cler &
ſerein, eſcoutent le doux chant des oiſeaux, & ramage des Roſſignols.
Et quand le Soleil eſt leué, voyent la belle roſée ſur les raincelles &
herbettes luiſantes au Soleil, qui leur donne ioye au cœur. Puis
quand ils ſont en queſte, rencontrent le Cerf, & peu apres ſe trouuans
à l'aſſemblée, chacun d'eux fait ſon rapport à ſon Seigneur, ou de
veüe à l'œil, ou de rapport par le pied, ou par les feintes qu'il aura en
leur cor ou giron, ou quelqu'vn dit : *Voicy ce grand Cerf cy eſt vne bonne*
meute: Allons le laiſſer courre. Puis ils montent à cheual pour accompagner les Chiens (& ſ'il leur ſouuient) font prouiſion de bouteilles,
& quelque harnois de gueule, accompagnez de maints bõs & ioyeux
propos. Bref, ce deduit tant honeſte a eſté de toute antiquité obſerué
par les Princes, grãds Seigneurs & gentils-hommes, meſmement en
la France (nourrice de toute nobleſſe) & fontaine des arts & ſciences.
Mais quel esbat y a il plus plaiſant que de la queſte, aller à l'aſſemblée,
courir le Cerf, le Lieure, & autres animaux? Voler le Heron, curer
l'Eſpriuier & autres oiſeaux? Ouyr le ſon des cors & trompe, entẽdre
l'abboy des Chiens: puis retourner auec la proye en gayeté de cœur,
ayant l'appetit ouuert pour prẽdre ſon repas & repos à la volupté? Ce
ſont les cauſes (mes Seigneurs) qui ont meu pluſieurs anciens & modernes eſcriuains à d'eſcrire l'art de chaſſer aux beſtes, & voler l'oiſeau
entre leſquels Xenophon & Opian ſe ſont delectez: & entre les Latins,

Gratius Poëte, & le Pape Adrian sixiesme. Voire en cecy ne sont
oubliez le Sire Gaston de Fois, Seigneur du Rù:comme aussi le Seigneur du Fouilloux,autheur de ceste Venerie. Et en la Volerie d'oiseaux, les Sieurs Gasse, Malopin, Guillaume Tardif, Maistre Aimé
Cassian & autres.Mais celuy qui semble les auoir deuancez, est celuy
qui fut surnommé par son autheur le Roy Modus,& la Royne Ratio,
lequel en a traitté si amplemẽt & familicremẽt qu'il ne restoit qu'vn
petit doubte à l'intelligence de tels deduits & plaisirs : long temps a
& depuis esclarciz par la continuelle pratique & exercice qu'en a fait
& fait iournellement le Seigneur du Fouilloux, natif de Gastine en
Poictou:car sans blasonner aucun, il a mõstré en la deduction de son
liure qu'il estoit homme noble,bien experimẽté & de diligence en la
Venerie &Fauconerie,instruisant ses apprentifs à la chasse des bestes
& oiseaux, pour le regard des choses par luy signifiées. Or si telles
gentillesses ont de tout temps eu lieu és cours des Rois,Princes &
Seigneurs:& que par le moyen d'icelles,maints Gentils-hõmes sont
paruenus en honneur, & autres se sont addressez à maints louables
exploits & faits d'armes:il m'a semblé fort conuenable d'adiouster à
cet œuure les chasses du Dain, de l'Ours, du loup, du Bouc, du
Cheurueil,du Connil,du loutre, du Regnard & Tessons, delaissées
à traiter par nostredit autheur,& par cy deuant imprimées, sous le
nom du Roy Phebus.D'auantage desireux de profiter à nostre natiõ
Françoise,& à fin d'allicer ceux qui pour la rudesse qu'il leur a sẽblé
estre és termes & vocables propres en l'art de Venerie,ie me suis ad-
uisé d'en faire vn petit recueil à part, & les interpreter selon les sens
des susdits autheurs,&de Monsieur Budé en sa Philologie,& duquel
ie fais vn present: vous asseurant (Messeigneurs) que si tel labeur
trouue grace enuers vos Seigneuries, i'auray occasion de vous en remercier,& de m'employer à choses plus serieuses.

A Dieu. De Paris ce iourd'huy dixhuitiesme de Iuin, 1573.

Attendant mieux.

ESTANS Phebus au signe des Poissons
Suiuant [illegible] signe du [illegible]
[illegible]
[illegible]
[illegible]
Mal fortuné en toutes inconstances,
Voyant Venus en sa signe terrestre
Auec Mercure, qui ne veut rien estre,
Si non aux bons, quand il leur est propice,
Et fait fuier tout peché & tout vice.

 Gaston de Foix, Seigneur du Rù nommé
Et decoré plus que Pigmalion,
Qui fut idole par tout pays renommé
A Troye la grand, en la tour du Lyon.

 Est-cy (Messieurs) qui desirez sçauoir
Choses vtiles, & plaisantes à veoir,
Present vous faict du liure de Phebus,
Qui monstre assez par beaux mots entenduz,
Comme on doit prendre ou le Cerf ou la Biche,
Et bestes, qui ne s'arrestent à la gluz
Où l'on fuit tout peché & tout vice.

 Et qui plus est, au vray considerer,
Plusieurs beaux ieux sont faicts pour passetemps,
S'il se iouent sans aucun mal penser,
C'est tresbien fait, ainsi que ie l'entens.
 ,, Mais en iouant, faut que le ieu soit beau,
 ,, Où l'on ne pense, tant soit viel ou nouueau.

 Or à ce ieu, qui est de Venerie,
On doit iouer Foy & Cheualerie.

 Iouez y (Messieurs) ie vous prie:
Car fuir faut peché, & vilenie.

Attendant mieux.

Da

Du Rangier ou Ranglier,

& de sa nature.

E Rangier est beste semblable au Cerf, & á sa teste diuerse, plus grande & cheuillée. Il porte bien quatre vingt cors, & aucunesfois moins, selon ce qu'il est vieil. Il a grãde paumure dessus, comme le Cerf, fors que les Endoillers de deuant, esquels sont paumes aussi. Quand on le chasse il fuit, à raison de la grand charge qu'il a en teste : mais apres qu'il a couru vne longue espace de Temps en faisans ses tours & frayant, il se met & accule contre vn arbre, à fin que rien ne luy puisse venir que deuant, & met sa teste contre terre. Et quand il est en tel estat, nul n'en oseroit approcher pour le prendre, à cause de la teste qui luy couure le corps. Si on luy va par derriere, au lieu que les Cerfs frappent des Endoillers dessous, il frappe des ergots dessus, mais non si grand coup que fait le Cerf. Telles bestes font grand peur aux allãs & leuriers quand ils voyent sa diuerse teste. Le Rangier n'est pas plus haut que vn Dain, mais il est plus espez & plus gros. Quand il leue sa teste en arriere, elle est plus grande que son corps d'entre sa teste. Il viande comme vn Cerf, ou vn Dain, & jette sa fumée en troches ou en plateaux. Il vit bien longuemẽt. On le prent aux arcs, aux rezeaux, aux lacs, aux fosses & autres engeins. Il a plus grande venaison que n'a vn Cerf en sa saison. Il va en Rut apres les Cerfs, comme font les Dains, & porte comme vne Biche, pource on le chasse.

La maniere de prendre le Rangier ou Ranglier.

Vand vn Veneur voudra chasser le Rangier, il le doit querir en taillant de ses Chiens, & non pas le quester & laisser courir par son Limier par les forts bois, où il luy semblera que les bestes rousses font leur demeure : & là doit tendre des rets & hayes, selon les attours de la forest, & doit mener ses Limiers par les bois. Pource que le Rangier est pesante beste pour la teste grande & haute qu'il porte, peu de maistres & Veneurs le chassent à force, ne à Chiens de chasse.

La chasse du Dain, & de toute sa nature.

E Dain est assez cognu pour estre de l'espece du Cerf. Vray est qu'il n'a pas le poil tel: car il l'a plus blanc, & sa teste est diuerse. Il est plus petite beste que le Cerf, & est plus grand que le Cheureuil. Sa teste est paumée de longue paumure, & a plus de cors que celle du Cerf. Il a plus longue queuë que le Cerf, & naist en la fin du mois de May. Il a toutes les manieres de faire du Cerf, fors qu'il va plustost au Rut, & est plustost en la saison: car quand le Cerf a esté quinze iours au Rut, à peine le Dain commẽce à s'eschauffer. On ne fait point de suite ne Limier au Dain, & ne va on en queste comme au Cerf: mais on le iuge par le pied. Il iette ses fumées en diuerses manieres selon le temps & les viandes, comme font les Cerfs, mais plus souuent en torches qu'autrement. Quand ils se sentent chassez des Chiens, ils tournent en leur pais, & ne font si longue suitte que le Cerf: car il ressaut aux Chiens par plusieurs fois, & fuyent tousiours les voyes tant qu'ils peuuent & sur tout par le change, ils se font prendre és eaues. Il bat les ruisseaux cõme le Cerf, mais non pas si malicieusement Aussi ne va-il en si grandes riuieres. Il va plustost de prin-faut que le Cerf, & Roye quand il est en Rut, non pas comme le Cerf, mais plus bas, en gargutant dedans sa geulle. Le Cerf & le Dain ne s'entr'aiment aucunement: car l'vn fuit l'autre en son repost. La chair du Dain est plus sauoureuse aux Chiens que celle du Cerf, ne celle du Cheureuil: & pource c'est mauuais change, quand on chasse le Cerf aux Chiens qui ont autre-fois mangé du Dain. Sa venaison est fort bonne, & se garde salée comme celle du Cerf. Les Dains demeurent volontiers en sec pas, accompagnez les vns des autres, hormis depuis le mois de May, iusques à la fin d'Aoust, esquels mois pour crainte qu'ils ont des mousches, ils prennẽt leurs buissons. Ils demeurent volontiers en haut pays, où y a vallées & petites montagnes.

Comme il faut prendre le Dain

E bon Veneur doit querir le Dain auec quatre ou six Chiẽs des plus sages qu'il ait: Et s'ils trouuent le lieu où il aura viandé le matin, ou de releuée, ou la nuict, le Veneur les doit laisser faire, & mettre pied à terre, & garder qu'ils n'aillent le contre-ongle.

Chasse du Bouc sauuage.

L y a deux sortes de Boucs, les vns s'appellēt Boucs sauuages, & les autres Ysarus, autrement dits Sarris. Les Boucs sauuages sont aussi grands qu'vn Cerf: mais ne sont si long, ne si enjambez par haut, ores qu'ils ayent autant de chair. Ils ont autant d'ans que de grosses rayes, ils ont au trauers de leur cornes, & tout ainsi qu'vn Cerf met sa teste & ses cornes, ainsi font les Boucs leurs rayes: toutesfois ils ne portent que leurs perches, lesquelles sont grosses comme la iambe d'vn homme, selon qu'ils sont vieils. Ils ne iettent point ny ne muent leurs testes: & tant plus ils ont de rayes en leurs cors, & plus leurs cors sont longs & plus gros, tant plus vieils sont les Boucs. Ils ont grande barbe, & sont bruns, de poil de Loup & bien velus, & ont vne raye noire sur l'eschine, & tout au long des fesses, & ont le ventre fauue, les iambes noires, & derriere fauue. Leurs pieds sont comme des autres Boucs priuez ou cheures. Leurs traces sont grosses & grādes & rōdes plus que d'vn Cerf. Leurs os sont à l'aduenant d'vn Bouc priué, & d'vne Chieure, fors qu'ils sont plus gros, ils naissent en May. La Biche sauuage faōne ainsi qu'vne biche, chieure, ou daine, mais elle n'a qu'vn Bouc à la fois, & l'allaicte ainsi que fait vne Chicure priuée. Les Boucs viuent d'herbes, de foings, cōme les autres bestes douces: Ils iettent leurs fumées par torchées, & ce au cōmencement du nouueau tēps, & apres ils les remuent formées, ainsi que fait vn Cerf. On les iuge par les fumées quand elles sont en torches, & aussi quand elles sont formées comme on fait vn Cerf, encores que celles du Cerf ne soient de telle maniere: car elles retirent (quand elles sont formées) sur la forme des fumées d'vn Bouc ou d'vne Chieure priuée. Les Boucs vont au Rut enuiron la Toussaints, & demeurent vn Mois en leurs chaleurs: & puis que leur Rut est passé, ils se mettent en ordre & par ensemble, & descendent les hautes montaignes & rochers où ils auront demeuré tout l'esté, tant pour la neige que pour ce qu'ils ne trouuēt de quoy viāder là sus, non pas en vn païs plain, mais vont vers les pieds des mōtaignes querir leur vie: & ainsi demeurēt iusques vers Pasques, & lors ils remontent és plus hautes montaignes qu'ils trouuent, & chacun prend son buisson, ainsi que font les Cerfs. Les Cheures alors se departent des Boucs, & vont demeurer pres des

ruiſſeaux pour faonner & y demeurer tout le long de l'eſté.Lors que
les Boucs ſont hors d'auec les Chieures, attendans que le temps de
leur Rut ſoit venu,ils courent ſus aux gens & beſtes, & ſe combatent
entr'eux ainſi que les Cerfs,mais non de telle maniere: car ils châtent
plus laidement. Le Bouc bleſſe d'vn coup qu'il donne, non pas du
bout de la teſte,mais du milieu,tellement qu'il rompt les bras & cuiſſes de ceux qu'il attaint.Et encores qu'il ne face point de playe, ſi eſt
ce que s'il accule vn homme contre vn arbre ou contre terre,il le tue-
ra.Le Bouc eſt de telle nature,que ſi vn homme quelque puiſſant &
fort qu'il ſoit,le frappe d'vne barre de fer ſur l'eſchine,pour celà il ne
baiſſera ne ployera l'eſchine. Quand il eſt au Rut, il a le col gros à
merueilles,voire eſt de telle nature que encores qu'il tombaſt de dix
toiſes de haut,il ne ſe feroit aucun mal,& ſe tient auſſi fermement ſur
vne roche que fait vn Cheual ſur le ſablõ:Toutesfois ils cheent aucunesfois de ſi haut pour la paſture qu'ils ont, qu'ils ne ſe peuuent ſouſtenir ſur les iambes, & alors ils donnent de leurs teſtes dans des roches,& par ce moyen guariſſent.

Du Bouc,dit Yſarus ou Sarris.

E Bouc dit Yſarus eſt de pareille forme que le prece-
dent,& n'eſt guieres plus grand qu'vn Bouc priué.Il
eſt de pareille nature & vie que le Bouc ſauuage:au-
cunesfois ſe voulant gratter les cuiſſes, il ſi fourre ſi
fort ſes griffes qu'il ſe met par ſes foſſes,&ne les peut
retirer,par ce qu'elles ſont reuirées:ainſi tombent &
ſe rompent le col. Quand ils viennet de leur viande,
ils vont demourer aux roches,&giſent ſur le plus dur des rochiers.Le
fiel de chacun des deux Boucs eſt bon contre endurciſſemēt de nerfs.
Les grands Boucs ſ'aquierent trop de venaiſon,principalement par
dedans Les Chieures ont leurs cornes comme les Boucs de chacune
nature,mais non pas ſi grandes. Les deux ſortes de Boucs ont leurs
greſle & ſaiſon & leur Rut cõme le Cerf,& ce enuiron la Touſſaints,
& lors on les doit chaſſer iuſques à leur Rut,& pour ce qu'ils ne trouuent rien en hiuer, ils mangent des Pins & Sapins en bois, qui ſont
touſiours verds,& qui eſt leur refreſchement Leur peau eſt chaude
quand elle eſt corroyée en bonne ſaiſon, car le froid ne la pluye la
peuuent percer ſi le poil eſt dehors. Leur chair n'eſt pas trop ſaine

car elle engendre fieures, pour la grande chaleur qui eſt en eux:tou-
tesfois quand ils ſont en ſaiſon, leur venaiſon eſt bonne ſallee à gens
qui n'ont pas chair freſche, ne d'autre meilleure quand ils veulent.

Comme le Veneur doit faire ſes preparatifs pour prendre le Bouc,
dit Yſarus ou Sarris.

L E temps conuenable à chaſſer au Bouc, dit Yſarus, eſt
enuirõ la Touſſaints,& doit le Veneur faire geſir la nuit
(qu'il le voudra ſurprendre) és hautes montagnes & ca-
banes où leſpaſteurs couchent pour garder leur beſtail:
& ſi doit preuoir huiĉt iours deuant, quels ſont les faits
des montagnes, les atours, ſfuittes, & doit faire hayes, & tendre au
deuant des roches où les Boucs ſe pourront garentir, tout ainſi qu'il
feroit au deuant d'vne riuiere pour vn Cerf : car c'eſt grand peril
pour les chiens que de ſaillir aual des roches. Si le veneur ne peut
faire haye par tout le rocher, il doit mettre tous les gens qu'il aura
au plus haut du rocher, & leur commander ietter des pierres, & tirer d'Arbaleſtre, à fin qu'ils n'en approchent : puis les doit queſter &
courre de ſon Limier (tout ainſi qu'on fait du cerf) auec dix ou douze chiens de meute, & tout au moins faire quatre relais: car quand
les chiens ont monté montagne pour la chaleur , ils ne peuuent
querir en auant, ne chaſſer aucunesfois pour la grande chaleur, le
Bouc ſe va rendre aux petites riuieres, parquoy le veneur doit là
mettre relais, & ne ſe doit attendre à celuy qui laſchera les chiens
qui le chaſſent : parce qu'ils voudroient chaſſer de trop loing, & par
tant doiuent eſtre laiſſez tout de veuë comme Limiers. Il y a quelques chiens qui ſont ieunes, frais, repoſez, qui ne laiſſent iamais le
Bouc qu'ils ne luy ſoient au cul: encore moins luy laiſſent battre les
eaues, par la crainte qu'ils ont de le perdre. La chaſſe du Bouc n'eſt
de grande maiſtriſe, parce qu'on ne peut accompagner ſes chiens, ne
aller auec eux à pied ne à cheual.

E Cheureuil est beste assez commune, & aisee à chasser,
combien que peu de Veneurs sçachent sa nature. Il va en
amour en Octobre, & dure son Rut enuiron quinze iours,
& n'est qu'auec vne Cheurelle, & demeurent ensemble
masle & femelle comme oyseaux, attendant que leurs femelles ayēt
faonné. Et lors la femelle se depart du masle, & va faonner bien loing:
car le masle tueroit le faon, s'il le coūuoit. Et quand il est grand, qu'il
peut manger des herbes, de la fueille & fuir: alors la Cheurelle se ra-
compagne auec le masle: & qui ne les chassera ou tuera, tousiours se
rassembleront plustost qu'ils pourront. La cause pourquoy ils sont
tousiours ensemble, & ce au contraire des autres bestes: & pource
coustumierement vne Cheurelle porte deux faons, masle & femelle:
& quand ils sont nez ensemble, tousiours se tiennēt ensemble. Il s'est
veu Cheurelle qui auoit cinq faons dedans le corps. Si tost qu'ils sont
retraits du Rut, ils iettent leurs testes, car peu d'iceux ayans passé
deux ans faillent à muer à la toussaints: puis ils refont leurs testes ve-
lues ainsi que le Cerf, & frayent en Mars communément. Il n'y a
point de saison à chasser le Cheureuil, car ils ne portent venaison. On
doit laisser les Cheurelles iusques à ce qu'elles ayent faonné, & qu'ils
puissent viure sans elles. La chair des cheureux est fort bonne: car elle dure tout l'an, & font bonne fuitte & plus longue que ne font les
Cerfs en droit cueur de saison. On ne les peut cognoistre par leurs
fumees, ne par le pied guiere, comme les cerfs. Ils n'ont pas trop
grand veuë, & ne cueillent pas trop grand venaison, si ce n'est par dedans, & la plus grande graisse qu'ils ayent dedans, c'est quand les rō-
gnons sont couuerts de suif. Quand les chiens les chassent, ils tournent leurs pays, & rassaillent aux chiens. Et quand ils ne peuuent
durer, ou que les Leuriers les ont courus, ils font leur fuitte bien longuement, & battent les ruisseaux comme le cerf. Il a ceste nature &
proprieté, que quand il ne peut plus aller auant, il demeure en l'eau
fors la teste, souz quelques racines, & ne se descouure aucunement,
si que les chiens & les Veneurs passeront par dessus & à son costé, qu'il
ne s'en bougera. Il demeure és forts buissons, bruyeres & ioncs, &
volontiers en hautes montagnes & vallees, & aucunesfois en plain.
Et comme les Cerfs mettent leurs bottes au premier an, aussi en tel
temps ils portent leurs faiseaux & broches. Il ne s'escorche ne des-

fait comme le Cerf: car il n'a venaiſon qu'on puiſſe ſaler, & aucunesfois on la donne aux Chiens. Ils vont à leurs viandiers comme les autres beſtes.

Proprieté du Connil.

LE Connil eſt beſte aſſez cõneue d'vn chacun, il porte trente iours,
& non plus, & faut qu'il aille au maſle, car autrement mangeroit
ſes Connillaux. Elle porte ores deux, trois, quatre & cinq Lapereaux:
Et qui veut auoir bonne garenne de Connils, il les doit deux ou trois
fois la ſemaine faire chaſſer aux Eſpagnols (*chiens d'oyſeaux*) & les faire
encotter: car autremẽt ils vuideroient le pays, ſi on ne les tenoit pres
de leur terrier, ſpecialement ſi le Lieure y paſſe qui ſoit chaud de cõ-
nine. Quand le Connil veut aller à la connine, il frappe ſi fort du pied
en terre que merueille, & en ce faiſant ſ'eſchauffe. Quand il a fait ſa
beſongne, il ſe laiſſe cheoir en arriere, & demeure tout paſmé, my-
mort, & lors on le prend comme Lieures qui ſont en foſſes. Sa chair
eſt meilleure que celle du Lieure, qui eſt melancolique & ſeche.

Comme on doit chaſſer & prendre les Connils.

Vand le Veneur voudra prẽdre les Connils, il doit prendre Chiens d'oiſeaux, dits eſpagnols, & les doit faire querir par les hayes & buiſſõs au pays où il cuidera qu'ils demeurent. Il doit auſſi auoir de petits Leuriers pour le Lieure & Connil, ſ'ils le prennent, c'eſt bien fait, & ſinon, les chiens d'oiſeaux le feront entrer dedans les foſſes: & quand ils ſeront dedans, ils
doiuent mettre les bources (qui ſont faictes de cordes) au pertuis du
terrier, & en autant de pertuis faut mettre des bources: puis par vn
deſdits pertuis le veneur mettra le Furõ lequel doit eſtre emmuzelé:
car autrement il occiroit le Connil, & ne ſortiroit hors des foſſes de
deux ou trois iours. Si le Connil eſt en grand pays, où il n'y ait terriers, ains ſeulement foſſes en terre, il faut alors tendre pochettes, rezeaux & panneaux, & ſi meſtier eſt faire hayes, paſſees à petit pertuis
ſelon que la beſte le requiert. Si le veneur n'a Furon, & il veut prẽdre
les connils qui ſont és foſſes, il les peut faire ſaillir hors auec la poudre d'orpin, de ſouffre, & de nijenne qu'il fera bruſler, ou en parchemin ou en drap, & ſ'il a tendu les bources au deſſous du vent quand le

furon eft entré, il pourra mettre au deſſous du vent les poudres deſſus dites, & alors les connils ſe viendront prendre aux bources.

Chaſſe du Loup.

L E Loup eft affez commune beſte, il va au rut auec les Louues en Feurier, & font en la maniere que font les Chiens,
& ſont en leur grand chaleur dix ou douze iours : & quã̃d
vne Louue eſt chaude ſil y a Loups au pays ils vont a-
pres, comme font chiens apres vne Liſſe quand elle eſt chaude:
mais iamais nul ne la lignera fors qu'vn. Elle faict en telle maniere
qu'elle pourmenera les Loups ſix ou huict iours ſans manger ne ſans
boire, & ſans dormir: car ils ont tant de courage à elle, qu'il ne
leur chaut de boire ne de manger, ne de dormir, & quand ils ſont
las, elle les laiſſe bien repoſer iuſques à tant qu'ils ſoient endormis,
& eſueillera celuy qui luy ſemblera qui plus l'ait aymee & plus trauaillé pour elle, & ſ'en va loing d'illec, & ſe fait alligner à luy. Et pource dit-on, que quand vne femme fait aucun mal, qu'elle ſemble la
Louue, pource qu'elle ſe prent au plus meſchant & au plus lait, pource qu'il a le plus trauaillé & plus ioué pour elle que n'ont les autres,
& il eſt plus pauure & plus maigre, & plus meſchant, & c'eſt la cauſe
pourquoy on le dit. Aucunes gens dient que iamais Loup ne vit ſon
pere, & c'eſt verité aucunesfois, non pas touſiours: car il aduient
quand la Louue a mené celuy Loup qu'elle aime plus, comme i'ay
dit, & les autres Loups ſ'eſueillent, ils ſe mettent tantoſt aux routes
de la Louue, & ſils trouuent que la Louue ſe tienne & le Loup enſemble, tous les autres Loups courent ſus au Loup & le tuét: & pource dit on que le Loup ne veit onc ſon pere : & cecy eſt verité en ce
cas: mais quand en tout le pays n'a ſinon vn Loup & vne Louue, ce ne
peut eſtre verité. Ou aucunesfois par aduenture les autres Loups ſe
ſont eſueillez ſi toſt ou ſi tard, qu'encores le Loup ne tiendra auec la
Louue, & par aduenture ſeront ja laſſez, & lors ſ'enſuit-il des autres
Loups qui ne le tuent pas, & ce cas auſſi n'eſt pas verité. Ils peuuent
engendrer au bout d'vn an, & lors ſe partét de la mere & de leur pere:
& aucunesfois ainçois qu'ils ayent vn an, mais qu'ils ayent refaites
leurs dents toutes à leur droit des autres petites dents qu'ils ont premier, car ils ont deux dents à vn an : les premieres leurs cheent quãd
ils ont demy an, & puis reuiennent, & les autres qu'ils portent à tous
les

les iours de leur vie sans remuer:& quand elles sont refaictes à leur en
droit, adonc laissent ils leur pere & leur mere,& vont querir leur aduenture, mais pourtant qu'ils aillent loing, ne demeurent longuement l'vn sans l'autre:pource n'est pas que s'ils rencontrent leur pere
& leur mere qui les ont nourris qu'ils ne leur facent feste & reueren-
ce tousiours. Et sçache que quand vn Loup & vne Louue se sont accompagnez,ils demeurent volontiers tousiours ensemble, & pourtant qu'ils aillēt querir leur proye l'vn deça l'autre delà, il ne sera que
la nuict ils ne soient ensemble s'ils peuuent, au moins au bout de trois
iours. Et tels Loups ainsi accompagnez portent à manger à leurs enfans,aussi bien le pere comme la mere,fors que le Loup mange premierement son saoul,& puis porte le ramenant à ses cheaux : la louue
ne fait pas ainsi:car ainçois qu'elle māge,elle porte à ses cheaux. Quād
la Louue vient & elle porte aucune chose & le loup n'a pas assez mangé,il luy oste la proye & à ses cheaux, & mange son saoul premier, &
puis laisse le demourant s'il y en a,sinō se meurent de faim, si voyent
qu'il n'y acompte gueres mais qu'il ait le ventre plain. Quand la Louue voit ce, elle est si fauce qu'elle laisse la viāde qu'elle porte loing de
là où sont les Louueteaux,& vient voir si le Loup s'en est allé,& puis
apporte la viande à ses Louueteaux: mais le Loup qui est aussi malicieux,quād il voit venir la Louue sans nulle proye,il va fleurer sa bouche,& s'il sent qu'elle n'ait rien apporté,il la prent aux dents & la bat,
tant qu'il cōuient qu'elle luy monstre où elle a laissé sa proye. Et quād
retourne à ses cheaux,elle vient le couuert,& ne se mōstre point iusques à tant qu'elle ait veu si le loup y est point:& s'il y est,elle se muce
iusques à tant qu'il s'en soit allé querir sa proyé pour la faim qu'il a :&
lors quant il s'en est allé , elle porte à manger à ses Louueteaux. Aucuns dient qu'elle se bagne & corps & teste quand elle reuient, afin
que le Loup ne sente qu'elle ait riē apporté: mais ie ne l'afferme mie.
Autres Loups pesants de nature qui ne sont ainsi accompagnez, n'aident point à la Louue à nourrir ses Louueteaux, mais quand le Loup
& la Louue sont accompagnez,& il n'y a plus Loup au pays par droit
& naturel sentiment,il sçait bien que les Louueteaux sont les siens, &
pource les aide il à nourrir, mais c'est mal gratieusement. Au temps
que les Louueteaux sōt petits,les Loups sont plus gras qu'en tout l'an:
car ils mangent ce qu'ils prennent , & ce que la Louue & les Louueteaux doiuent manger. Et portent les Louues neuf sepmaines, & aucunesfois trois ou quatre iours plus: vne fois l'an vont en amours.

Cc

Aucunes gens difent que les Louues ne portent point de Louueteaux
tant comme fa mere eft viuante:elles ont ainfi leurs Louueteaux cõme vne liffe,ore plus,ore moins:ils ont grand force,fpecialement deuant, & malle morfure & forte:car aucunesfois vn Loup tuëra vne
vache ou vne iument.Il a fi grand force, qu'il portera auec fa gueule
vne Chieure ou vn Mouton,vne Brebis ou vn Porcel, fans toucher à
terre, & courra fi fort portant fa befte,que fi les maftins ou cheuau-
cheurs ne viennent au deuant,les pafteurs ou autres gens ne le pourroient attaindre:il vit de toutes chairs, de toutes charongnes,& toute vermine,& fa vie n'eft pas longue:car il ne vit plus de treze ou quatorze ans.   Il a malle morfure & venimeufe, par les ferpens & vermine qu'il mange.Il va fi toft,mais qu'il foit vuide, que i'ay veu laiffer quatre laiffes de leuriers à doubles l'vn apres l'autre, qui ne pouuoient afficher vn Loup: car il va auffi toft comme befte du monde,
& dure trop longuement fon aller quand on le chaffe fort aux Chiẽs
courans,il ne fuit guerres loing d'eux: & fi les maftins ou leuriers ne
s'efloignẽt,il fuit le couuert,comme vn Sanglier,ou comme vn Ours,
& volontiers les voyes.Il va communement querir fa proye de nuict,
aucunefois de iour quand il a grand faim.   Et aucuns font qui chaffent Cerfs, Sangliers & Cheureaux, & fentent autant qu'vn ma-
ftien, & prennent des Chiens quand ils peuuent.Il y a aucuns Loups
qui mangent des enfans, & aucunesfois les hommes, & ne mangent nulle autre chair depuis qu'ils y font encharnez , ainçois fe laiffent mourir,& ceux là on appelle Loups garoux:car d'eux on s'en doit
garder.Et font fi cauteleux que quand ils affaillent vn homme, ils le
tiennent s'ils peuuent, ainçois qu'ils les voye. Et s'il les voit premierement, ils l'affaillent fi fubtilement, qu'à peine efchappe il qu'ils ne
le prennent & tuent : car ils fe fçauent tres-bien garder des armes
que l'homme porte. Il y a deux raifons pourquoy ils fe prennent aux
hommes : l'vne eft quand ils font trop vieils & perdent leurs dents
& leur force, & ne peuuent emporter leur prinfe, comme ils fou-
loient faire, dont conuient qu'ils fe prennent aux enfans,qui n'eft
pas forte prinfe pour eux, & ne leur conuient porter nulle part,
fors feulement que manger,& ont plus tendre chair que n'eft la peau
ne la chair d'vne autre befte. L'autre raifon eft, quand ils font encharnez en pays de guerre où il y a eu batailles à efforts , & lors ils
mangent ou des pendus qui font attachez ou qui cheent du gibet:
La chair de l'homme eft fi fauoureufe, & fi plaifante , que puis

qu'ils en font encharnez ils ne mangent autres beftes, ains fe laiffent mourir.I'ay veu qu'ils laiffoient les brebis, & prenoient & tuoient le pafteur:le Loup eft fçauante befte& fauffe,plus que nulle autre à garder fes aduantages : car il ne fuira iamais trop fort, fors quand il en aura grand befoin, il veut eftre toufiours en fa force,& en fon alaine, chacun iour luy en eft befoing : car communement tous ceux qui le voyent,l'efcrient & le chaffent.Quand on le chaffe à force il fuira biē tout vn iour,fi Leuriers ne luy font laiffer.Il fe fait volontiers prendre en aucun village ou ruiffelet,il fe fait peu abbayer, finon quand il ne peut aller,il deuient aucunesfois enragé.Quand Loups mordent vn homme,à peine en peut il guarir,comme i'ay dit:car leur morfure eft venimeufe: & d'autre part pour la maladie de la rage, quand ils font plains ou malades, ils paiffent de l'herbe comme vn Chien pour leur vuider. Ils demeurent longuement fans manger, & fera vn Loup fix iours fans manger ou plus.Quand la Louue a fes Louppereaux,à peine n'ira ja pres de là,de peur de les perdre. Si le Loup vient à vn porc ou à vn parc de brebis,& s'il a loifir, il les tuera tous, ainçois qu'il en mange.On les prend à force,aux Chiens,aux Leuriers, aux las & aux cordes.Mais s'il eft prins en vn las ou en autres cordes quelles qu'elles foient,il couppera fubtilement auec fes dents fi on n'y eft tātoft pour le tuer,aux foffez,aux aguilles,aux chaffe-pieds, ou aux poudres venimeufes qu'on leur donne en la chair, & auffi en autres manieres. Quand le beftail defcend des montagnes,lors ils defcendent pour auoir leur vie. Ils fuiuent volontiers gens d'armes pour les charongnes du beftial,ou des cheuaux morts,ou d'autres chofes. Ils velent comme Chiens,& s'ils font deux Loups ils feront fi grand noife, que vous diriez proprement qu'il y en a plus de vingt. Et cela font ils quand il eft clair temps & ferain, ou quand ils font ieunes Loups, qu'ils n'ont pas paffé encores leur an, quand on les appelle en hurlant pour les encharner. Et fi vous dy pour toute verité que fi on les a vnefois encharnez,à grand peine demeureroient ils, où ils auroient mangé, fpecialement vieils Loups, au moins la premierefois qu'ils mangeront. Mais quand ils font affeurez qu'ils ont mangé deux ou trois fois, ils demourent:Aucuns font fi malicieux qu'ils mangerōt la nuict, & s'en iront le iour loing bien demie lieuë ou plus demourer,& fpecialemēt fils fentent qu'on leur a fait ennuy, ou qu'on leur a fait train de chair pour les chaffer. Ils ne fe plaignent point quand on les tuë,comme font Chiens:mais des autres natures les reffemblent ils. On ne peut

Cc ij

nourrir iamais vn Loup enchainé, ou prins & tenu ſubiet, tant ſoit
ieune ou vieil, ſi on le cuide chaſtier, batre & tenir en bonne diſcipli-
ne, que touſiours ne face mal s'ila le loiſir, & le peut faire : & iamais
pourtant qu'il ſoit priué, ne ſera ſi on le meine hors qu'il ne regarde
touſiours deça & delà, pour veoir ſil peut en nul lieu faire mal ou regarder: car il doute qu'on ne luy face mal, & ſçait bien en ſa cognoiſſance qu'il fait mal, & pource on les chaſſe & tuë, mais pourtant celà
ne peut il laiſſer ſa mauuaiſe nature. On dit que le dextre pied de deuant porte medecine au mal des mammelles, & aux boſſes qui viennent aux pourceaux, prenez deſſous les maſſelles & auſſi au foye de
l'homme.

Du Renard, & de toute ſa nature.

Enard eſt aſſez commune beſte, ſi ne me conuient ja dire de
ſa façon: car peu de gens ſont qui n'en ayent veu. Il a beaucoup de conditions telles comme le Loup : car la Renarde porte autant comme la louue faiɛt ſes louueteaux vne
fois plus & l'autre moins, ainſi comme, la louue : mais qu'elle
les faiɛt deſſous terre bien profond, plus que la louue ne faiɛt, & eſt
chaude vne fois, laquelle à la morſure venimeuſe comme le loup,
& ſa vie n'eſt plus longue d'vn l'oup. A grand peine prend on Renarde prains: car quand elle ſe ſent prains & peſante, elle demeure
touſiours enuirõ ſes tanieres, & ſi elle oit rien tantoſt ſe boute dedãs,
deuãt que Chiens la puiſſent prẽdre: elle eſt malicieuſe & fauſſe beſte
comme le loup. La chaſſe du Renard eſt moult belle : car les Chiens
la chaſſent de pres, & volõtiers touſiours en aſſentent, pource qu'elle
ſuit les forts païs & prend la campagne, pource qu'elle ne ſe fie point
à ſa courſe ne en ſa defence: car elle eſt trop foible : & ſi elle le faiɛt,
ce ſera par droiɛture, force, & touſiours tiẽdra le couuert, & ſi elle ne
ſe pouuoit couurir que d'vne ronce, elle ſe couurira. Et quand elle
veoit qu'elle n'y pourra durer, adonc ſe met elle dedans terre, & à
ſes foſſes qui ſont les fortereſſes leſquelles elle ſçait biẽ: illec les peut
on bien foüir & prendre, mais que ce ſoit en plain pays és roches. Si
leuriers le courent, le dernier remede qu'il a ſil eſt en plein pays il
conchie volontiers les leuriers, à fin qu'ils le laiſſent là pour la pueur
& ordure : & auſſi pour la pueur qu'il a, vn petit Leurier qui prend
tout ſeul vn Renard fait hardiment : car i'en ay veu de grands qui

prenoient bien le Cerf & Sanglier, & loup qui en laiſſoient bien aller
vn Renard. Quand elle va en amour & elle quiert ſon compagnon,
elle crie à voix enrouée, voix de Chien enragé, & auſſi quand elle n'a
tous ſes Renardeaux elle les appelle en celle meſme guiſe. Elle ne ſe
plaint point quand on les tue, mais touſiours ſe defent à ſon pouuoir.
Elle vit de toutes manieres de vermines, de toutes charongnes & ordures, mais ſa meilleure viande qu'elle ayme plus ce ſont gelines,
chappons, canes, & oyes, petits oiſons & oiſeaux ſauuages quand elle les trouue à point: elle mange papillons, giolens, laiɛt, fromage
& beurre. Grand dommage font aux Garennes des Connils & des
Lieures qu'ils prennent & mangent volontiers, pour leur grãde ſub-
tilité & malice, & non pas pour courre. Aucuns ſont qui chantent
comme Loups, aucuns qui ne võt fors aux villages querir leur proye,
comme i'ay dit, elles ſont ſi malicieuſes & ſi ſubtiles, que hommes ne
Chiens n'y peuuẽt mettre remede. Elle demeure volontiers és foſſes
pres de villes ou de villages pour touſiours faire mal aux gelines, & autres choſes comme i'ay dit. La peau du Renart eſt moult chaude pour
faire mouffles & pelices, mais ce n'eſt belle fourrure, & put touſiours,
ſi elle n'eſt bien couroyee. Le ſein du Renard & les mouëlles ſont
bonnes à adouciſſemens de nerfs. De ſes autres manieres & malices,
ie parleray plus àplain quand ie diray comme on le doit chaſſer. On
le prent aux Chiens, aux Leuriers, aux las, aux cordes: mais il couppe
las & cordes, comme fait le Loup.

Du Blereau & de ſa nature.

Lereau eſt aſſez commune beſte, car elle ne fuit guieres
longuement: car les Chiens la tiennent tantoſt, où il ſe
fait abbayer, & puis on le tue volontiers, & demeure dedans terre, ou ſ'il eſt hors il n'eſt gueres loin de taiſnieres.
Il vit de toutes vermines & charongnes, & de tous fruits
cõme le Renard, mais il n'oſe tant ſ'aduenturer le iour comme il fait:
car il ne ſçait ny ne peut fuir, il vit plus de dormir que d'autre choſe:
ils font vne fois l'an cheaux comme Renards, & les font dedans les
foſſez. Quand on les chaſſe ils ſe defendent fort, & ont leur morſure
venimeuſe comme Renards, encores ſe defendent ils plus fort que le
Renard. C'eſt la beſte du monde qui plus acueille de greſſe dedans:
& pour long dormir qu'il fait, & ſon ſein porte medecine comme ce-

Cc iij

luy du Renard. On dit qu'vn enfant qui onques n'auroit chauſſé
ſouliers ſi les premiers qu'il chauſſeroit eſtoient de peau de Teſſon
il guarira les cheuaux du farcin, ſ'il monte ſus : ſa chair ne vaut rien à
manger, non plus que celle du Renard.

Comment on doit chaſſer & prendre le Loup.

ET quand le Veneur voudra chaſſer le Loup, il doit encharner les Loups par ceſte maniere : Premierement il doit regarder vn beau lieu à vne lieuë ou demie pres d'autres grãds
foreſts, où il y ait beau titre de Leuriers, & belle place à l'ẽ-
uiron, & eau dedans, & là doit tuer vn Cheual ou vn Bœuf, ou autre
beſte groſſe, & prendre les quatre membres, cuiſſes & eſpaules, &
doit mener quatre compagnons és grands foreſtz, là où chacun doit
faire ſon train, & doiuent abbatre leur chair, & haller à la queuë de
leurs cheuaux, & trainer par les voyes, là où la beſte eſt morte, &
laiſſer chacun ſon train. Et quand les Loups ſe releueront à la nuict, ils
iront par les chemins de la foreſt, & ſentiront le train de la charongne : ils iront apres iuſques ils ſoient là où la beſte eſt morte, & mangeront tant qu'il leur plaira. Dont doit le Veneur quand il ſera cler
iour, aller là où la charongne eſt, & lier ſon Cheual bien loing d'illecques au deſſous du vent, & doit venir tout bellement là où la charongne eſt, & regarder ſ'il pourra voir les Loups, & ſ'il les voit il doit re-
traire ſans leur faire ennuy, & ſans regarder combien ils ont mangé :
car ſ'ils ont mangé ou trop ou peu, ce n'y fait rien au faict ce mal non,
puis qu'il les à veuz : car c'eſt trop merueilleuſe beſte & malicieuſe,
comme i'ay dit. Mais ne ſ'eſlongne qu'vn peu loing de la charongne,
monte ſur vn arbre pour voir où les Loups iront, & où ils demeurent : car de leur nature ils ne demeurent pas volontiers là où ils ont
mangé, ainçois iront de haute prime. Ou pource qu'ils ſeront venuz
trop tard manger, ou pource qu'ils veulent aller demeurer au Soleil plus qu'au bois, qui eſt en l'ombre & au froid, ou pour eux vuider & eſbatre, ou pour aucun ennuy qu'on leur aura faict : pource
veux-ie qu'ils demeurent iuſques à l'heure de prime s'il en ſçaura
mieux la verité : & ſi ne les peut voir au matin, il doit aller voir la
charongne, & regarder s'ilz on mangé, & combien de Loups ſelon les
mangeures qu'ils auront faict, qu'ils doiuent auoir. Et puis s'en doit
reuenir à l'hoſtel & faire ſon rapport à ſon Seigneur, & peut regar-

der par lesvoyes qui font autour du buiſſon, s'ils font hors du buiſſon,
ou ſ'ils demeurēt quand ils ont mangé, & ſi le Limier qui encontre volontiers loups, il peut prendre autour du buiſſon ſans entrer dedans,
ſi fera plus ſeur s'ils y ſont demourez ou non : car ſon Limier en aſ-
ſentira en pluſieurs des lieux, & doit regarder ſi ſont tous les loups
qui ont mangé : car aucunesfois vn loup s'en va, & les autres demeurent, & aucunesfois vn demeure, & les autres s'en vont, comme
leur vient à leur volonté, ou les cauſes y ſont, comme eſt quand ils
ſont pleins, ils demeurent plus volontiers.   Et quand ils n'ont mangé leur ſaoul deuant le iour, ils demeurent plus volontiers que ceux
qui ont mangé au veſpre deuant, ou ieunes loups ou autres cauſes
ſemblables : car vn loup eſt ſi malicieux qu'à grand peine demeure
où il a mangé, & pource eſt bonne choſe de faire, de petit de chair
ſon train & laiſſer au buiſſon où on voudra chaſſer vne mauuaiſe
beſte viue encores liez les iambes qu'elle ne ſe defende.   Et quand
les loups auront mangé le train qui ſera de petit de chair, & ne ſeront pas faons, ils tueront la beſte qui viue ſera : & s'ils ne le font la
premiere nuiɛt, ils le feront la ſeconde ou la tierce. Et lors quand
ils ont tué la beſte & mangee, ils demeurent plus volontiers, car ils
ſont gloutes beſtes, & veulent garder leur charongne qu'ils cuident
auoir prinſe, & s'ils trouuent qu'ils demeurent & aient mangé deux
nuiɛts l'vne apres l'autre, il ſe peut ordonner & mander de gens qu'il
aura, & dequoy il aura beſoin pour chaſſer le tiers iour. Et ſi les loups
n'ont mangé la premiere nuiɛt, ainſi comme i'ay diɛt, deuant qu'il
leur aura fait ſon train, ſi ſe face le lendemain à la nuiɛt, ainſi comme
i'ay dit par tout le pays enuiron où il penſe que les loups doiuent demeurer. Et ainſi face iuſques à quatre nuiɛts & ſans faute s'il y a loups
au pays ils y viendront, ſi ce n'eſt au mois de Feurier, là où ils vont
en leurs amours : car lors ne comptent ils gueres de ſuyuir nul lieu.
Auſſi il eſt vray que aucunesfois les Loups viennent pourſuiuir le
train iuſques à la charongne, & ne mangent point. Adōc quand
le veneur vera qu'ils ne voudront manger pour quand que on leur
fait trains, il doit remuer la chair de l'encharnement, comme eſt de
cheual ou de bœuf, ou par le contraire, ou de Moutons, ou de Brebis, ou de Pourceaux, ou Aſnes qu'ils mangent volontiers. Et ainſi ne
peut ſçauoir s'il y a loups ou non : car ils n'auront point mangé. Il les
doit appeller & huer en telle maniere, & s'il y a loups dedans le buiſſon ils luy reſpondront, ou les vns ou les autres.   Et s'il aduenoit

qu'ils mangeaſſent & s'en allaſſent hors du buiſſon, & celà faiſoit il
par deux fois ou par trois nuicts,ſans ce que nuly demouraſt,il doit au
veſpre deuant qu'il ſoit nuict pẽdre la charõgne par les arbres, ſi haut
qu'on n'y puiſſe aduenir, & laiſſer des os ſ'il y en à en terre, à fin qu'ils
les rõgent & viennẽt au buiſſon,ainſi cõme vne heure deuãt le iour:Et
doit on auoir laiſſé la robe du paſteur qui garde les brebis, à fin qu'ils
n'ayent nul vent de celuy qui les enuoye:& leur doit abatre, & puis il
s'ẽ doit aller.Et quãd l'aube du iour ſera, il doit mettre les leuriers par
où les loups s'en ſõt accouſtumez d'aller les autres nuicts: & les loups
qui n'aurõt mangé de toute la nuit, quãd on leur aura abatue la chair
ils mãgerõt tãt que par leur gloutõnie le iour les y prẽdra,& demou-
rerõt:&s'ils võt hors,ce ſera depuis qu'il ſera iour:car ils ont tãt court
terme de mãger,tãt que le iour leur y eſt ſuruenu & les leuriers ſerõt
ja aſſez comme i'ay dit, ſi aura riote. Mais pource que le Seigneur ne
ſe lieue pas à l'aube du iour pour veoir le deduit, ie veux que quand il
leur aura abatue de la chair vne piece,apres ils face faire dix ou douze
feux, ou tant comme bon luy ſemblera, entre la Foreſt où ils s'en alloient les autres nuits, & le buiſſon à deux traicts d'arbaleſte du buiſſon, tant qu'il puiſſe veoir & ouir ceux qui parleront, & à chacun
feu ait vn homme ou deux,&ait de l'vn iuſques à l'autre, le iect d'vne
petite pierre:& les vns parlent aux autres haut, ſans aſſembler en de-
mandant des nouuelles ou chantant ou riant, & ſans huer. Et quand
les loups verront & oront celà, & par le iour qui leur ſera ſuruenu
ils deuront demourer,& entre deux ſera venu le Seigneur,ſi les pourra chaſſer & prendre en ceſte maniere. Premieremẽt il doit regarder
le plus beau tiltre, le plus long, & le plus plain, qui ſoit enuers le buiſſon,& là doit il mettre les leuriers, &s'il y a beau titre par où les loups
ſouloient aller les autres nuicts, quand ils ont mangé, là les doit il
mettre, ſuppoſé qu'il y euſt mauuais vent & contraire pour les leuriers: car à tout celà s'en viendront ils plus volontiers par illec que
par autre part, & s'il y a bon vent tant vaut mieux, & ſinon il doit
mettre les leuriers comme i'ay dit au plus beau titre, & au plus long,
& les doit tant coiement aſſeoir & mettre tout de rang ou cinq ou
ſix laiſſes, ou plus ou moins, ſelon qu'il y aura de leuriers, & auſſi autant tout de ranc derriere celle l'vne de l'autre, enuiron le iect d'vne
fleche l'vne laiſſe l'autre. Ainſi doit faire de laiſſer trois ou quatre
doubles,&garder touſiours le vẽt que les loups ne le puiſſẽt auoir des
gens ne des leuriers, & doit auoir mandé toutes les gens en quoy à
mande-

mandement vn ou deux iours deuant, & prier tous ſes voiſins qui ſeront pres de luy demeurans qu'ils luy viennent aider à chaſſer les
loups,& ils le feront treſ-volontiers pour le grand danger que leur
font leſdits loups de leur beſtial. Et quand il aura aſſez de gens à ſon
aduis, & aura auſſi les Leuriers, il doit mettre tout la gent autour du
buiſſon, fors que deuant les Leuriers au plus pres qu'il pourra l'vn de
l'autre les gens qu'il aura,&cela appelle-on defeces,l'autre deçà l'autre delà toutes aſſemblees, les vnes gens viennent les vns contre les
autres, à fin qu'il ſoit plus fort , & afin que ſi on les mettoit par vne
part & ils oyent le bruit de toutes parts de la gent ſi s'en iront par au-
tre:mais quand ils ſeront tous mis l'vn d'vne part,l'autre de l'autre en
venant les vns contre les autres, ils n'oſeront aller que parmy les Le-
uriers.Quand ils auront le bruit, lors doit aller le Veneur, ſon limier
& ſes chiens à la charongne où auront mangé & les doit briſer du limier hors de la charongne, iuſques là où ils entrent au fort, & lors
doit il abatre le tiers de ſes meilleurs chiens, & doit faire tenir bien
longuement en ſon buiſſon aucunesfois auant qu'il iſſe hors. Et doit
le Veneur cheuaucher ſes chiens de pres , huer & corner ſouuent, à
fin que ſes chiens le chaſſent mieux:car beaucoup de chiens doutent
à chaſſer le loup , pource eſt bon qu'il les cheuauche de pres & les
enchauffe & rebaudiſſe. Et doiuent eſtre mis les leuriers bien couuerts de fueilles de bois, ainſi que i'ay dit cy deuant : & ſi le premier
les laiſſent paſſer, elles le doiuent faire iuſques à tant qu'il voye par
derriere comme dit eſt. Et auſſi les ſeconds & la tierce les doiuent
paſſer & venir au coſté de la quarte qui eſt la derniere, ſ'il a tant de
leuriers doit eſtre ietté emmy le viſage au deuant de luy , & ainſi les
deuront ils prendre. On peut faire ſes chiens tout pour le loup à leur
apprẽdre à chaſſer les ieunes qui n'ont mie paſſé encore vn an: car ils
les chaſſent plus volontiers &à moins de doute qu'ils ne font vn vieil
loup.   Et auſſi on les prend pluſtoſt, car ils ne ſe ſçauent mie ſi bien
garder comme vn grand loup. Et auſſi peut on prendre les loups vifs
à diuers engins , leſquels ie diray cy apres quand temps en ſera : &
ceux peut on mettre en aucune part, & les faire chaſſer à ſes chiens,
& le faire tuer deuant eux. Et quand le loup eſt mort il doit faire le
droict aux chiens en telle maniere.   Premierement il doit faire le
loup bien fouller & bien tuer à ſes chiens : apres le doit fendre tout
au long, & le vuider de tout tant qui eſt dedans & bien lauer , puis
doit mettre dedans le ventre du loup de la chair cuitte ou froma-

D d

ge, & doit auoir vne ou deux brebis ou chieure, & faire defcoupper & hacher dedans bien menu auec du pain: & doit illecques faire mã-ger fes Chiens. Auffi y doit il encharner fes Leuriers plus que nulle autre befte plus volontiers que ne feront vn Loup, pource faut il qu'ils foiét mieux encharnez. Et fi par aduenture aucun Loup f'en va par les defenfes qui ne vienne aux Leuriers, ia ne laiffe pour celà d'y retourner le lendemain, car il le trouuera au mefme buiffon: car quand la nuiêt eft venue, il penfe en l'effroy qu'il a eu le iour deuant, il veut aller voir la nuiêt que ç'a efté: & que les autres Loups fes com-pagnons font deuenus, ne s'il y a plus de charongne. Et auffi eft bien fi malicieux, qu'il penfe que le lendemain on y reuiendra chaffer. Mais quand il aura fenty que les autres Loups ont efté prins, & aura eu le vent des gens, il aura encore plus grand peur qu'il n'a eu le iour deuant. Et lors à l'autre nuiêt vuidera il le buiffon, & n'y retournera de grand efpace de temps pour y demeurer. Et fi on luy encharnoit, il y pourroit bien manger. Mais il s'en ira demeurer bien loing. On peut cognoiftre vn Loup d'auec vne Louue par les traffes: car le Loup a plus gros talon, & plus gros doigt, plus gros ongles, & plus ronds pieds que n'a la Louue, laquelle a les traffes plus efparpilees & plus longues. La louue fouuentesfois iette fes laiffes parmy les voyes, & le loup l'vn des coftez du chemin.

Comment on doit Chaffer le Renard.

Vand le Veneur voudra chaffer le Renard, il doit querir en fors buiffons & en fort pais de ronces ou de bruyeres, & pres des villages ou hameaux, ou és grãds foffez qui font enuiron la bõne ville, qui font forts de hayes & de rõces: car ils demeurent volõ-tiers pour le prochas qu'ils ont des gelines & des oyes, & des autres ordures qui font és villes: auffi és vignes quand font couuertes de fueilles & les raifins y font, ils y de-meurét volontiers en tout fort pays & couuert. Et f'il fçait où les ter-rieres ou tafnieres des Renards foiét, il les doit eftouper le iour deuãt qu'il les voudra chaffer, & vaut mieux les eftouper de nuit mais qu'il face lune, q̃ de iour. Qui ne fçait le iour la maniere d'eftouper, fi pré-ne des fourchieures & menu bois, & les boute dedans les foffes, & puis mette de la terre deffus & biẽ fort, à fin qu'il n'y puiffe entrer en

aucune maniere.Et si vous voulez qu'il n'approche ja les pertuis,pre-
nez deux bastons & les mettez en croix, sur chacun pertuis: & quand
il viendra pour entrer au pertuis & il verra blanchir ses bastons,il cuidera ce que soit aucun engin contre luy, si n'y approchera iamais.
Toutesfois pour ce que Chiens & Leuriers les chassent aucunesfois
de si pres qu'ils ne regardêt celà, faut que les pertuis soient estoupez.
Et si le Veneur ne sçait ou lespertuissôt,si les face querir deux outrois
iours deuant qu'il vueille chasser : & la nuict deuant ou le matin bien
matin qu'il voudra chasser,si les face estouper comme i'ay dit. Et côme aucunesfois on ne peut pas trouuer tous les terriers&tasnieres de
Renard,si Renard se venoit enterrer en aucun lieu,le Veneur le peut
prendre s'il veut ou vif ou mort : car s'il y a autres pertuis fors que vn,
il peut mettre au dessous du vents bourses s'il y en a ou sinon,y mette
vn sac,&les autres pertuis estoupper fors qu'vn qui soit au dessous du
vent, & par là, boute le feu, ou en drap, ou en parchemin, & dedans
la bource, du pimet, ou du souffre, & demiere, & serre bien derriere le pertuis que la fumee n'en puisse issir, & le Renard ne demou-
rera guieres à se mettre dedans le sac ou bourse, & ainsi se prendra
vif. Si le Veneur le veut prendre mort, si estoupe tous les pertuis, &
boute le feu comme i'ay dit dedans, si le trouuera le landemain mort
à la bouche de l'vn des pertuis. Par tout Iannuier,Feurier & Mars faict
meilleur chasser les Renards qu'en autre temps, combien que tousiours les peut on chasser, pource que le bois est plus clair : car la
fueille en est chéuë : & on le peut mieux voir chasser ses Chiens, &
aussi trouue on plustost ses terriers & tasnieres qu'on ne feroit quand
le bois est couuert. Les peaux des Renards vallent beaucoup mieux
lors que en autre temps:& aussi les Chiens s'y affectent mieux&chas-
sent plus de pres : & quand il aura estoupé toutes les tanieres,il doit
mettre ses Leuriers au dessous du vent, & defenses enuiron le buisson, specialement là où il y a fort pays : car il fuit volontiers le couuert. Puis doit laisser courre le tiers de ses Chiens pour trouuer le
Renard, & les autres doit faire tenir par les voyes du buisson : &
quand il verra que Chiês chasseront le Renard,il les pourra relaisser:
car s'il laissoit aller tous les Chiens,ils pourroieut accueillir autres bestes qu'ils auront chassees : pour ce il est bon qu'on ne laisse aller tous
ses Chiens:car assez est du tiers ou du quart au commancement, mais
quâd il sera trouué & il sçaura bien que c'est Renard,il relaisse apres
tous ses Chiens,il aura bonne chasse:car il tourne longuement en son

pays auant qu'il en iſſe hors. Et quand le Renard eſt prins, il doit faire
le droit qui appartient aux Chiens, tout en la maniere que i'ay dit du
Loup, & en doit faire curee, & donner & decouper du pain aux chiẽs
ſur le cuir du Renard, & ſera bien fait.

Comme on doit Chaſſer & prendre le Blereau.

Vand le Veneur voudra chaſſer le Blereau, il doit querir les terriers & tenieres où ils demeurent, & doit quãd
la Lune ſera claire, apres la minuit tendre aux bouches
des tanieres ſes poches : puis le matin doit venir à tout
ſes Chiens querir les hayes & fort pays enuiron taſnie-
res : & dés qu'ils orront l'effroy des chiens, ils ſe cuyderont bouter dedans les terriers, & ſeront prins és poches, & ſi chiens les attaignent entre deux, on en aura bonne chaſſe & bon deduit : car ils
ſe font abbayer comme vn Sanglier.

De l'Ours & de ſa nature.

L y a Ours de deux conditions, les vns ſont grands de leur
nature, & les autres petits, ores qu'ils ſoient vieils, toutes
fois leurs manieres & conditions ſont toutes vnes : mais
les plus grands ſont les plus forts, & ceux qui naurent aucunesfois les beſtes priuees merueilleuſement, ſont forts par tout le
corps, fors qu'en la teſte qu'ils ont ſi foible, que s'ils y ſont feruz ils
ſont morts. Ils vont en leur amour en Decembre, les vns pluſtoſt
que les autres, ſelon ce qu'ils ſont à requoy en bonnes paſtures, &
durent en leur chaleur quinze iours. Et cõme l'Ource a conceu ou ſe
ſent groſſe, elle ſe met en vne caue de roche, & demeure dedans iuſques à tant qu'elle ait faonné : & pource prent on peu d'Ources qui
ſoient praings. Auſſi les Ours maſles demeurẽt dedans les caues quarante iours ſans manger ne ſans boire, fors qu'ils ſuccẽt leurs mains:
Et au quarantieſme iour iſſent hors, & ſi celuy iour fait beau, ils s'en
retournent dedans leurs caues, iuſques à autres quarante iours : car ils
ſe pẽſent qu'encore ſera mal hyuer. Et dort iuſques à celui iour qu'ils
ſortent de leurs caues. Ils naiſſent en Mars, & le plus d'eux tous morts
par l'eſpace d'vn iour : Leur mere les aleine ſi fort, & les eſchauffe ſi
bien, & leche de la langue, qu'elle les faict reuenir. Leur poil eſt plus

pres du blãc que du noir,&aillaictẽt bien vn moisleur petits&plus.La
cauſe eſt, qu'ils n'ont mauuais ongles & malle dents, & ſont felonneſ-
ſes beſtes de leur nature. Quãd ils ne trouuent le laict de leur mere à
leur guiſe, ou que l'Ource ſe remuë ou ſe meut, ils mordent & eſgra-
tignent les paupes de leur mere,&elle ſe courouce& les bleſſe ou tuë
aucunefois. Et pource ſe garde elle quand ils ſont vn peu forts, que
ne les laiſſe plus allaicter,mais elle va mãger tout ce qu'elle peut trouuer, & puis leur iette par la gorge deuant eux ce qu'elle a mangé. Et
ainſi les nourriſt iuſqu'à tant qu'ils ſe peuuent pourchaſſer. Quand
l'Ours fait ſa beſongne auec l'Ource, ils ſont en guiſe d'homme & de
femme, & touseſtendus l'vn ſur l'autre.Ils viuent d'herbes,de fruicts,
de miel,de chair creuë & cuitte, quand ils en peuuent auoir: de laict,
de glan,de febues, & de fromis, & de toutes autres vermines & charongnes,&mõtent ſur des arbres pour querir des fruicts Et aucunesfois quãd tout leur faut par grand hiuer & par grand famine, ils oſent
bien prendre & tuer vne vache ou vn bœuf. Toutesfois peu ſont qui
le facent, mais pource aux brebis,chieures,& tel menu beſtail ils mã-
gent & prennent volontiers quand ils les tiennent à point, ſpecialement ceux qui ſont de la grand forme durent en leur force dix ans.
L'Ours peut viure vingts ans: car ils deuiennent volontiers aueugles,
& puis ne peut querir ſa vie. Ils vont trop loing querir leur manger,
eſtans ſi peſantes beſtes.Et c'eſt àfin qu'on ne les trouue:car ils ne demeurent ia pres leurs viandiers:quand on les chaſſe ils ſuiuent l'homme, &ne luy cours pas ſus,iuſque à ce qu'il ſe ſente bleſſé:mais quand
il eſt bleſſé il court ſus à tout tant qu'il voit deuant.Il a merueilleux &
forts bras dequoy il eſtraint aucunesfois vn homme ou vn Chien ſi
fort qu'ils ſaffollẽt ou tuẽt:ſes onglesne font pas mal,tel que beſte en
puiſſe mourir, mais ils tiẽt aux mains, & meinẽt à ſa bouche & dents,
de celà font leurs merueilleuſes armes : car ils font trop forte & trop
malle morſure,tant que s'il tenoit vn homme par la teſte il luy romproit iuſques à la ceruelle,&le tuẽróit, & s'il tenoit les bras ou la iambe d'vn homme aux mains & aux dents, ils le romproit tout outre: il
n'eſt ſi forte haute d'eſpee que aux mains quãd ils ſont ferus ne la rõ-
pent. Il eſt ſi peſante beſte que les Chiens qui le veulent chaſſer, le
voyent touſiours:car il ne court gueires plus fort qu'vn homme. Il ne
ſe fait point abbayer ou trouuer, comme faict le Sanglier,ainçois s'é-
fuit de loing, comme fait vn Lieure, iuſques à tant que les gens approchent, & ainſi qu'il voit que les Chiens le tiennent, & luy com-

Dd iij

mancent à faire grand mal, lors il se met en defence moult vaillam
ment. Aucuns se leuent sus les pieds de derriere, aussi bien que sçauroit faire vn homme, & c'est signe de couardise & d'effroy. Mais s'ils
sont sur les quatre pieds, ils tuent l'homme qui vient contr'eux. A-
donc il semble qu'ils se vueillēt reuencher& non pas fuir.Ils sentēt de
loing & ont bon vent. plus que nulle autre beste,fors que le Sanglier:
car ils sentiront vne pasture de glan,s'ils sont en vne forest : & quand
ils sont las& desconfits ils se font prendre en aucune petite riuiere ou
ruisseau. On les chasse aux allans & aux Leuriers, & aux Chiens courants, à l'arc, à l'espieu, aux lances & espees,& aux fossez & autres engins. Si deux hommes à pied auoient bons espieux & se veulent bien
tenir bonne compagnie,tuent biē vn Ours:car sa nature est telle, que
à chacun coup qu'on le fiert,il se veut reuencher de chacun, & quand
l'vn le fiert il luy court sus : & quand l'autre le fiert, il laisse iceluy, &
court à l'autre, & ainsi le peut on ferir chacun tant de fois comme il
veut.Leur nature est de demourer és grands montagnes,mais quand
il neige fort, ils descendent pour la neige,& pource qu'ils ne trouuēt
que manger és plaines forests, ils iettent leur laisses aucunesfois en
torches, aucunefois en plateaux comme vne vache,selon ce qu'ils auront mangé,raisins,ou autres choses semblables qui soient molles. Ils
iettent leurs laisses en plateaux,& s'ils ont mangé du glan, ou des febues,ou semblables choses dures, ils ietteront en torches. Les Ours
peuuent engendrer en vn an, & lors se departent de leurs meres, ils
vont ou le pas ou le cours,&puis trottent volontiers les voyes quand
il va à son aise. Mais quand on le chasse, il fuit les forests & les cou-
uerts.La saison de l'Ours commence en May , & dure iusques à tant
qu'il va aux Ourses:toutes ses faisons sont gras au dedans ou dehors:
& plus dure sa saison que nulle autre beste qui soit. Et quand il est
blecé & peut eschapper aux chasseur,s& estre hors d'eux,il s'ouure a-
uec les mains sa playe,& attaint hors ses boyaux Quand il reuient de
son manger il va volontiers les chemins, c'est pour s'en aller demourer quād il se destourne des chemins & s'il s'en va demourer,il ne fait
point de ruzes,il se baigne & souille comme vn Sanglier,& mange en
guise de Chien.Il a malle chair & mal sauoureuse,&malle saine à mā-
ger,Son sain porte medecine contre goute, & adoucissemēt de nerfs,
meslé auecques autres oignemens, les pieds sont merueilleux à mā ger
& meilleurs que rien qu'il porte. Et deuez sçauoir qu'on appelle
de toutes bestes mordantes le sain &mangeues quand ils vont man-

ger,& de Cerf & de toutes beftes rouffes qui ne font mordãs, on l'appelle fuif,& quand ils vont manger on appelle viander.

Comme on doit chaffer & prendre l'Ours.

Vand le Veneur voudra chaffer l'Ours,la plus feu-
re chofe fera d'aller en quefte auec fon Limier:car
autremẽt à l'œil il tres-pafferoit trop de fois routes,& le Chien affentira en trop de lieux qu'il ne
pourroit ja voir.Et fi n'a Limier,il faut qu'il le quie-
re en taillãt,cõme i'ay dit du Dain, du Cheurueil,
cõme auffi de fa nature & de fes mãgeures , il doit
aller en quefte felõ le tẽps que les bleds & herbes font. Et au tẽps des
vignes,des glãs,des feines,&d'autres mãgeures que i'ay dit qu'il faiçt,
fi aille en quefte à chacũ felon fa faifon: & le doit deftourner & laiffer
courre,tout ainfi cõme vn Sanglier,& pour le chaffer & pluftoft prẽdre,doit auoir meflez maftins auecques les Chiẽs courãs:car ils le pin-
cẽt& le fõt courroucer tãt qu'ils le mettent aux abbois, ou il luy font
vuider le pays : Et s'il y a des allans, iecte aux bois,& ils luy feront vuider le pays , dedãs le bois,ils ne laiffent point partir d'vne place, iufques à tãt qu'on l'ait tué,& ainfi fera plus toft prins:car il ne tue point
les Chiens cõme fait vn Sanglier,mais les mord & eftraint feulemẽt.

Du Loutre,& de toute fa nature.

Outre eft affez commune befte, elle mãge poiffons,& demeure enuiron les riuieres & eftangs.
Elle demeure deffous les racines des arbres pres
des riuieres. Elle mange comme vne autre befte
faiçt les herbes feulement au printemps,& va aux
poiffons,comme dit eft. Elle noüe par deffus les
riuieres,& par deffous quand il luy plaift , & pour
ce ne luy peuuent efchapper nuls poiffons que ne prenne,f'ils ne font
trop grands. Elle fait grand dommage és viuiers & eftangs : car vne
paire de Loutres fans plus,deftruiront bien de poiffons en vn grand
viuier & eftang,& pource les chaffe on.Elles vont en leur amour au
temps que font les Furons:chacun qui en tient en fa maifon ou en
fon hoftel le fçait.Et portent leurs cheaux comme le Furon,aucunes-

fois plus ou moins, & font leurs cheuaux és foſſes deſſous les racines
des arbres pres des riuieres. On les chaſſe aux Chiens par grand maiſtriſe, ainſi que ie diray cy apres, & auſſi les pren-ton és riuieres, à
cordelettes, comme on fait les lieures aux filetz, aux chauſſepieds,
& autres engins: elle a malle morſure & venimeuſe: elle ſe defend bié
de la force des Chiens : & quand elle eſt prinſe és cordes ou és filez,
ſe on n'y eſt tantoſt, elle les romp aux dents, & ſe deliure. Il n'eſt
beſoin de faire mention d'elle ne de ſa nature: car ſa chaſſe eſt ce que
plus vaut, fors tant ſeulement qu'elle a les pieds comme vne oye : car
elle a paeu d'vn doigt à l'autre, & n'a nul talon, fors qu'elle a vne bou-
cette deſſous le pied, & appelle on les marches du Loutre, ainſi comme on appelle le pied du Cerf, & les fumees, fiante ou eſpraintes,
Loutre ne demeure guieres en vn lieu: car quand elle y eſt, eſpouuen-
te ou mange le poiſſon qui y eſt. Lors va elle aucunefois vne lieuë en
amont ou en aual, querant les poiſſons ſi elle n'eſt en eſtang.

Comment on doit prendre & chaſſer le Loutre.

Vãd le Veneur voudra chaſſer Loutre, il doit auoir
Limiers, & doit faire aller quatre vallets en queſte,
deux à mõt l'eau, & les autres deux à val l'eau, les vns
d'vne part de l'eau, & les autres de l'autre : & s'il y a
Loutre au pays, les vns ou les autres en rencontreront : car Loutre ne peut touſiours demeurer en
l'eau qu'il ne ſaille horsde la nuit, & pour ſoy vuider
& paiſtre de l'herbe, ce qu'il fait aucunefois: & ſi ſon Chien encontre
il doit regarder s'il en pourra veoir par le pied ou en ſablon, ou en autre mol terrin pres de l'eau, & doit regarder où tient la teſte, ou en
allant à mont & à val. Et s'il ne peut veoir par le pied il en deuroit
veoir par les fiantes ou eſpraintes, & le doit pourſuiuir de ſon
Chien, ou le deſtourner ainſi qu'on fait vn Cherf ou vn Sanglier, &
ſil n'en peut trouuer tantoſt ou encontrer, il peut aller à vne lieuë
courant à mont ou à val l'eau : car vn Loutre va bien querir ſes
mangeures demie lieuë, & volontiers & plus communement à mont
l'eau, pource que l'eau qui vient à val porte le vent des poiſſons qui
ſont au deſſous ou le nez au vent, pource que le vent luy apporte au
nez l'aſſentement des poiſſons qui ſont au deſſous du vẽt. Et ſi ſe doit
faire l'aſſemblee pour le Loutre, ainſi comme pour le Cerf: car de
ɽoute s

routes chofes dequoy on va en quefte fe doit faire afséblee, & là doit
faire chacun fon rapport de ce qu'il aura trouué en fa quefte, & quād
aura veu & deuifé & defieuné fes Chiés, celuy qui aura deftourné ou
en aura encontré, il doit faire laiffer aller fes Chiens ainfi comme
deux traicts d'arc, auant qu'il foit là où il en aura encontré, à fin que
fes Chiens fe foient vuidez:& auffi quād les Chiens portent des couples,ils courent çà & là, fi vaut mieux qu'ils ayent fait leurs folies auāt
qu'ils foient au Loutres, & fe faifoient vuider, que s'ils defcouploient
fus les routes & alloient folliant, & quand les Chiens en affentiront,
ils iront querant les riues de l'eau. Et le valet du limier & des autres
doiuent toufiours querir par les riues & racines pres de l'eau, iufques
à tant que l'vn des Chiens le trouuent Et doiuent eftre deux ou trois
valets à mont l'eau, où le valet en aura encontré, & autant à val l'eau
fus les gens en lieu où il aura plus petite eau : & doit auoir chacun fon
bafton fourché : & faire deuant à leur guife. Et quand il verra venir
deuant la Loutre, qui viendra par deffous l'eau, il doit faire, s'il peut,
& finon quand il aura paffé ou en à mont ou en à val, il doit courre
par la riuiere iufques à vn autre lieu où il y ait baffe eau, & le doit attendre, pour voir autresfois s'il pourra ferir.Et ainfi doit faire tant de
fois,iufques à tant que le fiere : car fi les Chiens font bons pour la loutre, viendront toufiours chaffant apres.Et pource qu'ils ne pourront
affentir en l'eau, viendront toufiours chaffant & querant apres les riues deffous les racines, & ainfi ne pourra il eftre que les Chiens ne le
prennent, ou que les gens ne le fierent. Et c'eft tres belle chaffe &
bonne, & bon deduit, quand les Chiens font bons,& les riuieres font
petites. Et fi les riuieres font groffes, ou c'eft vn viuier ou vn eftang,
on doit auoir des filetz qui attegnent d'vne riue à l'autre, emplombez
deffous, & non pas deffus,à fin que le filé aille au fons de l'eau.Et deux
hommes doiuent tenir le bout à deux mains, vn de l'vne part de la riue,& l'autre de l'autre. Et quand la Loutre qui viendra deffus l'eau
cuidera paffer, il s'en viendra bouter au filé, & ils fentiront branfler
le bout de la corde qu'ils tendront s'ils doiuent tirer leur filé. Et ainfi
fera la loutre prinfe pluftoft.Les Chiens qui font bons pour la loutre,
& on les met au Cerf,mais qu'ils ne foient trop vieux, font merueil-
leufement bons.

Fin de la chaffe du Roy Phebus.

                                        E e

Adionctions à la Venerie de Iacques du Fouilloux.

Contenans plusieurs traictez des Chasses du Loup, du Conil & du Liure non encor par cy deuant imprimez.

Auec plusieurs remedes tres-vtiles & necessaires pour la maladie des Chiens.

De la chasse du Loup.

Quelle beste est le Loup, & quelle est sa nature.
CHAP. I.

Ntre tous les animaux sauuages viuãs dans le bois, & subiets à la chasse des hommes & des Chiens, le Loup est le plus meschant, qui plus fait de mal & de nuisance, & qui plus merite d'estre questé, couru, chassé, & halé des Chiens & des hommes : & neantmoins la nature, qui à l'endroit des autres bestes qu'ordinairement on quiert & chasse, pour le plaisir, ou pour le profit:s'estant monstréc mere, en a produit grãd nombre, pour le passetemps, ou pour la nourriture de l'homme: semble s'estre voulu monstrer comme maratre pour le regard des loups, ayant remply les bois & autres lieux sauuages & solitaires, d'vne si grande quantité de ces meschans animaux, qu'on pourroit imaginer qu'elle eust par ce moyen conspiré la secrette ruine de tous les autres animaux, nommeement des domestiques, que l'homme nourrit pour son soulas ou soulagement. Car les Asians, Africains, & Eutropeans, sçauent assez combien mauuaise & cruelle beste est le loup, pour les grans torts & dommages qu'en reçoiuent, tant eux que leur famille, bestail, & volaille. Ceux qui ont veu le nouueau monde, en dient autant de l'Amerique, & des Indes Oriẽtales, de mesmes de Suede, de la Nouergue, de Dannemarc, de la Moscouie, &autres pays Septentrionaux. Or combien que chacun cognoisse les loups, les vns pour en auoir beaucoup veu, les autres pour en auoir souuẽt ouy parler(il est vray que la renommee commune tient pour verité, que onques n'en a esté veu aucun és Isles d'Angleterre & d'Escosse)neãt-moins ay-ie bien voulu dire quelque chose en passant de leur forme, mœurs, & nature. Le loup dõc est vn animal de la stature d'vn moyẽ

Ee ij

Chien,& approchant de fa forme : qui a le poil gris, noirciffant fur le bout,blanchaftre fous le ventre,la tefte affez groffe, la gueule armee de groffes & longues dens, & a courtes & droites aureilles. Il a l'haleine & la veuë fi venimeufe,que s'il voit & halaine le premier vn hõme,il le rend fi rauque pour vn temps, qu'il ne peut parler ne crier,& luy fait perdre l'vfage de la voix. Les loups font plus petits és pays chauds, plus grãs & plus cruels & mefchans és froides regions. Leur plus grande mefchanceté &ferocité fe defcouure principalement au mois de Ianuier, lors qu'eftãs en chaleur ils fuiuent la louue. Mefmes durant les plus grandes froidures ils vont de compagnie & en grand nombre : & lors font fi courageux & hardis, que les habitans des regions froides,n'ofent aller par les champs que bien accompagnez & biẽ armez,pour euiter leur furie:laquelle fe manifefte fingulieremẽt fur les femmes enceintes, & fur les petits enfans, dont ils fe defirent paiftre & gorger. En la copulation les loups s'attachent aux louues comme les Chiens : & ont le membre genital, d'vne fubftance dure cõme vn os, cõme on dit qu'ont auffi le Cerf, le Renard & la Belette. Les louues portent,&font leurs petits,cõme les Chiennes,& en mefme efpace de mois & de iours. Et certains lieux les loups couvrent les Chiennes, & les Chiens les louues : & eft le loup entre toutes les autres beftes des plus malaifez à appriuoifer : quoy que de ieuneffe il foit domeftiquement & priuement noury : toufiours garde fa naturelle cruauté & ferité,auec fes trompeufes fineffes. Les loups fe nourriffent de chair, tãt qu'ils en peuuent trouuer : & fe peuuẽt eftre abufez ceux qui ont eu opinion, qu'affamez ils mangent la terre : car quãd on leur void foüir en terre, & la defcouurir; c'eft pour manger du carnage qu'ils y ont enfouy & caché, apres qu'ils en ont efté faouls, non pas pour manger la terre. Et tãt approchent les loups en toutes chofes de la nature des Chiens,que mefmes (ainfi que les Chiens) fe trouuans desbiffez ils mangent de l'herbe,par forme de medicamẽt, ãfin de fe lafcher levẽtre.Leur rufe eft,d'affaillir&fe ruer fur pauures gens ruraux&fans defenfe:mais ne fe prefentẽt iamais à hõmes qu'ils voyẽt alaigres,gaillards, & armez pour leur nuire ou mal faire.Quãd eftans en chaleur ils fuiuent la louue; ils exercẽt cruellement leur ferité & cruauté les vns cõtre les autres,&s'entrebattãs à toute outrãce fe mordent, bleffent, defchirent,& tuent cõme fi toute leur vie ils auoiẽt efté capitaux ennemis. Hors de là,ils s'entr'aimẽt s'entr'entẽdẽt & s'entrefuiuent.comme larrons en foire;&de cõpagnie & commun accord,font par troupes la guerre aux autres animaux,qui fõt de leur proie.Le loup eſt naturellement ennemy à l'Aſne, au Taureau , & au Renard : & ſe font meſpris ceux qui ont voulu dire,que le loup auoit le col tout d'vn os, & pource ne le pouuoit fleſchir : car il l'a compoſé de vertebres,tout ainſi que les autres animaux;& de fait voit on qu'il le ſçait bien ploier de part & d'autre.Il eſt vray qu'il a le col fort gros, & fort maſſif,nerueux & charnu;& y a grãd force:car prenãt vn mou-ton par le milieu du corps, il le porte en ſa gœule tout auſſi aiſement, qu'vn leurier emporte vn Cõnin: & s'il trouue vn Cheual ou vne Va-che morte dedans vn foſſé,il le tirera dehors pour le manger : ce qu'à peine pourroit faire vn Cheual biẽ attelé. Les louues font ordinaire-ment leurs petits en des fors taillis,hailliers couuerts,ou buiſſons fort eſpais:ou en quelque colline ou ruiſſeau plein d'herbesqui regarde le midy,àfin de ſentir la chaleur duSoleil:&ſouuẽt les font pres quelque grãde taſniere de Blereaux,pour ſe ſauuer là dedãs,ſi on leur veut fai-re quelque tort ou ennuy.Sila louue ſe ſẽt preſſee de gẽs ou de Chiẽs, elle prẽt vn de ſes petis louueteaux en ſa gœule,&l'emporte:&n'eſtãt point deſtrouſee de ſes petis, elle les allaicte iuſqu'à ce qu'ils puiſſent manger : & font touſiours le loup ou la louue pres de leurs petis. Et quãd ils peuuent mãger,l'vn deux (ie dy du loup ou de la louue) va au pourchas:&aiãt trouué ou prisquelquebeſte,lamãge:puisvenu deuãt ſes petis la reuomit,pour leur apprẽdre à gouſter la proie, & pour les nourrir.Et quãd ils ſont grandelets, le pere ou la mere leur apportẽt quelque agneau vif,ou quelque oye,ou quelque petitChien tout vif, pour les leur faire tuer,&en ce faiſãt apprẽdre leur meſtier.Les loups ne mangẽt iamais la teſte ne la peau des animauxqu'ils prẽnent:&n'y a boucher ny eſcorcheur,qui plus propremẽt les eſcorche, qu'ils fõt. Eſtãs les louueteaux deuenus plus grãd,enuiron le mois de Septẽbre, le loup & la louue cõmencent à les mener aux champs, hors le buiſ-ſon auquel ils aurõt eſté nourris:& là attendẽt que leur pere & mere leur apportẽt quelque proye,viue ou morte,ſans guerres s'eſloigner dudit buiſſon.Sur la fin de l'annee, les ieunes loups eſtans chaſſez en-treprennent de ſortir au cours:& lors auec les leuriers , ou rets on les peut aiſement prendre.Les vieux loups, gardent ſoigneuſement leur quartier& chaſſẽt lés ieunes:leſquels neãtmoins s'étretiennẽt au païs le mieux qu'ils peuuẽt:tellemẽt q̃ touſiours il s'y en trouue quantité. De fait le gẽtilhõme,apres auoir prins 6 ou 7.loups aux enuirõs de ſa maiſõ, cuidãt en auoir purgé ſes bois, au bout d'vn mois en retrouue autãt d'autres.Auſſi les tiẽt on pour beſtes de paſſage,& qui viẽnẽt de

E iij

bien loin côme des Ardannes,& autres grandes forefts. Ce qui attire
auffi quâtité de loups en vn pais,ce font les guerres:car les loups fuiuẽt
toufiours vn câp,à caufe des carnages des hommes,cheuaux,& autres
animaux qu'on y trouue morts. Et quâd ils font accouftumez à mâger
chair d'hommes,à peine en veulent ils manger d'autre,& en font fort
frians : & f ils n'en trouuent de morts, courent fus aux viuans: comme
à quelques ieunes laquais,fillettes,ou petits enfans,& pauures fimples
gens,quand ils les trouuent à l'efcart, & les tuent & mangent. On dit
qu'és roignons d'vn vieil loup,s'engendrent & nourriffent des ferpẽs:
qui quelquesfois font mourir le loup ; & le furuiuans deuiennent beftes fort venimeufes. Auffi voit-on que la morfure du loup, ne fe
guarit qu'à bien grande peine:à caufe du maling & pernicieux venin, qui eft caché dans fon corps. A caufe de quoy, les hommes , les
chiens, & les autres animaux, qui ont efté mords des Loups (comme
vous tefmoigneront ceux qui les chaffent) ou meurẽt de la morfure,
ou perdent les membres attains d'icelle,tous pourris tombãs par pic-
ces, quelque remede qu'on y puiffe appliquer. Au furplus grande eft
l'aftuce &fineffe des Loups:car ils ont vne couftume de hurler au foir,
qui eft vn figne qu'ils donnent l'vn à l'autre, pour s'affembler tous enfemble. Affemblez ils vont affaillir quelque haras de cheuaux: & (s'ils
peuuent) les fónt efquarter , à fin de fe faifir de quelqu'vn des poul-
lains, pour l'eftrangler & manger. Autant en font-ils aux pafturages
des Bœufs & Vaches : Et s'ils fe trouuent en pais, où n'y ait ny haras,
ny pafturages, ils vont aux villages de maifon en maifon,à fin de trouuer quelque befte efgaree, que le mauuais mefnager ait oublié d'enfermer le foir en l'eftable, pour la prendre, tuer & manger. Et s'ils ne
trouuent rien hors clofture & à defcouuert ,ils cherchent les retrai-
ctes des porcs, oyes, & volailles, rompent tout, & les rauiffent. Et s'il
y a Moutõs & Brebis ferrez en quelque eftable vn peu efquartee,ils y
font ouuerture par deuant ou par derriere: & f ils y peuuẽt entrer,en
tuent vingt,trente,ou quarante:& de la plufpart ne font que boire &
fuccer le fang : finon à leur partement que chacun emporte la fienne.
Et f ils n'y peuuent entrer, font vn trou à la muraille: & par iceluy fi
les moutons viennent à monftrer la tefte, les Loups eftans au guet les
faififfent,& tirent de telle forte , que bien fouuent ils font paffer tout
le corps par le trou, finon, pour le moins ils en emportent la tefte.
Aux lieux où les troupeaux de moutons font enfermez aux champs
dans des parcs : les Loups f'affemblent, & vont affaillir les Chiens,

des bergers qui gardent les parcz, de telle ruze que l'vn d'eux faifant
femblant de fuir, court lafchement,&fe laiffe approcher & atteindre
des Chiens, fe retirant toufiours tout doucement, à fin de les efquarter loin du parc, & les amufer, ce pendant que les autresLoups fe iettans de roydeür contre les clayes, les font tomber : puis entrans dans
le parc, prennent aifément nombre des moutons efgarez & efper-
duz de fraieur, & les tuent, ou pour le moins en tirent quelques-vns
par deffouz la claye.Ils ont encore vne autre induftrieufe ruze pour
attraper les Chiens, qui les abbayent & defcouurent, & leur font
tant de nuifance.Ils fe mettent vn ou deux au guet aux enuirons de
la maifon où ils oyent le Chien abbayer, & vn autre f'approche du
Chien qui abbaye, & l'attire en reculans le plus loin qu'il peut de la
maifon, puis tout en vn inftant luy monftre les dens, & luy court fus:
lors le Chien fe cuidant fauuer par la porte, ou par deffouz l'huis de
la maifon, eft rencontré & furprins par celuy ou ceux qui eftoient
au guet, & tout foudain tué & mangé.Encores font-ils par nature fi
fins & acorts, qu'aux forefts ils chaffent & courent les iéunes Cerfs
& faons de Biche à relais comme feroient Chiens courans : voire fe
dreffer eux mefmes,& mettre comme vn cours deLeuriers guettans,
& attendans à l'oree de la foreft, ce pendant que les vns d'eux vont
chaffer hors le bois,&accueillir les beftes eftans aux gaignages.Quel-
ques Philofophes ont laiffé par efcrit, que les Loups & les Louues ne
demeurent en leur chaleur, que par l'efpace de douze iours : durant
lefquels ils ieufnent, & fouftiennent la faim fans manger : mais puis
apres fait bien dangereux fe rencontrer deuant eux : car ainfi affamez
ils deuorent tout ce qu'ils trouuent de prinfe & de proye. On dict
auffi que le Loup en fes bonnes aime à iouër & plaifanter : & defro-
bant par fois quelque petit enfant, qu'il rencontre mal gardé, qu'il
f'en iouë & f'en donne du paffetemps affez long temps : neantmoins,
en faifant comme le Chat de la fouriz, en fin apres s'en eftre ioué longuement,il le tuë & mange.Dauantage,que fi on fait vn acouftremēt
de la laine d'vn Mouton,que le loup ait tué,ou que la laine d'vne befte
tuée par le Loup,foit meflee parmy autre laine dont foit fait draps,&
de ce drap robe, que ceft acouftrement fera refentāt ie ne fçay quoy
de ce venimeux accident du Loup, & fubiect à la vermine. Auffi,
que quand le Loup fe fent auoir les dents agaffees de manger chair
cruë, ou rebouchees de rôpreles os des beftes qu'il deuore, il fort de
fa cauerne, & mafche de l'origan, à fin d'aguifer fes dents : Et que le

Loup quand il commence à auoir faim, mange si asprement, qu'il est soudain rassasié : mais se trouue mal puis apres, & se tient long temps en sa cauerne à dormir & se reposer. Tant est la nature des Loups, & toute sa substance, contraire à la substance & nature des brebis & moutons, (ce dit vn grand Philosophe)que si vne corde faite des boyaux d'vn Loup estoit mise & appliquee en vn luth ou autre instrument, meslee parmy des autres cordes faites de boyaux de brebis ou mouton : peu à peu celles du mouton ou brebis se trouueroient rongees & côme mangees par celle faite des boyaux du Loup. Le Loup(ce dit Homere)est merueilleusement vigilant, & ne craint rien tant que le feu. Quand on jette des pierres contre le loup,il a biẽ ceste astuce d'obseruer®arder d'vn œil furieux,celuy qui luy aura jette la pierre : & s'il en a esté offensé, il tuëra celuy qui l'aura jettée, s'il peut par luy estre attrapé : mais s'il n'en a point esté blessé, ou peu attaint, aussi n'offensera il que biẽ peu le jetteur de la pierre,luy donnant seulement quelque bourrade, par forme de correction. Plus les loups sont vieux, plus en est aux hommes la rencontre dangereuse: pource que leur defaillant la vertu&la force,ils ne peuuent plus aller à la queste & chasse de leur proye accoustumee:partant dressent embuches aux hommes & les rauissent, tuent & mangent, s'ils les peuuent rencontrer à leur auãtage. Aussi quand les loups sont fort vieux, la pointe de leurs dẽts&de leurs ongles est comme vsee, & se racourcit de forte que debilitez ils n'ont plus ne force ne vertu. Ceux des loups, qui ont le poil plus droit & herissôné, sônt de plus hardy courage : ont la peau & les os fort durs , & endurent grand nombre de coups. Les yeux du loup esclairent la nuict comme vne chandelle: c'est pourquoy les Chiens la nuit venue,font difficulté de s'en approcher. La dent plus grande du loup a plusieurs singulieres vertus : & sa teste attachee aux portes des maisons, sert pour resister à tous charmes & empoisonnemens. Voilà en somme ce que i'ay peu recueillir de plusieurs bons auteurs,& mesmes de l'experience, des mœurs,nature, qualitez, vices, & vertus du loup. Vray est que des medecins & Philosophes i'ay encores apris, que ceux qui ont mal aux yeux, sentent souuerain allegement, s'ils les oignent des excremens du loup : & que la cendre faite desdits excremens meslee auec du miel, est bonne pour sister la defluxion des yeux chassieux ou pleurans : & que la graisse du mesme loup est pareillement fort propre pour les enfrotter. Que le foye du loup desseché &

pulue-

puluerifé, puis veu detrẽpé en mouft ou autre vin tiede, eft bõ pour
les vieilles toux, & pour le foye de l'homme vieil que la poudre de la
tefte d'vn loup deflechee guerit la douleurs des dents: & que les os
trouuez parmy les excremẽs des loups ont pareille vertu. Que le fiel
du loup meflé auec la graine du concombre fauuage, ou auec le ius
d'icelle. communement appellé Elaterium, & lié fur le nombril de
la perfonne, luy lafche le ventre. Que l'huyle dedans lequel vn
loup aura efté mis tout vif: & bouilly fi longuement que la chair fe
puiffe feparer des os, eft vn fingulier remede pour la goutte, & que
l'œil droit du loup falé & lié au bras gauche de l'homme, luy eft vn
prompt remede contre les fiebures. Que le fain & graiffe du loup a-
mollit la dureté du foye des hommes, de l'amarry des femmes, &
en appaife les douleurs. Que fi vne femme eftoit en trauail d'enfant,
mange de la chair d'vn loup, ou quelqu'vn qui en aura mangé s'approche d'elle, quand elle commencera à fentir le mal: cela luy donnera vn bien grand allegement. Que les dents du loup liees fur l'enfant en maillot, les aydent à faire pluftoft venir leurs dents, & auec
moindre douleur. De fait à Paris, les meres pendent au col de leurs
enfans nouueaux nez des hochetz d'argent, au bout defquels eft em-
manchee vne grande dent de loup: àfin que les petits enfans fe
ioüans de ce hochet, & portans la dent du loup en leur bouche, s'en
frotent les genciues: & que par ce moyen leurs dens plus aifement
en fortent, & auec moindre douleur Que la peau du loup eft propre
à faire manteaux & fourrures, à fin d'eftre preferué de poux, punaifes, & autres vermines qui fuyent la peau du loup comme le feu. Que
fi on met quelque morfeau du carnage, ou de la peau du loup nou-
uellement prins & tué, dans l'eftable des moutons ou brebis, iamais
les moutons & brebis ne mangeront, tant que cefte chair ou peau de
loup y demeurera; ains pluftoft fe laifferont mourir de faim. Que
les grandes dens des loups attachées aux iambes des cheuaux, les
gardent de fi toft fe laffer en chemin. Et par eux font plufieurs autres
chofes remarquées des fecrets, remedes & proprietez de toutes les
parties du loup que i'ay omifes en ceft endroit, de crainte d'ennuyer
le lecteur de fuperfluité & prolixité.

Ff

Comment on doit dreſſer le Limier pour la chaſſe du Loup.
CHAP. II.

E Veneur doit choiſir de ſa meute vn Chien le plus beau, hardi, ardant, gaillard, & baut, c’eſt à dire ſecret qui n’ayt encore chaſſé, ſi faire ſe peut, à fin que d’vne gayeté & ardeur, il porte mieux le traict auquel il le mettra : le mignardera, le flattera, & donnera à manger pluſieurs petites friandiſes, à fin qu’il prenne le traict plus volontairement, ſans le rudoyer ne haraſſer en façon quelconque, de crainte qu’il ne le fuye & abhorre du tout. Et ſi d’auenture il a veu rembuſcher ou entrer quelque Loup dans vn bois ou taillis, ne faudra à mener le Chien ſur les erres & voyes du Loup, ſans l’exciter ou parler à luy aucunement : mais prendra garde quelle mine & contenance le Chien tiendra : comme s’il a peur, s’il ſe heriſſe, s’il va bien aux branches, ronces & herbes, s’il porte le nez haut, ſi bas. Car les vns le portent haut, les autres le mettent bas : & eſt meilleur qu’il porte le nez haut que bas, parce qu’il y a plus de iugement pour le Loup. Lors qu’il porte bien ſon traict, & tire deſſus, le Veneur luy en doit laſcher d’auantage, l’excitant & parlant à luy de ceſte façon en voix baſſe : Vaillà, Vail-là, dy, Vail-là Pillaut (outre ſon nom de Chien.) Et s’il s’en rabat & en veut, & que le veneur apperçoyue par le pas, leſſes, piſſat, traces ou autres ſignes, que le Loup y ayt eſté, il doit approcher ſon Limier, l’applaudiſſant de la main, & luy donnant quelque friandiſe, puis l’exciter, & parler à luy en voix baſſe, diſant, Ha, ha, tu dis vray Campagni. Voile-cy aller : & ſuyure ſon Limier iuſques à ce qu’il le lance, & trouue la couche du Loup : ſur laquelle il doit fort flatter ſon limier, & dans icelle eſpandre quelques reſtes de table, comme oſſelets, fromage, pain & autre choſe, à fin qu’il en mange (toutesfois i’ay des Chiens qui ne veulent manger, d’ardeur qu’ils ont de chaſſer) & l’ayant fort careſſé, doit parler au plus haut & frapper en route (ayant ſur la couche ſonné le greſle de ſa trompette) criant : Harlóu, harlou, harlou, Campagni (ou le nom de ſon Chien.) Apres, apres, à route, à route, à route.

Et ſi on n’auoit veu rebuſcher ou entrer le loup dedans le bois (car il eſt aucunefois rare) le Veneur pour bien dreſſer limiers & ieunes Chiens pour loup, doit attendre le temps des louueteaux enuiron le commencement de Iuillet, qu'ils commencent à courir par les bois,& aller en quelque bois ou buiſſon où il y en ayt, & là mener le Chien qu'il auoit choiſi pour ʟimier, le broſſer, percer & trauerſer, tant qu'il trouue les couches,& le lieu où hantent leſdits ʟouueteaux: lors façonner ſon ʟimier, comme i'ay dit cy deſſus, & chaſſer en route leſdits ʟouueteaux.Et ſi le Veneur auoit quelque gentil ʟeurier qui fuſt ieune, le faiſant bien fouler au ʟimier, il pourroit eſtre facilement dreſſé: apres cela, retirer le ʟimier tout doucement en le careſſant & flattant.

Autrement on pourra dreſſer le ʟimier.Quand il y a des neiges, le Veneur ſoit diligẽt aller au matin à l'entour de quelque buiſſon auec ſon ʟimier, pour ſe donner garde ſi quelque ʟoup rembuſchera: & s'il en rencõtre,doit ſuiure le trac,& mettre ſon Chien deſſus,en le flattant & careſſant touſiours,iuſques à ce qu'il le lance, & trouue la couche,& apres le courre en route,faiſant ce que i'ay dit.Ce qui ſera facile au veneur,car il gardera biẽ que ſon ʟimier ne chãge les voyes, eſtant balancé de coſté ou d'autre,& ainſi on pourra bien dreſſer le ʟimier.Et eſt à noter,que les ʟoups ont ce naturel & aſtuce durãt les neiges,s'ils ſont deux ou trois,de mettre tous leurs pas dedans le trac & pas du premier,tellement qu'il ſemble qu'il n'y en ait qu'vn, ainſi que l'experience monſtre de iour.Toutesfois on peut dire qu'ils marchẽt ſi apres à queuë l'vn de l'autre,qu'ils entremeſlent leurs pas l'vn dedans l'autre,ou qu'ils mettent le pied au pas de l'autre dedans les neiges,comme trouuant ledit pas froiſſé.

Comme l'on doit dreſſer les Chiens courans pour la chaſſe du ʟoup.

CHAP. III·

L Y a en France cent mille Chiens courans,qui tous ne ſçauroient auoir mis vn ʟoup hors du bois,là où auec vn ſeul des miens ie le feray vuider. Il y a bien plus , c'eſt que les Chiens qui ne ſont point dreſſez pour le ʟoup , s'ils entrent dedans le bois ou buiſſon,ſe retirent incontinent hors du bois,ayans le poil heriſſé & les plus ſouuent le ʟoup en rauit deux ou trois ʟes Gẽtils-hommes , mes voiſins , ſçauent bien qu'il eſt vray, & que le plus ſouuent perdent de leurs Chiens : ce qui ne m'eſt iamais

aduenu depuis cinquante ans que ie me suis meslé de faire la guerre
aux Loups. Il est dõques requis que les Princes & grands Seigneurs
ayent des Chiens, s'il est possible, qui soient de la race de ceux qui ayment à chasser le Loup, & les faire bien nourir ensemble, à fin qu'ils
soient grands, forts & hardis. Et si d'auenture n'y a Chiens pour les
dresser, qui soient desia faicts, & entendent la Chasse, sera bon faire
abbatre & amener vn carnage pres quelque Moulin à eau, de l'autre
costé de la petite riuiere ou ruisseau : & là dedans ce moulin faire cacher vn bõ arbalestier, garny de sõ arbaleste, & d'vn ciseau pour tirer
au Loup dés qu'il viendra manger au carnage : puis l'ayant blessé, amener les ieunes Chiens, non plus aagez que d'vn an, ou bien pres, & les
mettre sus le sang par où le Loup passera, en les excitant & donnant
courage, mesme les conduire auec bonne compagnie de gens : par ce
moyen ils ne faudront à suyure le train & sang espandu, & iront trouuer le Loup blessé, qui ne se pourra à grand'peine releuer, lequel ils
abbayeront : & s'il est mort, le pietonneront & foulleront auec leurs
pates. Celà faict, sera bon d'escorcher le Loup, & en mettre la chair
cuire, puis quand elle sera fort cuite, la decouper par morceaux, &
auec pain de bon froment, laict & fromage, le tout meslé ensemble,
l'enuelopper dedans la peau du Loup escorché, pour en attirer & receuoir l'odeur & le flair : puis en sonnant le forhu & les trompes, ouurir ladite peau, sur laquelle sera la teste du loup, ayant la gueule ouuerte, & laisser les Chiens venir manger tout ce qui est ainsi mis sur
la peau. Autant en doit-on faire des premiers Loups qu'ils chasseront,
apres les auoir pris.

La maniere de faire trainée & buisson pour le Loup.

CHAP. IIII.

Pres auoir succinctement discouru la nature du Loup,
& la maniere de façonner les Chiens, tant Limiers, que
courans, pour la chasse d'iceluy, reste à parler mainte-
nant comment il le faut chasser & prendre, en quelque
sorte que ce soit. En premier lieu le soir deuant que l'on voudra
chasser, faut auoir faict prouision d'vn carnage de quelque cheual mort, ou bien si le Seigneur de la chasse a le moyen de porter les
frais, tuer vn cheual, & le mettre à deux ou trois iects d'arc loin du

bois en quelque terre labouree & herfee, s'il eft poffible, ou bien fus
le fable, en pays de fable: & de la tripaille faire au foir la trainee par
vn homme à cheual, qu'il fera lier auec de bonnes & fortes harts ou
petites harfelles (car fur toute chofe ne faut qu'il y ayt cordage) &
ira à l'entour du buiffon, fi d'auenture il n'eft trop grand & trop fpa-
cieux : à tout le moins fe pourmenera par les orecs & bords dudit
buiffon, puis reuiendra iufques au lieu où le cheual aura efté abbatu,
& fe pourmenera à cheual affez loing dudit carnage iufqu'à minuiĉt,
ou bien le plus tard qu'il pourra: à fin que les Loups ne l'ayent fi toft
mangé : parce que s'ils commençoient à manger dés le foir, principalement au temps auquel les nuiĉts font fort longues, comme en
hyuer, ils auroyent bien toft fait, & incontinent apres fe retireroyent
bien loing de là : mais s'ils commencent à manger affez pres du iour,
ils demeureront au prochain bois ou buiffon. Parquoy s'il y a plufieurs buiffons, fera bon de faire plus d'vne trainee : & fur tout que
l'on n'y mette point de cordage, comme auons ja dit : autrement le
Loup n'en approcheroit aucunement. Eft bon auffi que celuy qui fera la trainee, ne foit de ceux qui hante parmy les Leuriers ou Chiens
courans, & qu'il ayt auec foy quelque petit matin qui mange carnage : car celà affeure bien mieux le Loup pour y manger. Sera
bon auffi en efté que le carnage ne foit loing de riuiere, ou ruiffeau, ou mare, à fin que les Loups puiffet boire, & eux retirer
en leur buiffon, fans en aller cercher ailleurs. Faut auffi que
l'homme qui tuëra le cheual ou qui l'aura apporté mort, leue les
quatre quartiers, & les pende haut à quelque branche d'arbre pres
de là, pour la nuiĉt fuyuante les abbatre & faire tomber vne ou deux
heures deuant le iour. Mefme s'il y auoit commodité de quelque
arbre pres de là, feroit bon qu'il y euft vn homme, s'il fait clair de
Lune, ou qu'il ne face beaucoup trouble, qui moutaft en l'vn defdits arbres pour voir manger lefdits Loups, & dire le nombre
qu'il en aura veu, & de quel cofté ils auront tiré pour leur aller
rembufcher apres auoir mangé : car c'eft grande aduenture fi les
vieux Loups y viennent manger la premiere nuiĉt, mais bien les
ieunes.   Et fi le vieil Loup arriue, les ieunes luy quittent bien toft
le carnage, & fe reculent, attendans que le vieil Loup ayt mangé à fon plaifir: mefme auant qu'il mange au carnage, il tournoyera
à l'entour, regardant & efcoutant s'il y a rien qui luy nuife. Puis

Ff iij

ſil veut manger, arriuera en courant, & en prendra trois ou quatre goulees, puis ſe retirera arriere, & reuiendra pluſieurs fois en ceſte maniere : & ay autrefois prins grand plaiſir à les voir ainſi faire. L'vn de mes gens en compta vne nuict ſeize ſus le carnage, au mois de Ianuier. On dict en commun prouerbe, que iamais Loup ne mangea l'autre : mais i'ay experimenté le contraire : car pour vne nuict en ont mangé. Auſſi ſi les loups ont mangé d'vn cheual, chien ou pourceau chaud, ils ne peuuent deſcharger ne vomir celà : ce qu'ils font quand ils les ont mangé froids, à fin qu'ils puiſſent durer & courir plus long temps cuidans par celà amuſer les chiens à manger ce qu'ils reiettent & vomiſſent en courant.

Comme le Veneur doit aller en queſte, & faire le buiſſon
pour la chaſſe du Loup.

C H A P.   V.

E me ſuis pluſieurs fois trouué en la Court & és maiſons de Princes & grands Seigneurs, là où on me demandoit de la chaſſe du Loup. Et quãd ie venois à diſcourir ce que ie faiſois, moy & mes gens, auſſi le moyen de cognoiſtre le buiſſon, auec la couche du Loup, auec nos Limiers, ils s'en rioient, diſans qu'il n'eſtoit point de Limier pour le Loup : mais l'experience monſtre le contraire : car i'en ay touſiours deux ou trois bons, & bien dreſſez, encores que durant les troubles on m'ait pillé & deſrobé quatorze Chiens courans, des meilleurs de France, & huict grands Leuriers, tous faicts à la chaſſe du Loup.

Le Veneur donc qui veut aller pour le Loup, ſe leuera auãt le point du iour, & partira du logis pour eſtre incontinent apres le poinct du iour au carnage. Arriué là tiendra ſon Limier de court & s'approchera du carnage. S'il voit que la charõgne ait eſté trainee hors du lieu où elle eſtoit, il ſe peut aſſeurer que le loup ou Loups y ont mangé, celà en eſt la vraye cognoiſſance : car les maſtins & autres chiens ne trainent point le carnage, mais le mangent en la place où ils le trouuent.

Le Veneur donc pourra iuger le nombre des Loups à peu pres, parce qu'ils auront beaucoup ou peu mangé. Puis, s'il y a terres labourees à l'entour, cognoistra le quartier où les Loups se retirent apres auoir mangé: par ce moyen on pourra en asseurance lascher son Limier sus les voyes sans le trop rebaudir.

Quand il sera arriué aupres du bois, si son Limier n'est secret, le tiédra plus court, & fera toutes les sentes, chemins, & aduenues de la lisiere dudit bois ou buisson: & là où son Limier trouuera le rembuschement, & qu'il se voudra presenter aux brãches, ronces ou herbes, n'entrera plus auant, & festoiera son Limier en le retirant de là sans le permettre entrer plus auant: car i'ay veu beaucoup de loups qui n'estoient la longueur du traict loing du bord du bois: de fait que si c'est vn vieil Loup, il sera quelque temps à escouter au bord du bois, & s'il a esté autresfois chassé, & il ait le vent du Limier, ou bien qu'il l'ait ouy, s'enfuyra de grand effroy à plus d'vne licuë ou deux de là. Ayant donc le Veneur trouué le rembuschemẽt des loups, il mettra à l'entree du bois vne brisee par terre & plus auant vne autre brisee pendante, puis ira faire son enceincte, & prendra les deuants en quelque grand chemin, ou petit vallon, s'il y en a. S'il trouue que les Loups soient passez, ne fera bruit ny poursuite grande, mais brisera comme deuant, pour aller encore par autre endroit plus auant faire les deuants Aussi s'il ne trouue point qu'ils soiẽt passez, doit regarder s'il y a des forts ou quelque beau costau, qui soit vers le midy ou Soleil leuant, plein d'herbes & mousses, ou bruieres, principalement en temps d'hyuer, alors il se pourra bien asseurer que le Loup fait là sa demeure. Autrement en est il en esté, car durant les chaleurs, il se retire és bois taillis assez clairs, à l'ombre de quelque hallier, ou és bois de haute fustaye, & alors le Veneur pour le prẽdre vsera des mesmes moyens que dessus, en conduisant son Limier comme auons dit. Et si d'auenture les loups n'auoient esté au carnage, ou qu'on ne leur en eust point baillé, ceux qui menẽt les limiers doiuent dés le soir departir leurs questes, & auant le iour se leuer, & s'en aller chacun à son quartier, & n'approcher du bois qu'il ne soit grand iour: parce que bien souuẽt m'estant arresté assez loing du bois à vne haye, ou au bout d'vn village, ie les ay veu aller à leur buisson & rembuschement. Estant donc ainsi arriué auant le iour, faut escouter les abbais des mastins & Chiens des villages: car si le Loup a passé pres de là, ils se tourmenteront d'abbayer auec grand effroy, d'autre façon qu'ils ne font aux gens: & alors chacun pourra bien esti-

nier qu’il y a des Loups en ces quartiers là. Le iour venu, faut s’ache-
miner vers le bois, tousiours ayant l’œil en terre, pour recognoiftre
les traces, & pas de quelque Loup qui aura paffé par là, côme s’il a pleu
vne heure ou deux auant le iour, on pourra facilement iuger que le
Loup n’eft allé loing, & fi lon void fus quelque terre, chemin ou tau-
piere, que fes pas ou voyes font pour aller droit au bois, alors faut fe
mettre en quefte le long dudit bois ou buiffon, & ne faudra lon à voir
par le moyen du limier bien dreffé, le rembufchement d’vn ou de
plufieurs loups. Ce pendant on fera toute diligêce de brifer, faire fes
enceinctes & prendre les deuans, comme auons cy deffus declaré.

Comme l’on doit chaffer les Loups auec les Chiens courans &
prendre à force. CHAP. VI.

E buiffô fait, fe retirera le Veneur au lieu où l’affemblee
aura efté termee, & chacun de ceux qui aurôt efté en
quefte auec les Limiers fera fon rapport: puis ayât tous
prins leur refectiô du matin, le plus fouuêt le long d’v-
ne haye ou buiffon, lô doit enuoyer les varlets auec leuriers aux burtes, qui leur auront efté monftrees & marquees par le
feigneur, ou homme à ce cognoiffant. Les Chiens courans feront de-
partis par bandes, les vns feruiront pour la meute apres que le Limier
les aura lancez. Et là faut bien auoir le foing que cefte bande foit des
meilleurs, mieux dreffez, & plus viftes Chiens: lefquels, felon le nombre des Chiens, fera bon de changer à vne heure de là, ainfi que lon
pourra aduifer. Sur tout, faut que toufiours le varlet des Chiens foit à
pied, pour les accompagner de pres, & les enhardir quand il fera befoing. Pour ce regard fera bon d’heure à autre luy bailler Chiens frais
& de relais, & qu’il les relaye de pres: par ce moyê les premiers baillez
reprendront leur haleine tout à leur aife. Vray eft que pour les rêdre
plus hardis, fraudra qu’il parle fouuent à eux, & donne courage auec
le fon de fa trompe. Car il y beaucoup de Chiens, s’ils ne font de
race, qui n’ofent entreprendre à courir les Loups, principalemêt les
vieils Loups, d’autant que font beftes plus furieufes que les ieunes. Si
le bois eft grand, & que lon n’y puiffe aller à cheual, ie trouuerois bon
qu’il y euft vn varlet pour accôpagner les Chiens & les tenir en queuë
le plus pres qu’il pourroit. Auffi voudrois bien qu’il fonnaft fouuent
de fa trôpe, & qu’auec fon forhu il ne ceffaft d’enhardir fes Chiens.
Vray

Vray eſt que les autres qui ne ſont à la queuë des Chiens, ne doiuent ſonner mot, par ce que tant de ſonneurs de trompes ſouuentes fois eſtourdiſſent lesChiens,& leur font perdre tout credit & moyen de bien chaſſer quãd l'vne ſonne deça, l'autré delà. Si c'eſt vn vieil Loup, & qui ne voye aucune choſe qui luy nuiſe, ne faudra d'entreprẽdre le cours, ains ſi on le veut prẽdre à force, & que le temps de iour ſoit aſſez lõg, faut le rebouter, & rẽbarrer dedãs le bois quand il ſ'offrira. Incõtinent le Loup apres auoir cerché tous moiẽs de ſortir, & trouuãt touſiours gẽs tãt à pied qu'à cheual, & tabourins qui luy ferõt teſte, ſe ſẽtira tãt preſſé, qu'il ne ſçaura auoir autre recours, ſinõ de cou rir çà & là. Alors on doit cõtinuer à luy bailler chiẽs frais & de relais, qui le courẽt à pleine veuë. Qui, eſt vne des pl⁹ belles chaſſes qu'il eſt poſſible de voir. Ce pẽdãt il ſe faut dõner garde de ſes ruſes: car apres qu'il n'en peut plus, ou il gaigne dans vne grãde taniere de Blereau, là où il entre la queuë deuãt, & alors le faut enuirõner de chiẽs pour le tenir aux abbais: ou bien il ſe ſauue dãs quelque fort hallier d'eſpines ou ronces: alors chacun y doit acourir pour là le prendre &ſaccager. I'en ay prins beaucoup à force, dõt aucuns ont duré pres de huit heures, les autres ſe ſont en celà tellemẽt entretenuz, gardãs leur force& haleine, que la nuict venoit, & nous les perdiõs par fante de iour. I'en ay chaſſé tel qui a duré dix heures, à raiſon qu'il aloit ſouuẽt boire & ſe rafraichir en vne mare dedãs le bois. C'eſt pourquoy on dit q̃ l'hõ. me de guerre doit auoir trois choſes en luy, aſſaut de leurier, fuite de Loup, & defenſe de Sanglier. Car l'hõme de guerre doit aſſailllr auſſi hardiment que fait vn bon Leurier, qui prend & aſſaut tout ce qu'on luy mõſtre: ſ'il lui eſt beſoin ſe retirer, faut qu'il garde l'haleine de lui ou de ſon cheual: & ſ'il eſt tellement preſſé de combatre qu'il n'en puiſſe eſchapper, faut ſ'acculer contre maiſon, haye, ou foſſé, ou buiſ ſon, & là ſouſtenir l'aſſaut, & cependant aduiſer de grãde hardieſſe à tuer quelqu'vn de ceux qui l'aſſaillent, & paſſer à trauers d'eux, parce moyen pluſieurs combattãs ſe ſont ſauuez. Au ſurplus, ſi on chaſſe en vn buiſſon, & qu'on ait failly, les Loups le lendemain y reuiendrõt, & rẽbuſcheront au meſme buiſſonſ'entrecerchans, mais le iour d'apres ne les y faut plus cercher. Auſſi ſi quelque Prince ou grand Seigneur vouloit courre à force de Chiens courãs, faudroit enuironner le buiſ ſon de Leuriers, & ſe tenir à trente ou quarante pas loing du bois, à fin qu'incontinent que le Loup mettra la teſte hors, ils le rembarrent dedans. Car ſ'il a eſté couru des Leuriers, & qu'il en trouue quel-

Gg

qu'vn en teſte en to⁹ endroits où il ſ'offrira à ſortir, il n'oſera plus entreprendre la cãpagne. Et s'il aduient que le buiſſon ſoit ſi grand que
on ne le puiſſe enceindre &enuironner de leuriers, faut l'enuironner
de toile ou quelques grands halliers à maille carrée de bonne groſſe
ficelle haut d'vne braſſee, pour ſeruir de defenſe ſeulement. Et ainſi
le Prince auroit bien ſon plaiſir de voir chaſſer les Chiens.

Comme on doit chaſſer les Loups ſans Limier.   CHAP. VII.

E Seigneur ou Gentil-homme qui veut auoir plaiſir de
chaſſer les Loups, &n'a aucun Limier qui ſoit biẽ dreſſé:
bien a-il des chiẽs qui aimẽt à chaſſer Loups, les pourra
dreſſer de ceſte maniere. Doit auoir gens, tãt à pied qu'à
cheual, pour aller de grand matin à l'entour des bois &
buiſſons, eſquels les Loups ont accouſtumé ſe retirer: où faut penſer
qu'ils demeurerõt toute l'annee ſans s'eſcarter aucunement, moyẽ-
nant qu'on ne leur face par trop de tormẽt, s'ils ont eſté naiz & nourris auſdits buiſſons, & bois. Ceux qui iront pour les guetter & reuoir,
auront touſionrs l'œil ſoigneux ſur les terres labourees, chemins, ſen-
tes & petites aduenues: à ſçauoir en eſté ſur la poudre, & en hyuer ſur
les bouës & fanges : & ſ'il a pleu la nuict, fera beau en reuoir, pourueu
que la pluye ait ceſſé vne ou deux heures auãt le iour. Eux donc voiãs
par les traſſes delaiſſees és terres, que les Loups ſont allez droit au bois
pour ſe rẽbuſcher moyennãt que les pas & voyes ne ſoient par pluies
ou poudre recouuertes, iugeront pour certain le loup ou Loups eſtre
rẽbuſchez audit bois: duquel ils ne bougeront aucunemẽt, pourueu
qu'ils n'ayent eſté forhuez de quelqu'vn, n'y ſuiuis de maſtins ou autres chiens courans. Car ſi on les a veuz, &qu'aucuns aient hué & crié
apres eux, & mis leurs Chiens & maſtins apres, & ſoiẽt Loups qui aiẽt
eſté chaſſez, ne ſe faut attendre à les trouuer audit bois ou buiſſon,
ains ſ'en irõt à plus d'vne lieuë de là: parce que le loup a bien ceſte ruſe & malice de nature, de ſçauoir qu'il eſt rauiſſant, & pour ce regard
hay d'vn chacun. Si donc les loups ne ſont huez ne ſuyuis de maſtins,
on departira les Leuriers pour aller au cours, & ſeront aſſis, cõme no⁹
dirons cy apres. Puis on enuoiera les Chiens courãs chacun aux lieux
ordõnez pour les relais; & le Veneur, auec quatre des meilleurs chiẽs
qu'il ait, viendra au rembuſchement. Et là fera aſſentir à ſes Chiẽs les
branches par où le Loup ſera rẽbuſché. Et voyãt qu'ils ne demandent
qu'à courir, on laſchera & decouplera deux des plus ſeurs, qui aimẽt

plus à courir le Loup:& des qu'il orra l'vn defdits Chiens abbayer,de-
couplera incontinent les deux autres fur les voyes,broſſant à trauers
du bois pour les enhardir & rebaudir, ſonnant ſouuent & criãt Harlou,harlou,harlou.Puis les ayant lancez, luy feront baillez les relais
ainſi qu'on les aura ordonnez & de pres : car ſi on relaye Chiens de
loing& non de pres,pourront aller au change: & rompre la chaſſe.Et
auant que finir ce propos & paſſer plus outre,ne m'a ſemblé hors de
raiſon de deſcrire en cette part la forme & maniere cõme l'on pourra cognoiſtre les voyes du Loup & de la Louue, & les diſcerner d'auec
celles du Chien.Si l'on voit en terre labouree,ſable,ou fange,ou poudre,des pas ou voyes de loups,& on eſt en doute ſi elles ſont d'vn ma-
ſtin:faut conſiderer la façon de l'emprainte du pied , car le loup a le
talon large & gros,faiſant trois foſſettes en terre ſous le talon.Il a les
ongles gros & courts, & les deux doigts des pieds de deuãt touſiours
ſerrez, ce qu'vn Chien n'a pas. La louue les a de meſme façon, oſté
qu'elle a le pied plus long & plus eſtroit que le loup.

Il y a auſſi autre cognoiſſance, par les laiſſes qu'ils font à l'entree
ou iſſuë des bois & buiſſons : car le loup fait ſes laiſſes dures à coſté
d'vn chemin ou ſente,en quelque carrefour,&ſus quelques rõces ou
buiſſons,la louue au contraire , rend ſes laiſſes au milieu du chemin,
fort molles & en plateau. On peut auſſi iuger des loups à les oüir le
ſoir hurler : car la louue hurle plus clair que le loup, auſſi font les ieunes loups de l'annee:mais le vieil loup hurle fort gros & menu. Outre celà, le Veneur pourra facilement iuger qu'vn Leurier ou grand
matin n'auroit pas eſté la nuiĉt ou le matin aux bois.

Au ſurplus pour dreſſer Chiens courans à courir loups, faut aduiſer,
cõme i'ay dit cy deuãt,où pourra eſtre la retraitte des ieunes loupsau
moisde Iuillet ou d'Aouſt,pour leur en faire courir vn ou deux que l'õ
aura pris tout expres,afin qu'ils puiſſent ſouler & en ioüir à leur aiſe.
Meſme pour leur donner hardieſſe& exciter d'auãtage à la chaſſe,ſe-
ra bon les mignarder & feſtoyer de pluſieurs petites friãdiſes que le
valet aura portees en ſa grande gibeciere tout a propos & apres, que
l'on aura cogneu leſquels d'entre eux auront le meilleur vouloir,&ſe-
ront les plus adextres & prompts à chaſſer, on les dreſſera pour ſẽtir
de Limier,ains bien ſouuent on lancera deuãt eux quelques loups,&
les fera l'on chaſſer en route,n'oubliant cependant à les touſiours mignarder & feſtoyer de pluſieurs petites friandiſes,meſme à fin de les
enhardir & ayder à prendre la proye, ſouuentesfois ſe retirer des

voies, pour aller prēdre les deuants: & s'il s'en rabat quelqu'vn, le bien
festoyer & frapper à route: puis apres le retirer, & bien caresser. Vray
est que sur tout faut prendre soing que l'on ait des Chiés de race qui
courent loup, d'autant qu'il y a Chiens de toutes sortes. Les vns sont
Chiens de garde pour abbayer aux larrons, quels sont les mastins: les
autres sont allans, comme en Espagne pour destourner & pourfuiure
la beste qui se presente quelquefois par les champs: autres à gros poil
pour aller à l'eau, appellez Barbets, qui portent le traict & chaffent au
gibier des fleuues & eftãgs. Autres sont espagneux pour leuer & trouuer les Perdrix, & Cailles, appellez chiens couchans. Autres Chiens
pour aller dans terre combatre les Renards & Blereaux. Autres sont
appellez Dogues pour assaillir, mordre & retenir Sangliers, Ours ou
loups. Autres sont nommez leuriers, qui sont vistes & hardis à prendre ce qu'on leur monstre, quelque beste que ce soit & portent grãd
amour à leurs maistres, combatãs quelquefois pour eux, & se laiffans
mourir pour l'absence de leursdits maistres morts, ou bien estans allez en quelque voyage. Et doit l'on bien faire cas de Leuriers qui prēnent vn grand Sanglier, fier & orgueilleux, ou bien vn grand loup, qui
est vne beste fort cruelle, encor que les leuriers soient beaucoup
moindres que les limiers. Chacun sçait & a veu que mes leuriers ne
font de ces grands que l'on void à la Cour, en Bretagne: toutesfois ils
prennent bien les loups, qui font le plus souuent trop plus grands
qu'eux: mais la race & accoustumance y feruent beaucoup. De quelque grand leurier de Bretaigne & d'vne belle leuriere à lieure, on
pourra tirer de beaux leuriers pour loups.

Comment on doit prendre Loups auec Leuriers. CHAP. VIII.

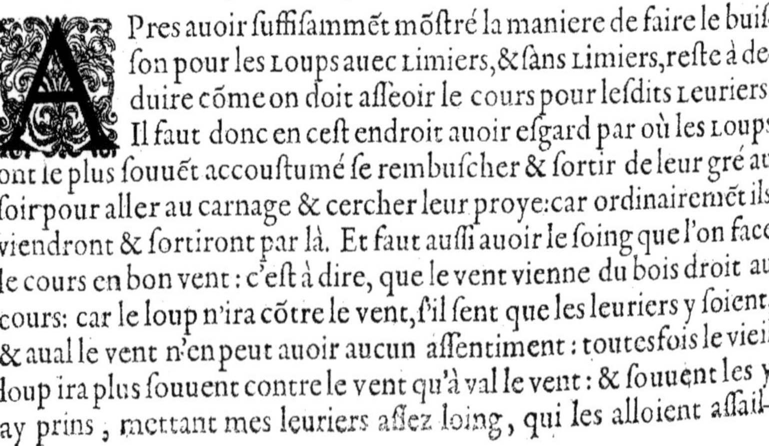

A Pres auoir fuffifammēt mōstré la maniere de faire le buiffon pour les loups auec limiers, & fans limiers, reste à de-
duire cōme on doit asseoir le cours pour lefdits leuriers.
Il faut donc en cest endroit auoir efgard par où les loups
ont le plus souuēt accoustumé se rembufcher & fortir de leur gré au
foir pour aller au carnage & cercher leur proye: car ordinairemēt ils
viendront & fortiront par là. Et faut auffi auoir le foing que l'on face
le cours en bon vent: c'est à dire, que le vent vienne du bois droit au
cours: car le loup n'ira cōtre le vent, s'il fent que les leuriers y foient,
& aual le vent n'en peut auoir aucun affentiment: toutesfois le vieil
loup ira plus souuent contre le vent qu'à val le vent: & souuent les y
ay prins, mettant mes leuriers affez loing, qui les alloient affail-

lir de grand courage à la partie du bois. Le cours donc fera affis à l'v-
ne des faillies du bois, en bon vent, & s'il eft poffible, que ce foit en
quelque plaine ou en pied montant:& que les huttes fe voyent l'vne
de l'autres faictes en façon de fer à Cheual, comme il eft figuré cy deuant. Outre celà, fera befoin d'auoir pour le moins fept laiffes de
grands leuriers,& deux laiffes de legers leuriers, pour les lafcher en
queuë:& faut qu'ils foient affis à la partie du bois, accõpagnez chacũ
d'vn hõme à Cheual, pour les dreffer au cours. Donc'apres celà y aura
trois laiffes de chacun cofté du cours, qui feront nommées coftereffes, dont les deux premieres, qui feront vis à vis l'vne de l'autre, l'af-
cheront à l'efpaule, fi le loup eft entre les deux, autrement il ne faut
qu'ils lafchẽt plus tard. Et fi lefdites premieres laiffes coftereffes font
bien lafchées, le loup ne faillira d'entrer dedans le cours : auffi, fi les
autres laiffes font bien lafchées,& qu'elles attendent que le loup approche de leurs huttes, le loup ne leur efchappera iamais, & pour celà, celuy qui tient la laiffe du fond du cours, doit faillir de fa hutte fes
leuriers au poing, & venir au deuant de luy,& luy bailler fes leuriers
en tefte, qui doiuent eftre des plus hardis & courageux.

Surtout, fera befoing que chacune laiffe ayt bonne hutte de toile, branches & fueilles pour couurir l'homme & les leuriers,& ceux
qui le tiennent doiuent eftre bas, à genoil. Quant à moy i'ay fait
faire des huttes de toile tannee, qui fe tendent auec trois baftons,
qui eft pour le mieux: fous lefquelles l'homme & le leurier font à
l'abry du vent & de la pluye,& ont fous eux de la feugere, ou de la
paille, pour eftre plus à leur aife, & s'il aduient que le loup foit at-
taché de leuriers, faut y courir diligemment, pour luy mettre vn
efpieu ou gros bafton dedans la gueule, iufques à la gorge, à fin qu'il
ne bleffe les leuriers aux iambes ny au mufeau. Par ce moyen les
Chiens en ioüiffent bien à leur aife & font rendus plus hardis à les
prendre, s'ils les ont pris fans auoir efté bleffez. Au contraire, fi on
ne leur donne fecours incontinent, les loups ne failliront de bleffer
beaucoup de leuriers, comme emporter aux vns la iambe, aux autres percer la tefte,& faire autres outrages, dont ils font puis apres
fort malades,& bien fouuent en meurent : d'autant, comme nous
auons dit cy deuant, que la morfure des loups eft trefdangereufe.
Ayans donc les leuriers iouy à leur ayfe de leur proye, ne faut longuement les y laiffer: mais chacun doit reprendre les fiens, & s'en
retourner diligemment à fes huttes, s'il y a encore loups au bois: &

Gg iij

là attendre, & lafcher les leuriers, comme a efté dict. Et faut bien aduifer à ne les lafcher trop tard: vaudroit beaucoup mieux les lafcher
pluftoft, & que le loup retournaft au bois, que de le laiffer paffer hors
du cours: car s'il en eft hors, & les leuriers font en queuë apres, a grãde
peine s'en prend il pas vn: toutesfois i'en ay prins plufieurs, voire encore depuis quelques iours, efcriuant ce prefent traicté. Auffi, s'ils sõt
faillis & efchappez aux leuriers, ne fe faut amufer à les pourfuyure:
car ils ne s'arreftent point, mais vont toufiours: vray eft qu'ils fe pourront arrefter au prochain buiffon ou bois, s'il eft affez fort, & qu'ils
ayent efté griefuement foulez des Chiens: mais cependant ils gaignẽt
les deuans, & n'ofent plus entreprendre la compagnie, pẽfans y trouuer encor des leuriers: & lors on les prendra à force, qui eft vne belle
chaffe fur toutes les autres, d'autant que les Chiens les voyans & fen-
tans defia mal menez, les chaffent & pourfuyuent auec plus grand
courage & hardieffe. Au furplus faut noter qui'ay veu quelquefois
que les leuriers font difficulté de prendre vne louue chaude, ains la
veulent faillir & couurir comme vne Chienne: mais s'il y a aux cours
quelque bonne leuriere, elle la prendra par enuie & ialoufie.

Comme on doit chaffer & prendre les Loups fans Limiers, Chiens courans
& Leuriers, auec les rets & filets. CHAP. IX.

Y deuant nous auons defcrit comme on doit prendre les
loups auec Chiens courans & leuriers. Or par ce que chacun n'a pas le moyen d'auoir Chiens, ny la dexterité de
les bien dreffer, n'ay voulu obmettre à declarer la façon
de chaffer les loups, fans ayde aucune des Chiens. Faut donc de
longue main faire appreft de rets de menu cordage & raifeaux pour
tendre aux grands chemins, mefmes des laffieres: puis à quelque iour
de petite fefte, non pas au Dimanche, qu'il faut garder felon le commandement de Dieu, faire affembler tout le peuple voifin & proche
d'alentour du bois ou buiffon, où hantent & fe retirent les loups : &
ordonner à ceux de chacune paroiffe certains lieux & places pour fe
camper. Apres que les compaignies feront arrangées & feparées l'v-
ne de l'autre, la longueur d'vne pique, faudra entrer dedans le bois,
menant grand bruit de trompes, cornets, tabourins, haut toufiours,
tirant droit où font les filets & rets tendus, n'ayant crainte de paffer
ronces ny efpines: car c'eft où le loup fe cache, & laiffe paffer, fans fonner mot, ceux qui courent apres luy: dont eft venu le prouerbe, Il fait
le loup à la carriere. Les paroiffes donc chemineront en bonne ordõ-

nance,conduite chacune par vn des principaux de la bande,à fin de
leur faire garder bon ordre:& trauerser tout le bois iusqu'à l'endroit
des rets & filets,& s'il y a des Loups,ils ne failliront à sortir: mesme on
les pourra haster par des petits Leuriers ou mastins mis en l'estrique
à la partie du bois. Et s'il aduient que le loup ayt passé les huttes de
ceux qui seront à la garde des filets, on iettera incontinent apres ses
fesses vn court baston, pour l'esbroüer & haster d'auantage,à ce qu'il
n'ait la cognoissance du filet : par ce moyen il ne faillira de ietter
dans l'vne des rets,ou bien dans la lassiere ou raiseau : alors sera facile
aux gardes des filets de le tuer. Dés qu'il sera tué, faudra incontinent tendre les rets ou lassieres , & se retirer chacun en sa hutte
pour attendre les autres.Et sur tout faut les huttes soient bien espais-
ses,ou de toile teinte,comme i'ay dit cy deuant.Au surplus,à fin que
tout le peuple assemblé,estant chacun en sa place, sçache au certain
le temps qu'il deura entrer dedans le bois,on tirera vn coup de boit-
te d'artillerie,ou bien d'vne grosse harquebuse, qui sera pour signal
d'entrer auec grand bruit dedans le bois. Et est bien requis auoir sur
les filets,gens qui entendent à faire la haye, pour lassieres & raiseau,
mesme à les tendre, & principalement les rets, que i'ay faict tendre
souuentefois sur fourche, auec vn margouillet ou billebauquet qui
est mis par dessous le maistre de la rets, & à chacun des fourcherons
des fourches, mises l'vne auant l'autre arriere, comme appert en la
figure cy deuant qui estoit la meilleure & plus soudaine façon de té-
dre les rets,& trop meilleure que sus les pieux.

Faut dõner ordre aussi,que les maisttes des rets soiẽt biẽ attachez à
arbre,ou à gros pieux fichez en terre,selon la longueur des rets. Il y a
aussi bien à regarder,pour bien faire vne haye pour les lassieres:car le
plus souuẽt,ceux qui les fõt ne l'entẽdent pas biẽ, car il les fõt toutes
droites:& sõt trop meilleures,ainsi q̃ l'auõs figuré cy deuãt, car à chacũ angle on met vne laniere,&peut ladite haye seruir pour deux co-
stez.Il y a d'auãtage,que iamais Loup,Sãglier,ou cheurueil,ne se tournera pour passer à costé voyãt l'ouuerture deuãt luy,ayãt la haye des
deux costez qui l'y cõduisent en allier de tonnelet. Au reste, sur tout
faut, s'il est possible, tendre les pans de rets & lassieres à bon vent.

De la forme de prendre les Loups par pieges, & autres instruments.

C H A P. X.

C'Est vne profonde & admirable prouidence de Dieu,que l'homme premier,Adam, auant qu'il fust decheu dela perfection que

Dieu luy auoit dõnee lors de sa premiere creation, auoit imposé les noms aux bestes, comme il est dit en Genese, chapitre deuxiesme, verset vingt, & luy auoit donné puissance sur toutes bestes: comme il est aussi recité au premier chapitre dudit liure, verset vingt six, & au Psalme huict Toutesfois par le peché de nostre premier pere, ceste puissance a esté ostee à l'homme, par l'horrible vengeance du Seigneur tout-puissant, de sorte que les bestes portent auiourd'huy dommages infinis à l'homme, le guettent, luy courent sus : rauisent son bien, le naurent, le tuent: qui est vn certain tesmoignage de l'ire de Dieu, qui a puni l'homme iustement. Dont ne se faut esmerueiller ny murmurer aucunement, si l'homme ayãt desobey à son Createur est aussi desobey par les bestes, qui luy estoyent subiectes & du tout emancipees: si l'homme ayant offensé son Dieu, est offensé par les bestes inferieures à soy. Vray est que ce bon Dieu ne l'a laissé sans moyens pour pouuoir & se garder de la cruauté des bestes sauuages, insidieuses & malfaisantes: car l'homme, par l'instinc deDieu, a inuenté plusieurs manieres de prendre & assubiectir à soy lesdictes bestes, cõme loups & autres bestes cruelles Nous auons cy dessus parlé des moyens de les prendre à force de Chiens & leuriers: maintenãt nous traicterons de la maniere de les prẽdre au piege, & autres instrumẽts propres, comme verrez en la figure suyuante. laquelle monstre comme il faut faire vne grande fosse, qui soit couuerte d'vne claye surpẽdue, pour facilemẽt tourner. De l'autre costé de la claye faut mettre vn oison, aigneau, ou autre tel bestail. Si le loup entreprend & s'efforce de passer par dessus, la claye tourne, & le loup tõbe dedans la fosse. Laquelle doit estre bien couuerte de la claye, à fin que le loup, qui est l'vne des fines & cauteleuses bestes qui soit, ne la puisse apperceuoir: & ceste façon est commune & facile.

MANIERE DE TENDRE LE PIEGE.

ESt aussi à considerer, que si le loup approchant du piege tendu, vient vne fois à sentir la corde mise en lasset par dessus & autour du trebuchet (ce qu'il fera sans doute) il est certain que soudain il s'en ira, & iamais n'en approchera, tãt que le chasseur, qui aura tẽdù le piege, ait fait perdre la senteur de ladite corde, ce qu'il fera prenant des crottes de la fiante de loup, & engressant la corde du piege entierement, en la maniere que lon

poisse

poiſſe de poix vn chégros pour coudre ſouliers : & ce quand tu auras
tendu au loup, de fiante de loup : quant au Renard, de fiente de Renard, & ainſi de toutes autres beſtes qui ſe prennent au piege : mais la
difficulté, eſt de trouuer moyen de recouurer de la fiãte de la beſte à
quoy on veut tendre le piege, comme ſont le loup, Renard, le Blereau, la Foine, & le Putois. Et pource, quand le chaſſeur voudra tendre ſon piege, il faut que le iour precedẽt il s'en aille au bois auquel il
veut tendre, d'autãt que c'eſt au bois taillis, foreſts, buiſſons & bruyeres, où lon tend à tels animaux couſtumierement, & le long des chemins où lon ſoupçonne la beſte deuoir paſſer, labourer auec le hoyau
ſelõ la largeur du chemin, quatre pieds en quarré, & la terre qu'auras
labouree mettre en poudre, & l'egaller doucement, à fin que la nuiĉt
ſuyuante, la beſte qui paſſera par ceſt endroit, inſculpe la forme de
ſon pied dans ladite terre, & que le landemain, quand tu viendras re-
cõgnoiſtre le lieu que tu auras labouré, tu congnoiſſes la beſte qui aura paſſé : & faut ainſi que dit eſt labourer en pluſieurs & diuers lieux,
& par diuers chemins, à fin que ſi la beſte eſt au bois, tu la puiſſes aſſeurer, & par ce moyen ne tendre en vain. Quand tu auras faiĉt ton la-
bourage, il faut pour le loup, trouuer quelque cuiſſe de Cheual ou
d'Aſne, ou de Mulet, ou quelque autre charongne, & en faire trainee
par le bois le lõg des chemins & ſentiers d'iceluy, & en faiſant la trainee, quand tu arriueras aux lieux où eſt labouré, faut y ieĉter ſix ou
ſept lopins de ladite charongne de la groſſeur d'vn œuf, ou enuiron.
Si c'eſt pour le Renard, Blereau, Foine, ou Putois, ſuffira d'appaſter
autour deſdits lieux labourez des rongets de poulaille, ce qui reſte
ſur l'aſſiette du maiſtre de maiſon ruſtique apres ſon repas, ou appaſter des roſties de pain bis fricaſſees auec graiſſe telle que tu voudras,
& le lendemain quãd iras recongnoiſtre les chemins où tu auras ap-
paſté, infailliblement la beſte qui y aura paſſé la nuiĉt, aura fienté à
l'endroit de l'appaſt, & laiſſé de ſes crottes, deſquelles tu poiſſeras la
corde du piege, pour le tendre : ainſi en vſe le Seigneur de Mouſſac
Gentil-homme Limoſin pres Belac, vn des plus rares tendeurs de
piege, & plus heureux chaſſeur qui ſe trouue.

FIN DE LA CASSE DV LOVP.

Hh

Addition de la chasse du Connin.

A chasse du Connin, est plus proufitable que plaisante, non seulement pour la viande, qui en est delicate & bonne, mais aussi pour le dommage que ce petit animal apporte aux grains semez en terre, aux ieunes arbres, & aux herbes: dõmage, di-ie, qui n'est pas de peu d'importance, ne de petite nuisance: De faict Strabon a fait mẽtion au troisiesme liure de sa geographie, que les habitans des Isles Gymnesies, furent contrains d'enuoyer aux Romains leurs Ambassades: pour requerir, qu'ils leur baillassent terres où ils peussent ailleurs habiter, chassez de la grand abondance des Connis, qui mangeoient tout ce qu'ils pouuoient planter & semer en leurs terres Gymnesiennes. Le mesme dit Pline au huictiesme liure de son histoire naturelle, quand il recite, que du temps del'Empereur Cesar Auguste, les habitans des Isles Baleaires (ce sont les deux que les Grecs appelloiẽt Gymnesies: auiourd'huy les Espagnols nomment Maiorque, & Minorque) enuoierẽt à Rõme demander secours d'armes, pour cõbattre les Connins leur faisant mortelle guerre. Comme aussi (à la verité) ce petit bestail, est d'incroiable fecõdité, où il s'adonne: Aussi a ton opinion, que tous font des petis, tant les masles que les femelles: comme si nature benigne enuers ce gẽre d'animal, fruiard, & friand au manger, luy auoit voulu dõner telle plantureuse fertilité: Or y a il deux especes de Connins, les vns de clapier, les autres de garenne. De ceux de clapier, la prinse est bien aisee: pource qu'estans comme priuez & domestiques, ils se laissent pendre à la main, & n'ont besoin de queste, ne de chasse. Ceux de garenne, sont plus mal-aisez à prendre, pource qu'ils sont nourris en leur champestre liberté, & d'autant sont d'vn plus sauuage naturel. La façon de les chasser est principalement de deux sortes, toutes deux assez vsitees & cõgneues: l'vne auecques les fillez, & l'autre auec le Furet. Quant au Furet, on le fait entrer dedans la tanniere, ou garennier clapier des Connins, pour leur y faire la guerre: des pourfuittes & morfures duquel estonnez & intimidez, ils fuyent soudainement hors de leur creux, &

aux iſſuës ſont arreſtez & enueloppez aux bourſes & filez, qui y ſont
tendus à ceſte fin. De ſorte que le Gentilhomme ne retire pas grand
paſſetemps de ceſte chaſſe, laquelle auſſi fait-il le plus ſouuent par ſes
gens & ſeruiteurs, que par luy meſme : plus content de la priſe gar-
nir ſon croc, & couurir ſa table, que d'autre exercice ou recreation,
qui luy en puiſſe reuenir.

AVTRES REMEDES POVR GVARIR LES
Chiens malades de diuerſes maladies, qui iournelle-
ment leur peuuent ſuruenir:

Extraits du liure d'vn Comte Italien, fort expert en
l'art de la Venerie.

Hacun ſçait, combien le Chien eſt requis & ne-
ceſſaire pour la chaſſe de tous animaux à quatre
pieds, dont les Veneurs font queſte & pourſuitte:
tant pour les trouuer & faire leuer, que pour les
courre & prédre à force ou de viſteſſe: à ceſte cauſe
i'ay péſé eſtre bõ & vtile, de traiter des cures & remedes propres pour les preſeruer & guarir de plu-
ſieurs maux & maladifs accidēs, auſquels ils ſõt ordinairemēt ſubiects.
Entre leſquels le plus frequēt eſt la galle, ou la rõgne que toutes perſonnes iournellemēt voyēt & cognoiſſent. On la pourra oſter & faire
perdre au Chien galleux ou rõgneux, en l'oignant de deux iours l'vn,
par trois fois, au feu ou au Soleil, de l'onguent cõpoſé cõme il enſuit:
Prenez vne liure de ſein de porc, trois onces d'huile cõmune, quatre
onces de ſoulfre pulueriſé & bien ſaſſé, deux onces de ſel bien pilé &
bien ſaſſé, deux onces de cendre bien ſaſſée, & mettez tout bouillir en
vn pot neuf de terre, touſiours remuãt iuſques à ce que le ſein ſoit
bien fondu & bien meſlé, & le tout bien incorporé : De ceſt onguent
donques oignant tout le Chien, ſingulierement les endroits de la rõgne, en la maniere ſuſdicte, & luy changeant ſouuent de lict, & finale-
ment le lauant par deux fois de lexiue, vous le guarirez de la galle. Et
au cas que le poil du Chien tombaſt, combien que tel accident ne luy
aduint à cauſe de l'onction deſſuſdicte, ſeroit bon de le lauer d'eau de
lupin, & l'oindre de vieil ſein de porc. Ce medicament, outre ce qu'il

guarit la galle, encores rend le poil du Chien beau, & le garentift des
puces. Mais aduenant que par le moyen des onctions deffufdictes, la
galle du Chien ne fuft point guerie, il faudra luy en faire vne plus forte compofée de cefte façon: prenez vne pinte de fort vinaigre, fix onces d'huile cōmune, trois onces de foulfre, demie efcuellee de fuye,
fix onces de grauelle, deux poignees de fel bien pilé & faffé : & faictes
tout bouillir enfemble auec le vinaigre, & en oignez le Chien de la façon & en la maniere deffufdite. En temps d'efté fi la galle ne veut tō-
ber & fe guarir par aucun des onguens & moyens cy deffus decla-
rez, on pourra y appliquer vn autre medicament encores plus fort.
Mais il fe faudra bien garder de s'en ayder en hyuer ou autres temps
froid : pource qu'il pourroit donner au Chien pluftoft la mort
que la fanté. Prenez donques deux onces de vif-argent, dix onces de vieil fein de porc, & les battez & meflez enfemble, tant qu'ils
foient bien incorporez: & auec ceft onguent frottez fort le Chien
galleux au Soleil ardent, où vous le laifferez lié l'efpace d'vne bonne heure, à fin que l'onction mieux opere, & l'oignement mieux
paffe & penetre: cefte onction fe deura faire de deux iours l'vn par
deux ou trois fois, & apres icelle lauer le Chien par deux fois auec
du fauon noir : & par ce moyen vous le pourrez voir deliuré &
guary, de quelque rongne & galle qu'il puiffe auoir. Mais pource que
les onctions deffufdictes par fois font tomber le poil du Chien, fera bon puis apres l'oindre de trois en trois ou de quatre en quatre
iours, de vieil fein de porc, qui eft la meilleure & plus aifee medecine
pour toft luy reftaurer & embellir le poil: mais fi les Chiens n'eftoient
gueres chargez de galle, & au commencement de leur rongne, on les
pourroit bien feurement guarir fans les oindre ne frotter : en leur
faifant manger du pain, fait de farine de froment peftry auec la racine, fueille, fruict & tige de l'herbe vulgairement appellee Agri-
moine, bien battuë & pillee en vn mortier, & incorporée audit pain
qu'on fera cuire au four: & pourra-on en bailler à manger aux Chiēs
grateleux tout leur faoul, pourueu qu'ils n'en mangent point d'autre. Auec quatre ou cinq tels pains que ceux-là, i'ay maintefois fait
perdre la galle à mes Chiens & aux Chiens de mes amis. L'Agri-
moine eft vne herbe qui croift aux prez pres des arbres, & aux bords
des rampars & foffez, & au long des hayes : elle à les fueilles couchees
& eftenduës par terre, longues d'vn pain, femblables à celles de la
chanure, diuifees par nerfs en cinq ou fix parties, dētellees à l'entour:

& monte sur vne ou deux tiges dures &noiraſtres,au long deſquelles
ſont les fueilles diſtinguées par interualles,&au haut d'icelles ſe mõ-
ſtrent des fleurs iaunes, dont ſe formét en maturité des petites grai-
nes, groſſes comme pois chiques , ou enuiron, qui eſtans meures &
ſeiches tiennent aux veſtemens.

V N mal nommé la formie, comme peuuent ſçauoir
ceux qui nourriſſent des Chiens, ſouuét aduient aux
aureilles des Chiens & en eſté à cauſe des mouſches
qui les y piquent, & du grattement qu'ils y font a-
uecques les piez,leur fait merueilleuſement grande
peine.Ceſte maladie ſe guarit, en puluerifant ſur le
mal de l'aureille offenſce, d'vne poudre cõpoſee de la façon qui ſen-
ſuit : prenez quatre onces de gomme de dragant, & la mettez tremper huiĉt iours dedans fort vinaigre, puis la broyez ſur vn marbre,
comme vous voyez les peintres broyer leurs couleurs : puis y adiou-
ſtez deux onces d'Alun de roche, & deux onces de noix de galle pul-
ueriſees,de tout cela meſlé & incorporé enſemble, & bien deſeiché
ſe fera vne poudre de merueilleuſe efficace, comme vous l'apprend-
dra l'experience,en l'appliquant ſur le mal.

Encores patiſſent les Chiens quelque fois au moyen de certaines
diſtillations qui leur fluent du cerueau, vne eſpece de catharre qui
leur enfle la gorge: qu'on peut guarir en leur lauant la gorge par dedans auec du vinaigre commun & du ſel,& leur oignant la gorge par
dehors à l'endroit du mal & de l'enflure, de bonne huile de Camo-
mille: aucuneſfois aux playes des Chiens (comme il aduient ſouuent
d'eſtre bleſſez) les verins s'engendrent, qui leur empeſchent la guariſon de leurs vlceres, pour les en deliurer, il faut tuer & oſter ces verins qu'on y trouuera concreez, puis emplaſtrer la playe de gomme
de lierre, & y laiſſer l'emplaſtre vn iour ou deux : la lauer puis apres
auec du vin, & puis l'oindre de ſein doux & d'huile de vernis auec de
la ruë : à ce meſme mal eſt encores bon le ſuc exprimé de l'eſcorce
des noix vertes:& la poudre faiĉte des lupins cuits ou ſeichez au four,
& encores la poudre faite de concombres ſauuages,pareillement de-
ſechez,laquelle ne fait pas ſeulement mourir les verins , ains mange

H h iij

& ronge auſſi la chair pourrie & morte eſtant à l'entour de l'vlcere,
& fait reuenir la bonne. Mais quant les Chiens ſont malades à cauſe
des verins qu'ils ont dans le corps, on les pourra faire mourir en faiſant aualler aux Chiens, ſoit par amour, ſoit par force, à ieun, le iaune d'vn œuf, incorporé & battu auec enuiron deux ſcrupules de poudre de ſaffran: & le gardant de manger tout le iour aucune autre choſe iuſques au ſoir.

Remede pour guarir vn Chien qui aura eſté mors & bleſſé des dens d'vn
Renard ou d'vn Chien enragé.

Vand vn Chien a eſté bleſſé à ſang ou à plaie, ſi c'eſt
en endroit auquel il puiſſe porter la langue, & leſcher la playe, il n'eſt point beſoin de vous donner
peine de luy appliquer autre remede ou medicament. Mais ſi l'vlcere eſt en lieu que le Chien ne
puiſſe leſcher, pourueu qu'il ne ſoit point venimeux, il ſe pourra guarir en y appliquãt de la pou-
dre des fueilles de cheurefœil, ſeichees au four, ou au Soleil: mais ſ'il
a eſte mors ou bleſſé de la dent du Renard, ſuffira d'oindre la playe
d'huile, auquel ait cuit de la ruë auecques des verius, mais ſi le chien
a eſté mors d'vn autre chien enragé, ſera bon au pluſtoſt luy percer la
peau de la teſte, entre les deux aureilles, de part en part, auec vn poin-
çon ou autre fer pointu tout rouge tiré du feu: ſemblablement en le-
uãt auec la main la peau du dos à l'ẽdroit des eſpaules, & tout au long
de l'eſchine, pareillemẽt la luy percer par endroits auec ledit poinçõ
ou fer chaud. Encores eſt ceſt autre remede pour le meſme mal bien
approuué, c'eſt à ſçauoir, en faiſant boire au chiẽ ainſi mors, le bouillon ou brouët auec l'herbe cuite, qu'on appelle Germandree. C'eſt
vne herbe qui croiſt és lieux aſpres & pierreux, longue d'vn eſpan ou
peu plus, à les fueilles petites, de la forme & entailleure des fueilles
de cheſne, & la fleur pareillement petite & rougeatre. Ceſte herbe
donques, ou cuitte & aſſaiſonnee auec de l'huille & du ſel, ou pilee &
peſtrie auec du pain, doit eſtre baillee à manger au chien, & il s'en
trouuera fort bien.

Remede pour rendre au Chien le sentiment perdu.

Vcunesfois les Chiens, pour s'eftre apoltronnez & rendus trop gras, ou par quelque autre accidét furuenu, perdent le fentiment: tellement qu'ils ne flairent & ne fentent plus le gibier ou la venaifon, quand ils font aux champs. Pour leur faire recouurer l'odorement ou flair accouftumé, il fera befoin les purger, auec le medicament qui enfuit. Prenez deux drames d'Agaric, & vn fcrupule de fel de gemme, & les puluerifez enfemble, & les incorporez auec de l'oximel : puis en formez vne pillule, de la groffeur d'vne noix : & l'ayant enueloppee de beurre, par amour, ou à force, faites la aualler au Chien : & par ce moyen, le verrez toft apres auoir bon nez : comme ie l'ay par plufieurs-fois bien efprouué.

Pour cognoiftre fi les Chiens encores petits, deuiendront mouf-
chetez : & aduertiffemens pour d'ailleurs les ac-
commoder & foulager.

SI quelqu'vn defire auoir des Braques de poil moucheté & cognoiftre d'heure s'ils deuiendront tels : il doit obferuer cefte maxime, qui iamais ne faut. Quand les Braquets, fi toft qu'ils font nez, ou dix, quinze, vingt, ou vingts-cinq iours apres leur naiffance, fe verront auoir les plantes des pieds noires : ne faut point douter, qu'ils ne deuiennent moufchetez : & que tát plus elles ferót noires, plus aura leur poil de mouchetures. A tels petits Chiens fera bon de couper, ou autrement ofter, quelque peu du bout de la queuë : Car ce faifant les Braques feront deliurez du danger de s'efgratigner & gafter le bout de la queuë, en broffant par buiffon, efpines, halliers, & autres lieux afpres & rudes : comme on void fouuent auenir aux Chiens, qu'on ne s'eft pas aduifé de conferuer & garentir par ce remede : Combien que telles efgratigneures & efcorcheures apportent grans maux & offences aux Braques, broffans par les forts & hailliers.

Encores fera il bon, quand les cagnots auront vn mois ou plus, leur faire arracher vn petit nerf, qu'ils ont foubs la langue, qui refemble à vn petit verin.

REMEDES POVR GVARIR LES CHIENS.

A quoy il faut proceder en cefte maniere. Quand le petit Chien aura vn mois ou enuiron, de l'vne des mains vous luy ouurirez la bouche (mais s'il eftoit plus aagé, luy faudroit mettre vn baillon) puis de l'autre luy hauflerez la langue: & d'vn caniuet, ou petit coufteau bien tranchant, luy fendrez la peau tout au long du verin, autant d'vn cofté que d'autre: puis dextremēt & gentiment auec la pointe du coufteau luy ofterez le verin, de forte que bien aifement il fe voit arraché: en fe donnant bien garde qu'en coupant la peau, ou arrachant le verin, on ne le coupe ou rompe, car il le faut tirer tout entier. Aucuns pour tirer ce verin vfent d'vne aiguille enfilee d'vne petite aiguillee de fil double, qu'ils font paffer par deffous le milieu du verin, tirant l'aiguille tant que le fil foit à fa moitié: puis prenant le fil par les deux bouts, arrachent le verin: mais fi tirans le fil ils n'y procedent auec grande dexterité, fouuent aduient que le ver, ou rompt, ou efchappe: & lors il eft bien malaifé d'en tirer ou arracher ce qui refte. A cefte caufe, m'a toufiours femblé le plus feur, de le tirer en l'autre forte deffufdite. Tant eft, qu'apres que le verin fera ofté, les Chiens deuiendront plus beaux, & en meilleur point. Car pour le plus, les chiens aufquels on laiffe le verin, fe tiennent maigres & elancez, & font de mauuaife habitude. Encores dient, & ont laiffé par efcrit les anciens naturaliftes, que ce verin ainfi ofté aux Chiens, le garentit de la rage.

Or à tant fuffira ce peu que i'ay icy dit du foin qu'on doit auoir des Chiens de chaffe: me referuant à quelque autre plus commode opportunité, d'en traiter plus au long, & auec plus ample difcours.

RECVEIL DES MOTS
DICTIONS ET MANIERES DE
PARLER EN L'ART DE VENERIE,
auec vne briefue interpretation d'iceux
extraicte des autheurs anciens
& modernes qui en
ont escrit.

A

ALligner la Louue: elle se fait alligner au Loup. *proceder & engendrer.*

Abbatures de Cerf. *C'est quand le Cerf, ayant la teste haute & large passe par vn bois branché*

Arantelles au pied du Cerf. *Filandres tombantes du Ciel, & non point filees d'araignees.*

Accouër le Cerf. *Le suyure de pres, & l'acculer.*

Abbois de Cerf, & rendre les abbois *Quand le Cerf n'en peut plus, & se repose.*

Armes & limes de Sanglier *Ce sont les deux dents en la barre de dessous, dont ils font le mal.*

Assentement de Lieure *Sa senteur comme la rose ayant sa flaireur.*

Auoir le vent de là gland. *Sentir le gland de bien loing.*

Attours de montagnes. *C'est quand la beste est en croppe de montagne, le Veneur dresse les laqs à l'entour où il met garde, de peur qu'elle n'eschappe.*

Alleures. *Les endroits par où le Cerf passe.*

Auoir encontré le grand Cerf. *Rencontrer vn grand Cerf.*

B

Beste ruzant. *Tournoyant*

Bransler aux Connils. *Quand les Chicns passans par les garannes s'arrestent au giste d'iceux.*

Commençant son FAON.

Biche faisant son FAON.
 Porte son FAON huit & neuf mois.
 Peut auoir deux FAONS, &c.
 Ce sont diuerses manieres de parler touchant la BICHE.

Brandes, bruyeres *Lieux où les Cerfs vont viander, au mois de Nouembre, & là mangent les fleurs & pointes, par ce qu'elles sont chaudes & de grãde substance, & les met en chaleur.*

Balancer apres la meute.

Brosses de blé.

Besche *Instrument à leuer la terre.*

Baquette de Veneur.
 Vne verge longuette de deux poulce ou trois par poignee, & longue de six à sept pieds.

Battre les ruisseaux. *Quand les bestes se vont nager.*

Bosse d'vn Cerf d'vn an. *Quand il luy sort vne bosse de la teste auant que la corne luy sorte.*

Bourses
 Pochettes, filez, rets, ou cordelettes menues.

Bramer apres les chiens.

Bruny vd'n Cerf. *Quand apres qu'il a laissé la peau de sa corne, elle demeure toute nette, comme brunie.*

Brissons. *Rameaux qu'on couppe & brise, & qu'on iette de costé & d'autre par où le Cerf passe.*

Bauge de Sanglier. *Son giste.*

C

Chiens.

Mastins *gardes de maison.*

Cerfs Chiens.

Barbets *Qui ont les iambes droites & poil gris.*

Bassets, *Qui ont les iambes courtes.*

Complissans les buissons. *Qui pissent souuent.*

S'assinans le nez. *Qui s'accoustument aux champs & campagnes.*

Allans le contre ongle

Ardans legers *Ceux qui naissent d'vne lice couuerte d'vn ieune Chien.*

Allans, *Qui sont comme Leuriers, fors qu'ils ont grosse teste & courte.*

De terre, *Clapiers.*

Courans

Leuriers

Blancs muts

Restifs *Qui s'arrestent voyant le Cerf venu, & attendent leur maistre tout quoy.*

Parlant & rutant en leur langage

D'oiseaux

Espagnols.

Chiens *Chiens d'Espagne, ayans la teste grosse, corps grands, & sont blancs.*

Noirs *De sainct Hubert, ainsi dits, parce que les Abbez de sainct* Hubert ont tousiours gardé de leur race, en l'honneur & memoire de sainct Hubert: & sainct Eustache qui estoient Veneurs. Tels chiens sont puissans de corsage : ont les iambes basses & courtes. Ils ne sont vistes, & ayment bestes puantes.

Baux ou Greffiers. *Parce qu'ils sont hardis & deliberez.*

Fauues

Sont de grand cœur & de haut nez, vistes & ont le poil tirant sur le rouge.

Gris, autrement dits Chiens courans. *Parce qu'ils sçauent faire plusieurs mestiers. Les meilleurs sont ceux qui sont gros sur l'eschine, & sont quatroillez de rouge & les iambes de mesme poil que la couleur de celle du Lieure. Il en sort aucunesfois qui ont le poil au dessus de l'eschine d'vn gris tirant sur le noir : & ont les iambes caillees & ondoyees de rouge & de noir, & ceux là sont bons par excellence.*

Requerans. *Quand ils sont marquetez de noir & gris sale, tirant sur le bureau, ils sont de peu de valeur.*

Forcenants *Ceux qui sont tous noirs sont bons, & sont subiets à bestail priué.*

Naissans soubs l'estoille dicte Arcture. *Ceux qui sont subiets à la rage. Ceux qui sont trop argentez, & ont les iambes fauues tirant sur le blanc, ne sont pas si vistes ne si vigoureux que les autres.*

Cerf.

Blond, brun, fauue.

Eschif. *Ardant à manger.*

De dix cors.

Fiche & cache sa teste en terre,

Releuc en vne ieune taille de haut. *Quand il prend veuë pour sentir s'il y a personne qui luy nuise.*

Fait son viandy.

Ne releue point.   *Quand quelqu'vn pisse ou crache sur quelque petite branche ou rameau & où le Cerf ne retourne plus.*

Allans au rut.

Raizant & faisant la muze.
Quand ils regardent en haut & remercient nature de leur auoir donné tel plaisir.

Donne des endoillers en terre *Quand il rue des iambes contre quelque chose.*

Cerf Ruze.

Bee & met la gueulle contre terre.

Prend son buisson,

Vette sa teste,

Blessé au rut,

Se recelle & decelle,

Fait tomber ses lambeaux,

Fraye,

Brunit ses cornes

Testes de Cerf sont marquees & semees au septiesme an de tout ce qu'elles portent iamais.

Teste & sa venaison.

Pousse les bosses

Cors de Cerf. *sont petites cornes sortans de marrain.*

Fait son runge.
Il digere son viandy.

Fait ses hardouers aux arbres.
Frayent aux arbres.

Se debuche de sa demeure.
Sa part de son giste.

Donne le change aux Chiens.
Quand il va chercher les autres bestes, & se met en leur compaignie, à fin d'euiter sa prise ou chasse.

Tient ses abbois en terre. *Quãd il aguette les Chiens pres d'vne fustaye, ou autre lieu.*

Change & garder le change. *Prendre garde que le Cerf ne prenne la compaignie des autres bestes.*

Croiser.   *Prendre garde que la beste s'en retourne sur son piqueur.*

Chasser de forlonge.

Chasser par mauuais temps, ou par trop grande chaleur.

Chastrer & senner le Cerf.

Courir par les forts.

Coupler les Chiens.   *Les attacher ensemble deux à deux.*

Cheuilleures de Cerf de dix cors.
Que ses cors multiplient tous les ans, depuis sa premiere teste iusques à ce qu'il ait sept ans apres, lesquels ils ne multiplient plus, sinon en grosseur: & ce, selon l'ennuy qu'il porte.

Curee. *Viandy pour les Chiens.*

Cornette de Cerf.   *Petites cornes qui luy viennent six à six en son tiers an, & ainsi subsequemment.*

Couronnue
Quand le Cerf au haut de sa corne porte plusieurs cors, rengez en forme de couronne.

Comblette.
Vne fente qui est au milieu du pied de Cerf.

Champayer les Chiens.
Les mener aux champs.

Case-mattes.
Le fort des bassets Chiens.

Colier des Chiens.

Couuert du Cerf & d'autres bestes.
Bois espois & hayes touffues, où les bestes se cachent.

Charrette : & prendre les bestes à la charrette.
Quand le charretier ayant couuert sa charrette de fueilles, & l'archer estant dedans auec son arbaleste voyant les bestes arrestees au son des roües du chariot, on l'approche pres à fin de mieux prendre visee à son aise.

Cheuilleures.
Tout le reste des cors qui sont apres le deuxiesme, estant pres de marrain de la teste de Cerf.

Cors.   *Branches & rameaux de cornes.*

Cheaux d'vn Loup ou Louue.   *Leurs*

*Iouueteaux comme semblablement des au-
tres bestes.*

Corner en graillant 2. ou 3. bons mots
Sonner de la trompe assez lentement.

Corner requesté de fois à d'autre.

Crouler la queuë.   *Celâ se dit du
Cerf quand il fuit.*

Croupie & prendre à la croupie.
*Quand au matin on aguette le Lieure,
estant à croupeton, & on iette ses Leuriers
dessus.*

Corner la prinse.   *Quand le Veneur
ayant prins la beste, sonne sa trompe pour
assembler la compagnie.*

D

Daintiers.   *Couillons de
Cerf.*

Dagues.   *La premiere
teste du Cerf qui luy vient an deuxiesme
an.*

Destortoire.   *C'est vne verge de
deux pieds & demy de long, pour destourner les branches quand on pique par les
bois apres la beste.*

Dresser.   *Trouuer le lieu par où
la beste est passee.*

Double equipage.

Droit de Limier.   *Luy donner à
manger de la chair de la beste qui aura esté
prinse.*

Descoupler.   *Destier les Chiens l'vn
d'auec l'autre.*

E

Endoillers ou entoilliers.   *C'est le
premier cors qui est pres de la meute du
Cerf.*

Sur andoïller.   *C'est le second
cors qui suit.*

Eschapper & auier les petits Chiens.
*C'est à dire que s'ils naissent en autre sai-
son que és mois d'Auril & May que le temps*

*est temperé, il est fort difficile de les pouuoir
esleuer. Voyez le chapitre 8 fol. 7. b de ce present lieure.*

Esuerer.   *Quand les petis Chiens
attaignent les quinze iours.*

Espoulette.   *Instrument seruant à
bouchonner & nettoyer les Chiens quand
ils sont aux champs.*

Erucir, le Cerf erucit.   *Qu'il prend
vn baston rond en sa gueulle & le succe
pour en auoir la liqueur plus douce &
tendre.*

Erres du Cerf.   *Le chemin par où
il passe.*

Haster son erre.   *Qu'il fuit roi-
dement.*

Escuyer du Cer.   *Vn ieune Cerf
qui accompagne le vieil.*

Espaue   *Effrinte des
Chiens.*

Espraintede Loutre.   *Sa fiante.*

Espois.   *Les cors qui sont à la sommité
des cornes du Cerf.*

Ergots de Cerf.   *Ses os.*

F

Faire race, se dit de

Fort-paistre par les campagnes.

Forhuit.   *Sonner la trompe, & corner
de fort loing.*

Fumees de Cerf.   *La fiente.*
du Dain & Cheureul.   *Leurs
crottes.*

Fouleures.   *La marque du pied par
où le Cerf a passé.*

Frayouers.

Frapper à route.
*Faire retourner les Chiens, pour les faire
relancer le Cerf.*

Fouge de sanglier.   *Quand auec le
nez il leue la terre pour auoir les racines.*

Faire enclore vn Connil.   *Le faire ren-
trer en terre.*

Faire couples des Chiens. *Les mener en lesse,*

Fondre en terre. *Cela se dit de la perdrix, quand elle tôbe en terre.*

Se forpasser d'vn pas.

Fouaille d'vn Sanglier, *Manger du Cerf, à cause qu'il se fait sur le feu.*

Foulées du Cerf. *Quand on ne peut remarquer le lieu par où il a passé, par ce qu'il estoit trop herbu.*

Foyes du Cerf. *Trace & marque de pied de toutes bestes rousses.*

Frayé du Cerf. *Quand sa teste luy demange, & la peau s'en veut aller.*

Faire vn train à vne beste. *Coucher quelque rameaux d'vn costé & d'autre du chemin par où elle passe.*

Faire les enceintes. *Circuir le lieu où la beste s'est ratirée.*

Teste Faux marquee. *Quand vn Cerf porte cinq cors d'vn costé, & six de l'autre.*

G

Goutiere grande & petite. *Sont petites fientes qui sont le long de la perche de la corne du Cerf.*

Goupil. *Renard gisant és tasnieres.*

Grecs de sanglier. *Sont les deux dents de dessus du Cerf, qui ne seruent qu'à aiguiser celles de dessous, nommees armes, limes, & defences.*

Gargute. *La geulle du Dain.*

Giste. *Le lieu où se couche le Cerf.*

Gaignages. *Champs & iardins où le Cerf giste.*

H

Houruaris.

Herbeillier. *Quand le Sanglier va aux prez & autres lieux paistre l'herbe.*

Hampe de Cerf. *Sa poitrine.*

Harde, & Harpail. *Trouppe de bestes sauuages.*

Harde Chien. *Sa griffe.*

Hause-pied. *Instrument à prendre Loups, & Renards, &c.*

Hue apres le Cerf. *Criee & exclamation.*

Ietter sa teste. *Quand le Cerf iette ses cornes & les renouuelle.*

L

Laictee.

Lyces. *Chiennes courantes.*

Lesses. *Fiente de Sanglier.*

Lieures rouges. *Especes de Connils,*

Laisser coure les Chiens. *Les lascher.*

Laps de Limiers.

Limes ou armes de Sanglier.

Ceruiers. *Sont chats sauuages, grands comme Leopars.*

Loups. Ceruiers. Garoux. *Sont ceux qui mangent les hommes, si tost qu'ils s'y font acharnez.*

Loutre, *Beste nageant en l'eaue, & viuant de poisson.*

Lesses de Lours, *Espraintes*

Lancer le Cerf.

Liurer le Cerf aux Chiens.

Limiers. *Chiens qui ne parlent point.*

Longe. *Lesse de collier.*

Rayes. *Fiente de Sanglier*

M

Marches du Loutre. *Son pied ou foye.*

Meutte de Chiens

Meule *La racine de la corne du Cerf.*

Mettre les Relaiz. *Reposer en certain lieu.*

Menee. *Le lieu où le Cerf faict sa Ruze. &*

Se mettre à la menee. *Se mettre auec les Chiens à corner.*

Manger la Curee. *Se dict des Chiens ausquels apres que le Cerf est prins on donne du pain trempé en son sang ou l'on le met sur la peau du Cerf, pour leur faire là manger.*

Muette du lieure. *Le lieu où il faict ses petis.*

Muloter. *Quand le Sanglier va cherchant les cachettes des mulots, où ils ont caché le bled.*

Meules de Cerf. *Entour de sa teste d'où sort sa corne*

Mufles ou passes les Lieures. *Quand les Lieures entrent dedans les tailles.*

Mantes. *Pour escouter la voix des Bassets Chiens.*

Maniues. *Viande pour les pourceaux.*

N

Nez du Sanglier. *Bouttouer.*

Nombles de Sanglier.

O

Orbe chambre. *Chambre où l'on ne voit goutte.*

Ourse-pain. *Beste grosse & pleine.*

P

Prendre grand cerne au deffaut.

Perches de Cerf, autrement marrain. *C'est quand en sa corne il y a plusieurs rameaux.*

Perlure. *C'est ce qui est sur la couste de la perche.*

Paumure. *Quand en la perche du Cerf, il y a plusieurs corps rengez en forme d'homme.*

Perrure. *C'est ce qui est entour de la mule, en forme de petites pierres*

Portees de Bois larges & hautes. *Quand le Cerf ayant la teste haute & large, à passé par vn bois branchu.*

Pinces ou trenchans du Cerf. *Les costez du pied de Cerf.*

Prendre les deuans. *Quand le Veneur plante ses bornes iusques au lieu où son œil se peut estendre.*

Parement du Cerf. *Vne sorte de chair rouge qui vient par dessus la venaison du Cerf & des deux costez du corps.*

Ploqu.

Paraspectz.

Passee. *Le lieu par où passe le Cerf.*

Le pis de Chien. *Nombril de Chien.*

Porcher és hauts arbres. *Monter sur les hauts arbres pour descouurir la beste.*

Poupes d'Ourse. *Ses mammelles.*

Prendre bestes au sucil. *Les prendre aux mares, & lieux fangeux.*

Prendre bestes au tour. *Quand en les cheualant sans les effrayer on les range en certain lieu.*

prendre le vent. *C'est soy ranger du costé que vient le vent.*

prendre le vent de toutes parts. *Cela se dit du Sanglier quand il flaire & sent s'il ne vient rien qui luy puisse nuire en sortant du bois.*

perches de Bouc sauuage. *Ses Cornes.*

Q

Quester le Cerf. *Chercher le lieu où il est.*

R

Rangier & ranglier. *C'est vne beste approchant du Cherf, fors qu'il a la teste plus esleuee, & plus de cors, & cheuilles, voire en peut auoir iusques à quatre vingts.*

Routes & Voyes de Cerf. *C'est le chemin par où il passe.*

Retz de gros filletz.   *Leſſe à maille.*

Rompre & effiler.   *C'eſt quand les petits Chiens ont ſouffrette d'eaux,*

Rameures des Cerfs.

Rembuſcher le Cerf   *Le rendre à couuert.*

Requeſter le Cerf.   *Retourner pour la ſeconde fois au lieu où il dort.*

Releuer les deffaux.

Reer. *Cela ſe dit des Cerfs & Dains quand ils crient à pleine gueulle, pour appeller la Biche, lors qu'ils ſont en rut.*

Repoſes du Cerf   *Quand retournant le matin de ſon viandy, il ſe va coucher.*

Rebaudir le Chien.   *Luy faire feſte.*

Reſſentir de fort loing.   *Cela ſe dit du Chien qui tient le nez en terre.*

Rut du Cerf   *Qu'il eſt en amour.*

Royer de Dain   *Quand il eſt en amour.*

Où elles ſe ſouillent.

Interpretation des cinq eſpeces de rages qui aduiennent aux Chiens.

Rage chaude & deſeſperee. *C'eſt quand le ſang des Chiens eſt meſlé, & il pourrit incontinent.*

Rage courante.   *Quand vn chien mord au commencement du iour, il rend les perſonnes enragez: ſi le reſte du iour, non.*

Cinq autres rages de Chiens.

Rage muë.   *Qui tient dedans le ſang, & ſe cognoiſt quand vn chien voulant manger, a touſiours la gueule oauerte.*

Rage tombante   *Quand les chiens ſont ſaiſis & cuident marcher, ils tombent par terre, & ceſte rage les tient en la teſte.*

Reſſuy.   *Quand le Cerf ſe ſent mouillé de l'eſgail du matin, il ſe ſeche au Soleil auant que giſter.*

Rage flaſtree.   *Quand le*

mal eſt dans les boyaux & les fait retirer de telle ſorte qu'on les perceroit auec vne aiguille.

Racle.   *Inſtrument pour auoir la terre, & goulots.*

Rage endormie.   *Qui vient d'vne eſpece, de petits vers qu'ils ont dedans l'orifice de l'eſtomach, & ſont engendrez d'vne corruption d'humeurs, dont les humeurs leur montent au cerueau, qui les faict mourir.*

Rage Rheumatique.   *Quand les Chiens ont la teſte enflee groſſe, & ont les yeux iaunes, de la couleur d'vn pied de milan.*

Rompre les Chiens.

Rebaudir les Chiens.

S

Sonner le greſle.   *C'eſt quand vn valet de Chiens les appelle de ſa trompe pour les faire venir à ſoy.*

Sue de la teſte du Cerf.

Sole du pied du Cerf.

Suyure les Chiens par les meneurs.   *Quand les Veneurs ſuiuent les chiens ſans en eſcarter ou croiſer*

Souil.

Sole de porc de Sanglier   *Les fanges où le Sanglier va ſouiller & veautrer.*

Sangliers affourchez   *Traces de talon*

S'embucher *Quand ils font grandes foſſes & vont querir les racines des foügieres & d'eſperges dedans terre.*

Se fort-paſſer d'vn pas   *Entrer dedans le bois.*

Suel de Sanglier   *Le lieu ou il ſe veautre*

Sein & mangeures   *Cela ſe dit de toutes beſtes mordantes, quand elles vont manger.*

T

Tirer potee.

Teſtes roüees.

Teſtes portans trocheures.   *Qui ne portent que trois & quatre eſpois plantez en*

la sommité, & sont en forme de fourches
ou noizilles.

Testes en fourche   *Qui porte deux*
espois en haut, ou qui portent en sommité en
forme de fonrches.

Toutes testes qui doublent meules ou
qui ont és Endou illurs cheuilleres
renuersees au contraire des autres,
sont simplement appellees Testes.

Tarieres acerees   *Instrument seruant*
à ccouper les racines.

Tenailles   *Instrument pour arracher*
& tirer les Tessons des pertuis.

Tessons.

Teste de Cerf bien nce   *Qunad elle est*
bien grosse, cheuillee haute & ouuerte.

Teste rouge   *Quand les cornes sont*
toutes d'vne hauteur

Teste de Cerf   *Toutes ses cornes en*
general,

Teste bien nee

Trompe du Veneur   *Dont il sonne*
quand il est en voye de chasser & appeller
ses Chiens.

Toilles.

Troncheure   *Quand il a trois ou*
quatre cors.

V

Viandis du Cerf.   *Son manger.*

Veneur doit ietter ses brisees.

Voir le Cerf à veuë.   *Monter sur vn*
haut lieu pour descouurir la beste ou Cerf
en son taillis.

Vermeiller.   *Quand le Sanglier leue*
petit à petit la terre auec le bout du Bou-
touer.

Venaison du Cerf.   *Sa graisse*

F I N.

www.ingramcontent.com/pod-product-compliance
Ingram Content Group UK Ltd.
Pitfield, Milton Keynes, MK11 3LW, UK
UKHW020238180726
13839UKWH00001B/54